요리 초보자도 맛있게 만드는

일본 가정식
260

요리 초보자도 맛있게 만드는

일본 가정식 260

맛있는 일본 요리 연구 모임 엮음 · 김하경 옮김

시그마북스
Sigma Books

흰 쌀밥에 미소국, 제철 식재료를 이용한 조림과 무침 등의 반찬. 그리 특별한 것 없는 아주 평범한 일본식 상차림이지만 마주하고 있으면 왠지 마음이 편안해진다. 이런 일본 가정식이 바로 일본 음식 문화의 출발점이기 때문일 것이다.

최근 들어 일본에서는 물론 세계적으로도 일본 요리가 주목을 받고 있다. 이를 반영하듯 2013년에는 유네스코 무형문화유산에 등재되기도 했다.

일본 요리가 이렇듯 주목받는 까닭은 무엇일까? 그 이유 중 하나로 '1국 2찬' 혹은 '1국 3찬'을 기본으로 하는 일본의 식사 형태가 이상적인 영양 균형을 이루고 있다는 점을 들 수 있다. 또한 육수의 '감칠맛'을 십분 활용하여 동물성 지방이 적은 건강한 식생활을 실현함으로써 장수와 비만방지에 도움을 준다고 알려져 있다.

일반적으로 일본 요리를 어렵다고 생각하는데 실은 다른 어떤 요리보다 쉽고 간단하다. 그런 만큼 요리의 기본과 조리법을 철저하게 지켜야 한다.

이 책은 일반 가정에서 매일 먹는 '일상적인 일본 요리'를 바탕으로 한다. 또한 '요리 초보자'도 쉽고 맛있게 만들 수 있도록 기본과 비법을 알기 쉽게 전달하는 데 중점을 두었다.

'제1장 가사하라 마사히로가 뽑은 일본 요리의 대표 반찬'에서는 유명한 일본 식당 〈산피료론(贊否兩論)〉을 운영하는 가사하라 마사히로 씨가 돼지고기 감자조림과 고등어 미소조림 같은 대표적인 메뉴의 요리법을 알려준다. 요리법을 한눈에 알 수 있도록 사진으로 하나하나 소개하면서 맛을 더하는 핵심비법까지 상세하게 설명하고 있다.

한편 일본식 식단은 세계가 인정할 정도로 영양적인 균형이 우수하다. '제2장 식단을 결정하는 매일 반찬'에서는 이런 일본 요리로 건강하고 풍성한 식단을 짜는 데 도움을 줄 것이다. 주반찬과 그에 따른 부반찬, 국 등으로 분류하여 각 부문별로 다양한 레시피를 소개한다. 미리 만들어두면 편리한 여러 종류의 밑반찬도 있다.

가족 행사나 홈파티 등 특별한 때에는 '제3장 손님접대 요리와 설날 음식'을 활용하면 된다. 전골과 초밥 등 어른과 아이 모두가 좋아하는 메뉴 외에도 일본의 대표적인 명절 음식인 오세치 요리까지 소개하고 있다.

육수 내는 법, 식재료 손질법 같은 요리의 기본은 책의 마지막 부분인 '일본 요리의 기본'에 정리하였다.

아무쪼록 이 책을 통해 여러분과 평생을 함께할 수많은 레시피가 탄생하기를 기원한다.

차례

제1장

가사하라 마사히로가 뽑은 일본 요리의 대표 반찬

제2장

식단을 결정하는 매일 반찬

고기가 주반찬

● 조림

달걀, 대두제품이 주반찬 _____

부반찬 _____

국물 요리

● 계절에 맞는 미소장국

■ **부록**

● **일본 요리의 기본**

일러두기

● 계량 단위는 1컵 = 200㎖. 1큰술 = 15㎖, 1작은술 = 5㎖, 1홉 = 180㎖다.

● 각 요리에 표기된 칼로리, 염분량은 따로 표기한 사항이 없다면 1인분을 말한다.

● '다시 육수'는 따로 표기한 사항이 없다면 가다랑어포와 다시마로 낸 국물을 말한다.

● 따로 표기한 사항이 없다면 '간장'은 진한맛 간장, '미소'는 자신의 입맛에 맞는 미소, '가다랑어포'는 가다랑어를 얇게 썬 것, '밀가루'는 박력분을 나타낸다.

'일본 요리' 하면 가장 먼저 떠오르는 대표 메뉴를

유명한 일본 식당 〈산피료론(贊否両論)〉을 운영하는 가사하라 마사히로에게 직접 전수받는다.

요리에 맛을 더하는 비법과 각 조리단계별 요리법을 자세하게 설명하고 있으므로

요리 초보자들도 쉽게 따라할 수 있다.

물론 요리에 어느 정도 익숙한 사람들도 새로운 발견을 하게 될 것이다.

마음이 따뜻해지는 가정의 맛을 이번 기회에 완벽하게 익혀보자.

제 1 장

가사하라 마사히로가 뽑은

일본 요리의
대표 반찬

가사하라 마사히로가 전하는
맛있는 일본 요리의 5대 조건

'일본 요리'라고 하면 일반적으로 손이 많이 가고 조리법이 어렵다고 생각하는 경향이 있는데,
사실은 무척 간단하다. 몇 가지 포인트만 익혀두면 누구든 맛있게 요리할 수 있다.
여기에서는 일반 가정에서 일본 요리를 할 때 기억해두면 좋은 비법을 몇 가지 엄선해 소개하겠다!

하나, 일본 요리일수록 프라이팬을 활용한다

어느 가정에나 있는 프라이팬은 구이나 튀김은 물론, 조림에서도 그 진가를 발휘한다. 바닥 면적이 넓어서 재료가 서로 겹치지 않아 균일하게 열이 통과하므로 조리시간이 단축된다.

껍질이 벗겨지기 쉬운 생선조림도 프라이팬을 사용하면 깔끔하게 완성할 수 있다. 여기에 알루미늄 호일로 덮개를 만들어 사용하면 적은 양의 조림국물로도 균일하고 빠르게 재료에 간이 배게 할 수 있다.

둘, 육수는 충분히 우려내 깊고 진한 맛을 낸다

일본 요리는 육수가 기본이다. 육수가 맛있으면 반찬의 맛이 180도 달라진다. 간단한 방법으로 반찬에 사용하는 육수를 충분히 맛나게 만들 수 있다.

다시마와 가다랑어포를 처음부터 물에 넣어 끓이기만 하면 되므로 실패할 위험은 없다. 충분히 우려내 감칠맛이 나는 다시 육수를 만든다(가사하라 씨의 육수 내는 법은 65쪽의 1~4 참조).

셋, 일반적으로 사용하는 조미료만으로도 충분히 맛을 낼 수 있다

매일 사용하는 조미료는 구입하기 쉽고 부담 없는 가격의 제품이면 충분하다. 자신이 맛있다고 느끼는 제품을 사용하면 된다.

다만 청주는 요리용 술이 아닌 일반적으로 마시는 청주를, 맛술은 맛술을 겸한 조미료가 아닌 순수한 맛술을 선택하기 바란다. 이 한 가지 재료만으로도 맛의 품격이 달라진다. 또한 재료에 직접 뿌리는 용도로는 입자가 고운 구운 소금을, 조림 등의 간을 맞추는 용도로는 굵은 소금을 사용한다.

넷, 밑손질에 수고를 아끼지 마라

재료의 본래 맛을 살리는 것이 일본 요리의 특징이다. 조리법이 간단한 만큼 재료의 밑손질이 맛과 모양을 좌우한다. 이를테면 고기와 어패류에는 뜨거운 물을 끼얹어 내리면 여분의 지방과 비린내를 제거해 깔끔한 맛을 낼 수 있으며, 동시에 모양이 흐트러지는 것도 방지할 수 있다.

다섯, 식단의 균형을 고려하여 맛에 강약을 준다

일본식 식단은 영양적인 균형이 탁월한 이상적인 식사로 세계적으로 높은 평가를 받고 있다. 이 식단의 중심은 밥이다. 밥을 맛있게 먹으려면 맛의 색깔이 분명한 반찬이 기본이다. 특히 고기나 지방이 많은 생선을 사용한 주반찬에는 조금 강한 양념이 잘 어울린다. 이때 다른 반찬이나 국은 간을 약하게 하는 등 식단 속에서 맛의 강약을 조절한다(일본식 식단의 기본에 관한 내용은 70~75쪽 참조).

●

가사하라 마사히로

1972년 생으로 〈쇼가츠야키쵸(正月屋吉兆)〉에서 9년 동안 요리 경험을 쌓은 후 아버지가 운영하시던 꼬치구이 가게 〈도리쇼〉를 이어받아 운영하다 2004년 도쿄 에비스에 일본 요리점 〈산피료론(賛否両論)〉을 오픈했다. 개점 이후 독창적인 발상과 감각적인 요리로 인기를 끌면서 얼마 지나지 않아 예약하기 힘든 가게가 되었다. 2013년에는 2호점 〈산피료론 나고야〉를 열었다. 더불어 가정에서도 쉽게 만들 수 있는 일본 요리 레시피와 재미있는 설명으로 인기를 끌면서 각종 미디어에서도 활약하고 있다. 전국을 다니며 일본 요리를 알리는 데 힘쓰는 한편 다수의 책도 펴냈다.

385kcal
염분 2.8g

돼지고기 감자조림

완성된 돼지고기 감자조림을 냄비째로 식힌 후에 다시 한 번 끓이는 것이 비법이다. 온도가 내려갈 때 양념이 재료에 스며들어 맛이 제대로 밴다. 돼지고기는 볶지 않은 상태에서 그대로 조려서 육질이 부드럽고 촉촉하다.

Ingredient
4~5인분

돼지고기(삼겹살을 얇게 썬 것) 300g, **감자** 4개, **당근(작은 것)** 1개, **양파(중간 크기)** 1개, **비단깍지완두** 8개, **실곤약** 1봉지 (200g), **식용유** 1큰술, **다시마(5cm 길이로 자른 것)** 1장, **간장** 1컵
| **A** | **물** 5컵, **맛술** ½컵, **설탕** 7큰술

1 감자, 당근은 껍질을 벗겨 큼직하게 썰고, 양파는 반으로 자른 후 빗모양 썰기를 한다. 비단깍지완두는 줄기를 떼어낸다.

2 실곤약은 끓는 물에 1분 정도 데친 후 체에 밭쳐 물기를 뺀다.

실곤약은 한 번 데쳐서 사용하면 냄새가 제거되고, 양념도 잘 밴다.

3 돼지고기는 먹기 좋은 크기로 자른다.

4 식용유를 둘러 프라이팬을 달군 다음 감자, 당근, 양파를 중간 불에 볶는다. 재료가 전체적으로 살짝 익었을 때 실곤약을 넣는다.

5 5컵 분량의 물과 다시마를 넣은 다음 그 위에 돼지고기를 가지런히 덮어 강한 불로 끓인다.

돼지고기를 볶지 않고 마지막에 넣으면 부드러운 식감을 낼 수 있다.

6 끓기 시작하면 중간 불로 조절하고 호일로 뚜껑을 만들어 덮은 다음 10분 동안 조린다.

뚜껑을 덮으면 조림국물이 전체적으로 재료에 배어 맛이 균일해진다.

7 간장을 붓고 다시 뚜껑을 덮은 후 5분 동안 조린다.

8 ❶의 비단깍지완두를 넣고 뚜껑을 덮어 2분 정도 더 조린다. 이제 불을 끄고 그대로 식힌다. 그런 다음, 다시 데워서 그릇에 담는다.

조림은 식히는 과정을 거치면 양념이 재료에 스며들어 맛이 더욱 좋아진다.

468kcal
염분 2.0g

돼지고기 생강구이

고기에 가루가 너무 많이 묻어 있으면 식감이 나빠지므로 반드시 손으로 꼼꼼하게 털어내도록 한다. 케첩을 살짝 첨가하면 감칠맛과 단맛이 더해져서 어린 시절의 맛을 떠올리게 하는 친근한 맛이 난다.

Ingredient
4인분

돼지고기(등심, 생강구이용) 12장, **밀가루** 약간, **식용유** 2큰술, **양배추** ¼개, **무순** ⅓팩, **토마토** 1개
| **A** | **청주** 4큰술, **간장** 4큰술, **맛술** 4큰술, **토마토케첩** 1큰술, **벌꿀** 1큰술, **생강(간 것)** 2작은술

1 양배추는 가늘게 채썬다. 무순은 뿌리 부분을 잘라내고 3등분한 다음, 아삭해지도록 찬물에 잠시 담가둔 후 물기를 뺀다. 토마토는 빗모양 썰기를 한다.

2 볼에 A를 모두 넣어 잘 섞어둔다.

3 돼지고기에 밀가루를 얇게 뿌린 다음 여분의 가루는 손으로 탁탁 쳐서 털어낸다.
밀가루는 전체적으로 바르지 말고 살짝 뿌리는 정도면 충분하다.

4 식용유를 둘러 프라이팬을 중간 불에 달군 다음 돼지고기를 겹치지 않도록 가지런히 놓고 굽는다.
고기가 겹처지면 두 번으로 나눠 구워내도록 한다.

5 양면이 노릇해지도록 구우면서 프라이팬에 있는 여분의 기름을 키친타월 등으로 닦아낸다.
여분의 기름을 닦아내면 양념이 잘 배게 되며 구워냈을 때의 모양도 좋다.

6 ❷를 전체에 둘러가며 넣는다.

7 프라이팬을 흔들어가며 고기에 양념과 향이 배게 한다.

8 양배추와 무순, 토마토와 함께 접시에 보기 좋게 담아낸다.

닭고기 간장조림

313kcal
염분 2.3g

닭고기는 표면을 강한 불로 살짝 구워낸 후에 조림을 하면 조림국물의 맛과 풍미가 살아난다.
각 재료가 익는 시간과 양념이 배는 정도가 균일해지도록 야채의 크기를 비슷하게 썰어두는 것이 핵심이다.
단, 버섯은 칼로 자르지 말고 손으로 찢어서 넣어야 향이 좋다.

Ingredient
4인분

닭다리살 1조각(약 250g), **토란** 4개, **연근** 200g, **우엉** 100g, **당근** 100g, **생표고버섯** 4개, **곤약** 100g, **식용유** 2큰술,
어린 나뭇잎(있으면) 약간
| **A** | 육수 4컵, 설탕 2큰술
| **B** | 간장 3큰술, 맛술 1큰술

1 닭고기를 한입 크기로 자른다.
닭고기는 익히면 크기가 작아지므로 야채보다 조금 크게 썬다.

2 야채는 크기를 맞춰 잘라둔다. 토란, 연근은 껍질을 벗기고, 우엉은 껍질을 긁어내어 각각 큼직하게 자른 후 물에 담가둔다. 당근도 껍질을 벗겨 큼직하게 썰어둔다. 표고버섯은 기둥을 떼어낸 후 손으로 찢어둔다.

3 곤약은 야채와 비슷한 크기로 손으로 툭툭 떼어낸 후 끓는 물에 10분 정도 데쳐서 체에 건져둔다.
곤약을 손으로 떼어내면 표면적이 넓어져서 양념이 잘 밴다.

4 프라이팬에 식용유를 두르고 ❶의 닭고기를 껍질 부분이 아래로 가도록 하여 가지런히 늘어놓은 다음 불을 켠다.
재료의 익는 속도가 동일하도록 재료를 모두 올려놓은 후에 불을 켠다.

5 껍질 부분이 노릇하게 익었으면 뒤집어서 반대쪽도 살짝 굽는다.
껍질 부분은 바삭하게 구워서 풍미를 내고, 살코기 부분은 살짝만 구워서 딱딱해지지 않도록 한다.

6 ❷의 토란, 연근, 우엉의 물기를 빼낸 후, 당근, 표고버섯, ❸의 곤약을 모두 넣어 볶는다.

7 표면이 살짝 익었을 때 A를 넣어 끓이면서 거품을 걷어낸다. 호일로 뚜껑을 만들어 덮은 다음 중간 불로 10분 정도 조린다.

8 B를 첨가한 후 다시 뚜껑을 덮어 10분 정도 더 끓이다가 불을 끄고 그대로 식힌다. 그런 다음, 다시 따뜻하게 데워서 그릇에 옮겨 담는다. 어린 나뭇잎이 있으면 그 위에 올려 장식한다.

닭고기 가라아게

480kcal
염분 2.2g

닭고기를 큼직하게 썰어서 꼼꼼하게 튀김옷을 입혀 두 번 튀기면 겉은 바삭하고, 속은 촉촉한 닭고기 가라아게가 완성된다. 두 번 튀기는 이유는 속까지 잘 익지 않기 때문이다. 기름의 온도가 너무 내려가지 않도록 적당한 양으로 나누어 튀긴다. 기름 냄비가 없으면 프라이팬을 사용해도 상관없다.

Ingredient
4인분

닭다리살 2조각(1조각 250g), **달걀** 1개, **튀김기름** 적당량, **간 무** 적당량, **유자 후추** 적당량, **레몬(빗모양)** ½개 분량
| **A** | **간장** 3큰술, **맛술** 3큰술, **검은 후추** 약간
| **B** | **밀가루** 6큰술, **녹말가루** 6큰술

1 닭고기는 모두 껍질이 붙은 상태에서 한입 크기로 썬다.

바삭한 식감이 핵심이므로 껍질의 양을 균등하게 배분하여 썬다.

2 볼에 닭고기와 A를 모두 넣고 주물러서 10분 정도 재워둔다. 여분의 국물은 버린다.

3 달걀을 잘 풀어 **❷**에 넣고 손으로 치대며 섞는다. 이후 3분 정도 그대로 두었다가 여분의 국물을 버린다.

국물을 제거하면 튀김옷을 입히기가 훨씬 쉽다.

4 B를 바닥이 넓은 그릇에 담아 잘 섞은 후 **❸**을 넣어 골고루 묻힌다.

닭고기를 집은 손으로 여분의 가루를 떨어낸다. 단, 다른 한 손은 깨끗한 상태로 두고 한 손으로만 작업하면 조리과정이 수월하다.

5 튀김기름을 170℃로 가열하고 **❹**를 넣어 2~3분 정도 튀긴다.

닭고기를 넣고 곧바로 건드리면 튀김옷이 벗겨지므로 주의한다.

6 꺼내어 3분 정도 식힌다.

여열을 이용해 닭고기 속까지 익히는 동시에 안에 있는 수분을 밖으로 빼내는 효과가 있다.

7 튀김기름의 온도를 180℃까지 올려서 **❻**을 다시 한 번 튀긴다. 튀김국자 등을 이용해 공기에 접촉시키면서 튀긴다.

공기에 접촉시키면 닭고기에서 나온 수분이 날아가서 더욱 바삭해진다.

8 간 무와 유자 후추를 섞어 그릇에 가라아게와 함께 담는다. 레몬을 곁들인다.

닭고기 함박스테이크

542kcal
염분 3.9g

맛의 비결은 고기반죽에 섞은 간 양파다. 양파를 다져 넣는 것보다 단맛과 감칠맛 모두 강해지는 동시에 간 고기와 잘 어우러져 폭신폭신한 닭고기 함박스테이크가 완성된다.

Ingredient
4인분

닭고기(간 것) 500g, **우엉** 50g, **연근** 50g, **생표고버섯** 2개, **양파** 500g, **식용유** 2큰술, **청주** 4큰술, **숙주** 200g, **경수채** ⅓줌, **온천달걀(시판제품)** 4개
| **A** | **소금** 약간, **후추** 약간
| **B** | **달걀** 1개, **녹말가루** 1큰술, **간장** 1큰술, **맛술** 1큰술, **소금** 1작은술, **설탕** 1작은술
| **C** | **맛술** 4큰술, **간장** 2큰술, **버터** 20g

1 숙주는 꼬리를 떼고 경수채는 5cm 길이로 자른다. 끓는 물에 약간의 소금을 넣어 숙주와 경수채를 살짝 데쳐낸 다음 물기를 꼭 짜서 소금을 살짝 뿌려둔다.

2 껍질을 긁어낸 우엉과 껍질을 벗긴 연근, 기둥을 뗀 표고버섯을 모두 잘게 다져둔다. 식용유 1큰술을 넣어 프라이팬을 중간 불로 달군 다음, 재료들이 숨이 죽고 향이 날 때까지 볶다가 A로 간을 하여 식힌다.

3 양파를 갈아 면보 등에 싸서 즙을 꼭 짜낸다.

양파는 수분을 짜내면 단맛과 감칠맛이 강한 부분만 남는다

4 볼에 간 닭고기, ❷, ❸, B를 넣어 점성이 생길 때까지 손으로 치댄다.

반죽이 조금 묽더라도 프라이팬에 구우면 단단해지므로 신경 쓰지 않아도 된다.

5 프라이팬에 식용유 1큰술을 골고루 두른 다음, ❹를 둥근 모양으로 만들어 서로 겹치지 않도록 올려놓고 중간 불에 굽는다.

재료를 모두 올려둔 다음 불을 켜면 균일하게 가열할 수 있다.

6 한 면이 노릇하게 색이 나면 뒤집어서 다른 면도 굽는다.

7 양면이 노릇하게 구워지면 청주를 붓고 뚜껑을 덮어 5분 동안 쪄내듯 굽는다.

8 C를 넣어 중간 불에서 조린다. 접시에 ❶의 야채들을 깔고 닭고기 함박스테이크를 올린 다음, 온천달걀을 살짝 곁들인다.

소고기 두부조림

441kcal
염분 3.0g

구운 두부를 사용하면 물기를 빼는 수고를 덜 수 있으며 양념도 잘 밴다. 여기에 조리 과정에서 잘 부서지지도 않아 소고기 두부조림에 제격이다.
두부를 큼직한 상태로 조리하여 식감을 풍성하게 살린 이자카야풍으로 만들어보자.
프라이팬을 사용하면 재료가 서로 겹쳐지지 않게 담을 수 있어 모양이 망가지지 않으므로 보기 좋게 완성된다.

Ingredient
4인분

소고기(얇게 저민 것) 300g, **구운 두부** 2모, **곤약** 1봉지(200g), **대파** 2대, **무순** ⅓팩, **시치미**(칠레 고추, 참깨, 김, 말린 만다린, 검은 대마 열매, 흰 양귀비 열매 이상의 7가지를 넣은 일본 양념-옮긴이) 약간, **다시마(5cm 크기로 자른 것)** 1장
| **A** | 맛술* 1컵, **물** ½컵, **청주** ½컵, **설탕** 1큰술, **간장** ½컵
* 맛술 1컵은 청주 ½컵, 물 ½컵, 설탕 2큰술로 대신해도 된다.

1 곤약은 끓는 물에 1분 정도 삶아서 체에 밭쳐 물기를 빼고 먹기 좋은 크기로 잘라둔다.

2 구운 두부는 키친타월로 감싸서 물기를 제거하고 한 모를 2등분한다. 대파는 얇게 어슷썰기한다.

구운 두부는 표면의 수분만 제거해도 충분하므로 무거운 것으로 눌러서 물기를 빼지 않아도 된다.

3 소고기는 크면 먹기 좋은 크기로 자르고 끓는 물에 살짝 데친 후 체에 밭쳐 물기를 뺀다.

고기의 잡냄새와 여분의 지방을 제거하는 동시에 고기의 육즙을 가둬두는 효과가 있다.

4 프라이팬에 잘 섞어둔 A와 다시마를 넣어 부글부글 거품이 올라올 때까지 끓인다.

5 ❶, ❷, ❸을 서로 겹치지 않도록 가지런히 놓는다.

6 호일로 만든 뚜껑을 덮어 중간 불로 15분 정도 조린다.

7 전체적으로 색이 나면 불을 끄고 그대로 식힌다. 그런 다음 다시 따뜻하게 데워서 그릇에 옮겨 담아 뿌리를 손질한 무순을 올리고 시치미를 살짝 뿌린다.

한 번 식히면 양념이 속까지 고루 밴다.

🌿 **소고기 두부조림 응용**
소고기 대신 돼지고기나 닭고기를 사용해도 맛있다.
버섯, 양파 등을 첨가해도 좋다.

소고기 생강조림

1236kcal
염분 10.8g

소고기는 끓는 물에 살짝 데쳐낸 후에 조리면 잡냄새 없는 깔끔한 맛이 난다. 여기에 두툼하게 채썬 생강으로 향을 더한다. 식어도 맛있고 냉장고에서 5일 정도 보관할 수 있으므로 밑반찬이나 도시락 반찬으로도 제격이다. 달콤 짭조름한 맛이 흰쌀밥과 잘 어울린다.

Ingredient
적당한 분량

소고기(얇게 저민 것) 400g, **생강** 60g, **어린 나뭇잎(있으면)** 약간
| A | **물** 1½컵, **청주** 1컵, **설탕** 2큰술
| B | **간장** 4큰술, **맛술** 1큰술

1 소고기는 먹기 적당한 크기로 잘라 끓는 물에 살짝 데쳐낸 후 체에 올려 물기를 뺀다.

누린내와 지방이 제거되어 양념이 잘 스며든다.

2 생강은 껍질을 벗기고 성냥모양으로 채를 썰어 준비해둔다.

생강은 조금 두껍게 썰어 풍미와 씹는 맛을 살린다.

3 냄비에 ❶, A를 넣어 중간 불로 가열한다. 부글부글 끓기 시작하면 기름을 꼼꼼히 걷어낸다.

데치는 과정에서 미처 빠져나오지 못한 기름을 이 과정에서 완전히 제거한다.

4 소고기를 나무젓가락으로 풀어주면서 중간 불에서 조린다.

5 5분 정도 조린 후에 생강과 B를 넣는다.

간장을 먼저 넣으면 단맛이 잘 배지 않으므로 마지막에 넣는다.

6 호일로 만든 뚜껑을 덮어 다시 중간 불에서 10분 정도 조린다.

7 국물이 조금 자작한 정도에서 불을 끄고 그릇에 옮겨 담는다. 어린 나뭇잎이 있으면 위에 올려 장식한다.

🌿 소고기 생강조림의 응용

달걀을 풀어 위에 덮어 만든 덮밥이나, 우동 위에 올린 고기우동도 맛있다. 우엉, 버섯, 연근 등을 첨가해도 좋다.

고등어 미소조림

227kcal
염분 2.2g

고등어는 껍질에 칼집을 몇 개 내어 조리면 빨리 익고 양념도 깊숙이 잘 밴다. 미소는 가능한 경우 몇 종류를 섞어 사용하면 세련되면서도 깊은 맛을 낼 수 있다.
비린내를 제거하는 생강은 너무 많이 익으면 쓴맛이 날 수 있으므로 나중에 넣는 것이 비법이다.

Ingredient
4인분

고등어(손질된 것) 4도막, **가지** 1개, **생표고버섯** 4개, **생강(작은 것)** 1개(10g), **쪽파** 약간
| A | **물** ½컵, **청주** ¼컵, **설탕** 4큰술
| B | **맛술** 1큰술, **흰 미소** 100g, **붉은 미소** 20g

1 고등어는 껍질에 1cm 간격으로 칼집을 넣는다.

열이 속까지 빠르게 전달되고, 양념도 깊이 밴다.

2 물이 팔팔 끓으면 불을 약하게 낮추고 고등어를 살짝 데쳐낸 후 재빨리 얼음물에 넣었다 건져낸다.

겉만 살짝 익으면서 표면의 불순물과 비린내가 제거되어 담백함만 남는다.

3 키친타월로 물기를 제거한다.

물기를 꼼꼼히 닦아내어 비린내가 나는 것을 방지한다.

4 가지는 꼭지를 떼고, 껍질을 벗겨 세로로 4등분한다. 생강은 껍질을 벗기고 얇게 저민다.

가지는 껍질을 벗기면 양념이 잘 스며들어 부드러워진다.

5 프라이팬에 A를 넣어 부글부글 끓기 시작하면 고등어, 가지, 표고버섯을 넣는다. 중간 불에서 7~8분 정도 끓이며 기름을 제거한다.

6 볼에 B를 모두 넣어 잘 저은 후, ❺에 넣어 함께 끓이다가 생강을 첨가한다.

재료가 충분히 익은 후에 미소를 넣으면 골고루 맛이 밴다.

7 호일로 뚜껑을 만들어 덮고 중간 불에서 7~8분 조린다.

8 조림국물이 자작해질 때까지 졸아들면 그릇에 옮겨 담는다. 쪽파를 가늘게 썰어 고등어 위에 올린다.

매실 정어리조림

212kcal
염분 2.7g

정어리는 껍질이 얇아서 잘 벗겨지므로 애초에 차가운 조림국물에 넣고 조리면 깔끔한 모양으로 완성할 수 있다.
생선끼리 서로 맞닿으면 껍질이 벗겨질 수 있으므로 서로 겹쳐지지 않도록 프라이팬을 사용하면 편리하다.

Ingredient ━━━━
4인분

정어리 4마리, **매실장아찌** 8개, **다시마(10cm 크기로 자른 것)** 1장, **차조기** 5장
| **A** | **청주** ½컵, **맛술*** ½컵, **간장** ¼컵, **설탕** 1큰술
* 맛술 ½컵은 청주 ¼컵, 물 ¼컵, 설탕 1큰술로 대신해도 된다.

1 다시마는 2컵 분량의 물에 넣어 불린 다음 3cm 크기로 잘라 다시 물에 담가둔다.

2 정어리를 손질한다. 도마에 신문지를 깔고 그 위에 정어리를 올린다. 껍질에 있는 비늘을 칼끝을 사용해 벗겨내고, 가슴지느러미 아래쪽에 칼을 넣어 머리를 잘라낸다.

3 배 쪽에 있는 딱딱한 비늘을 벗겨낸다. 비스듬히 칼집을 넣어 배를 가른 후 내장을 제거한다.

4 솔 등을 사용하여 핏물을 꼼꼼하게 씻어낸다.

칫솔을 사용하면 크기가 적당하고 살도 뭉개지지 않는다.

5 흐르는 물에 깨끗하게 씻어낸 다음 키친타월로 물기를 닦아낸다.

배 안쪽에 있는 물기까지 닦아내야 비린내가 나지 않는다.

6 프라이팬에 ①의 물과 다시마, 정어리, 매실장아찌, A를 넣고 강한 불에서 끓이기 시작한다.

7 부글부글 끓기 시작하면 기름을 걷어낸 다음, 중간 불로 하여 호일로 만든 뚜껑을 덮고 15분 정도 조린다.

8 조림국물이 자작해지면 불을 끄고 잠시 식힌 후 그릇에 담아 가늘게 채썬 차조기를 위에 올린다.

너무 뜨거운 상태보다 상온 정도로 식었을 때가 더 맛있다.

가자미조림

189kcal
염분 1.9g

담백한 맛이 나는 생선조림을 만들려면 조림국물에 생선 비린내가 배지 않도록 끓는 물에 살짝 생선을 데쳐내는 작업이 필수적이다. 그런 다음 얼음물에 담갔다 건져내면 껍질의 점액과 비늘을 제거하기가 쉽다.
살이 쉽게 부서지므로 프라이팬이나 깊이가 얕은 냄비 등 바닥 면적이 넓은 조리도구를 사용하여 요리한다.

Ingredient
4인분

가자미(손질된 것) 4도막, 우엉 100g, 생강(작은 것) 1개(10g), 어린 나뭇잎(있으면) 약간
| A | 맛술* 1컵, 청주 ½컵, 물 ½컵, 간장 ⅔컵, 설탕 1큰술

* 맛술 1컵은 청주 ½컵, 물 ½컵, 설탕 2큰술로 대신해도 된다.

1 우엉은 껍질을 벗기고 적당한 크기로 어슷썰기하여 끓는 물에 한 번 데친다. 젓가락으로 찌르면 들어갈 정도로 익었을 때 체에 건져내어 물기를 빼낸다.

2 가자미는 검은 껍질을 위로 가게 두고 뼈가 있는 위치를 따라 칼집을 넣는다.
뼈에 닿을 정도까지 칼집을 넣으면 모양이 뒤틀리는 것을 방지하는 동시에 열이 속까지 전달되어 빨리 익는다.

3 물이 팔팔 끓으면 조금 불을 낮추어 가자미를 살짝 데쳐낸 후 얼음물에 넣었다가 건져낸다.
표면의 불순물과 점액을 응고시켜 떨어지게 만드는 동시에 비늘을 벗겨내기가 쉬워진다.

4 키친타월 등으로 물기를 꼼꼼하게 닦아낸다.

5 프라이팬에 A를 넣어 부글부글 끓어오르면 가자미, 우엉을 넣는다.
청주와 맛술의 알코올 성분을 강한 불에 가열하며 날려 보낸다.

6 호일로 만든 뚜껑을 덮어 중간 불에서 10분 정도 조린다.

7 껍질을 벗겨 얇게 저민 생강을 넣은 후 다시 뚜껑을 덮어 5분 정도 더 조린다.

8 조림국물이 자작해지고 우엉에 색이 나면 그릇에 옮겨 담는다. 어린 나뭇잎이 있으면 위에 올려 장식한다.

방어 무조림

361kcal
염분 2.2g

국물에 우러난 방어의 맛이 푹 밴 무가 별미인 요리다. 핵심은 방어의 비늘과 핏물 등을 꼼꼼하게 제거하는 데 있다. 물기를 닦아내어 비린내를 없애는 작업도 잊지 않도록 한다. 무도 미리 한 번 삶아내어 양념이 잘 밸 수 있도록 한다.

Ingredient
4인분

방어(가슴지느러미 부분을 토막낸 것) 400g, **무** 600g, **유자껍질** 약간
| **A** | **물** 3컵, **청주** ½컵, **다시마(5cm 크기로 자른 것)** 1장, **설탕** 2큰술
| **B** | **간장** ¼컵, **맛술** 2큰술

1 무는 3cm 두께로 썬 다음 껍질을 약간 두껍게 벗겨내어 반달모양으로 자른다. 칼로 가장자리를 둥글게 다듬어 모양을 정리한다.
가장자리를 둥글게 다듬어주면 익으면서 뭉개지지 않는다.

2 ❶의 무를 물에 넣어 젓가락이 들어갈 정도로 푹 삶는다. 그런 다음 체에 밭쳐 식힌다.

3 방어의 가슴지느러미 부분에 있는 딱딱한 비늘을 제거한 후 한입 크기로 자른다.
방어는 살이 있는 쪽부터 칼집을 넣으면 깨끗하게 잘린다.

4 물이 팔팔 끓으면 조금 불을 낮추고 손질한 방어를 넣어 살짝 데쳐낸 다음 얼음물에 넣었다 뺀다. 키친타월 등으로 물기를 완전히 닦아낸다.

5 프라이팬에 A, 방어, 무를 넣고 강한 불로 가열한다.

6 끓기 시작하면 거품을 걷어내고 중간 불로 낮춰 10분 정도 조리다가 B를 첨가한다.

7 호일로 만든 뚜껑을 덮어 약한 불로 낮추고, 조림국물이 부족하다 싶으면 물을 적당량 보충하면서 30분 정도 조린다. 불을 끄고 그대로 식힌다.
조림국물이 식으면서 맛이 속까지 밴다.

8 다시 따뜻하게 데워서 그릇에 담고 유자껍질을 가늘게 채썰어 위에 올린다.

황새치 데리야키

173kcal
염분 1.2g

맛있는 데리야키를 만들려면 생선의 겉면을 완전히 익힌 다음, 여기에 끓는 물을 부어 여분의 기름을 씻어내는 것이 핵심이다. 의외일 수도 있지만 이렇게 하면 양념이 속까지 촉촉하게 밴 깔끔한 맛을 완성할 수 있다.

Ingredient
4인분

황새치 4도막, **꽈리고추** 8개, **무** 100g, **식용유** 2큰술
| **A** | **청주** 2큰술, **맛술** 2큰술, **간장** 3큰술, **설탕** 1½큰술

1 무는 껍질을 벗겨 강판에 갈고, 꽈리고추는 칼집을 넣어둔다.
꽈리고추에 칼집을 넣으면 껍질이 터지는 것을 막고 속까지 빨리 익는다.

2 프라이팬에 식용유를 두르고 달군 다음 황새치를 중간 불에서 굽는다. 사이사이에 꽈리고추도 넣어 함께 굽는다.

3 꽈리고추가 다 익으면 먼저 꺼낸다.

4 황새치를 뒤집어 양면이 노릇해지도록 굽는다.
이 과정에서 데리야키의 맛이 좌우되므로 노릇한 색이 날 때까지 바삭하게 굽는다.

5 불을 끄고 뜨거운 물을 충분히 부어 황새치의 기름기를 제거한다.
여분의 지방이 제거되어 양념이 잘 스며든다.

6 물을 버리고 물기를 완전히 제거한다.

7 프라이팬을 다시 중간 불에 올려 A를 붓는다.

8 한 번씩 숟가락으로 양념을 위에 부어줌으로써 골고루 맛이 배도록 조린 다음 그릇에 옮겨 담는다. 갈아놓은 무와 꽈리고추를 곁들인다.

225kcal
염분 2.8g

양념소스를 얹은 전갱이 튀김

소스를 뿌린 후에도 바삭한 식감을 즐길 수 있도록 감자전분 대신 밀가루를 튀김옷으로 사용한다.
전갱이는 뼈째 먹을 수 있도록 저온에서 오래 튀겨낸 다음 뜨거울 때 양념소스를 뿌린다. 살짝 맛이 스며들었을 때
가 더 맛있으며, 냉장고에서 5일 정도 보관할 수도 있다.

Ingredient ━━━━━━
4인분

전갱이(작은 것) 8마리, **양파** 1개, **마늘** 80g, **붉은 고추** 3개, **다시마(5cm 크기로 자른 것)** 1장, **밀가루** 적당량, **튀김용 기름** 적당량
| **A** | **물** 3컵, **식초** 1½컵, **간장** 3큰술, **설탕** 5큰술, **소금** 2작은술, **레몬즙** 1개 분량

1 양파는 반으로 잘라 얇게 썰고, 당근은 껍질을 벗겨 가늘게 채썰며, 붉은 고추는 씨를 제거한다.

2 볼에 A를 모두 넣어 잘 섞은 다음 ❶과 다시마를 넣어 양념소스를 만든다.

다시 육수 대신 다시마를 그대로 넣으면 되므로 간편하다.

3 전갱이를 밑손질한다. 도마에 신문지를 깔고 그 위에 전갱이를 올린다. 칼끝으로 전갱이 양쪽 배에 있는 단단한 비늘을 제거한다.

4 칼끝으로 비늘을 벗겨낸다.

5 아가미를 열어 내장 등을 손으로 잡아당겨 제거한다.

6 물에 깨끗이 씻어 키친타월로 물기를 닦아낸다. 약간의 소금을 치고 밀가루를 얇게 뿌려서 손으로 두드린다.

7 튀김 기름을 160℃로 하여 ❻을 넣고 4~5분 정도 은근하게 튀긴 다음 180℃로 올려 바삭하게 튀겨낸다.

전갱이가 기름 위로 떠오르면 긴 나무젓가락으로 표면을 건드려 바삭바삭한 느낌이 들었을 때 건져내면 된다.

8 막 건져낸 튀김에 ❷를 붓는다. 랩을 씌워 반나절 정도 냉장고에서 재운 후에 그릇에 옮겨 담는다.

뜨거울 때 소스를 뿌리면 양념이 속까지 잘 밴다.

모듬 튀김

484kcal
염분 1.9g

튀김옷은 너무 많이 섞으면 점성이 생겨 바삭한 맛을 낼 수 없다. 달걀과 차가운 물은 충분히 저어주어야 하지만 밀가루는 덩어리가 남지 않을 정도로만 재빨리 섞어주는 것이 중요하다. 튀김 찌꺼기를 제거해주면 튀김기름을 깨끗한 상태로 유지할 수 있다.

Ingredient
4인분

새우(껍질이 붙은 것) 4마리, **흰살 생선(보리멸 등 밑손질 된 것)** 4마리, **가지** 1개, **단호박** 100g, **피망** 2개, **생표고버섯** 4개, **밀가루** 약간, **튀김용 기름** 적당량, **소금(취향대로)** 약간, **간 무** 적당량, **생강(간 것)** 적당량, **레몬(빗모양으로 자른 것)** ½개 분량
| **반죽** | **달걀 노른자** 2개 분량, **찬물** 1½컵, **밀가루** 180g
| **A** | **육수** 1컵, **간장** 40ml, **맛술** 40ml

1 냄비에 A를 모두 넣어 한 번 부글부글 끓인 다음 식혀서 튀김간장을 만든다.

2 새우는 껍질을 벗긴 후 등 쪽으로 비스듬히 칼집을 넣어 내장을 제거한다.

이렇게 하면 새우 내장을 쉽게 찾을 수 있어 효율적으로 제거할 수 있다.

3 새우의 꼬리 끝부분을 조금 잘라낸 후 칼로 훑어내어 꼬리에 있는 수분을 제거하고 배 쪽에 칼집을 넣어 손가락으로 열어서 펼쳐준다.

수분을 제거하면 튀길 때 기름이 튀지 않는다.

4 가지는 꼭지를 떼고 세로로 자른 다음 껍질 쪽에 2mm 간격으로 칼집을 넣어 각각 4등분한다. 단호박은 반원모양으로 잘라 5mm 두께로 썰고, 피망은 꼭지와 씨를 제거하여 세로로 2등분한다. 표고버섯은 기둥을 떼고, 갓 부분에 3mm 간격으로 칼집을 넣는다.

5 ❸, ❹, 보리멸에 각각 밀가루를 얇게 뿌린 다음 여분의 가루는 털어낸다.

6 볼에 반죽 재료 중 달걀 노른자와 찬물을 넣어 잘 섞어준 후 밀가루를 첨가하되 밀가루 알갱이가 남지 않을 정도로 재빨리 저어서 튀김반죽을 만든다.

튀김반죽이 묽은 것 같으면 볼 주변에 붙은 가루를 섞어 농도를 조절한다.

7 ❺를 ❻에 묻혀 170℃의 기름에서 야채부터 차례로 튀긴다. 튀김옷이 단단해지면서 기름 위로 떠오르면 건져낸다. 튀김 찌꺼기는 부지런히 제거한다.

잘 익지 않는 단호박 등부터 튀기기 시작한다.

8 새우는 꼬리를 잡고 기름 속을 헤엄치듯 흔들며 튀겨낸다. 기름을 뺀 튀김을 그릇에 옮겨 담고 갈아놓은 무에 생강을 올리고 레몬도 함께 곁들인다. 별도의 그릇에 ❶의 튀김간장과 취향에 따라 소금을 첨가하여 낸다.

달걀말이

146kcal
염분 0.8g

가장자리가 살짝 익었을 때 재빨리 말아주는 것이 폭신폭신한 달걀말이의 비법이다. 불을 조절할 때는 가스레인지의 손잡이가 아닌 달걀말이용 팬을 올렸다 내렸다 하는 방법을 사용하면 실패하지 않는다.
달걀말이용 팬에 넉넉히 기름을 둘러 길들여서 사용하면 예쁜 모양으로 완성할 수 있다.

Ingredient ━━━━━━━━ **달걀** 3개, **다시 육수** 90ml, **엷은 맛 간장(우스구치 간장)** 1작은술, **소금** 약간, **식용유** 3큰술, **간 무** 적당량, **간장** 약간
4인분

1 볼에 달걀을 깨서 넣고 풀어준다. 또 다른 볼에 다시 육수와 엷은 맛 간장, 소금을 잘 섞어 풀어둔 달걀에 붓고 잘 저어준다.

소금은 달걀과 잘 섞이지 않으므로 미리 다시 육수에 넣어 잘 저어준다.

2 달걀말이용 팬을 중간 불에 올리고 식용유를 팬 전체에 넉넉히 두른 다음 여분의 기름을 키친타월로 닦아낸다.

3 **①**의 달걀물 ⅓ 정도를 팬에 부어 전체적으로 고르게 펴주고 기포를 젓가락 끝으로 터뜨린다.

4 가장자리가 조금 익으면 끝부분부터 말아준다. 팬의 빈 부분에 키친타월로 기름을 얇게 바른다.

5 달걀을 기름을 바른 쪽으로 밀어준 다음 팬의 반대쪽에도 키친타월로 기름을 얇게 펴 바른다.

6 남은 달걀물의 ⅓을 팬의 빈 부분에 붓고 구워진 달걀을 살짝 들어 올려 그 아래쪽까지 달걀물이 들어가게 한다.

7 **③~⑥**의 과정을 반복하여 나머지 달걀물도 같은 방법으로 구워서 말아준다.

8 달걀말이용 팬의 모서리 쪽을 이용하여 사각형으로 모양을 잡아준다. 도마에 놓고 한입 크기로 썰어 그릇에 담고, 한쪽에 간 무를 올린 다음 그 위에 간장을 살짝 뿌린다.

나무젓가락을 사용해 달걀말이를 팬의 모서리 쪽으로 밀어준다.

일본식 달걀찜

일본식 달걀찜은 부드럽게 녹아내리는 식감이 맛의 핵심이다. 따라서 그 안에 함께 넣는 재료도 딱딱한 것보다는 부드러운 것을 선택한다. 달걀찜에 올리는 재료들은 한입 크기로 작게 잘라 한쪽으로 몰리지 않도록 주의하여 찌도록 한다.

Ingredient ━━━━━
4인분

닭다리살 60g, **새우(껍질째)** 4마리, **생표고버섯** 2개, **파드득나물** 5줄기, **달걀** 2개
| **A** | **다시 육수** 1⅓컵, **엷은 맛 간장** 1작은술, **맛술** 1작은술

1 닭고기를 한입 크기로 자른다. 새우는 껍질을 벗기고 등 쪽의 내장과 꼬리를 제거한 후 한입 크기로 자른다.

2 생표고버섯은 기둥을 떼고 손으로 찢어서 향을 내고, 파드득나물은 1cm 길이로 자른다.

3 볼에 달걀을 넣어 풀어준다. 다른 볼에 A를 모두 넣어 잘 섞은 다음 풀어둔 달걀에 부어 충분히 저어준다.

4 ❸을 체나 망 등에 걸러낸다. 달걀물을 한 번 걸러주면 식감이 훨씬 부드러워진다.

5 그릇에 ❶, ❷의 재료를 나누어 담고 ❹의 달걀물을 얌전히 부어준다.

6 나무젓가락으로 재료들을 위로 올려 전체적으로 고르게 펼쳐준다.

7 표면의 거품을 숟가락으로 걷어낸다.
거품을 걷어내면 쪄낸 후의 표면이 매끈해진다.

8 김이 오른 찜기에 ❼을 넣고 키친타월로 덮어 강한 불에서 2분 정도 찌다가 다시 약한 불로 낮춰 12~13분 정도 쪄낸다.

위에 덮어둔 키친타월이 김을 빨아들여 수증기가 달걀찜 위로 떨어지는 것을 막아준다.

시금치 무침

25kcal
염분 0.8g

삶아서 물기를 꽉 짜낸 시금치에 다시 육수를 소량 부어준 후 다시 짜낸다. 다소 번거로운 과정 하나로 밍밍하지 않은 맛있는 나물 요리를 만들 수 있다.

Ingredient

4인분

시금치 1단
소금 적당량
| A |
다시 육수 1½컵, **엷은 맛 간장** 2큰술, **맛술** 2큰술, **가다랑어포(채썬 것)** 약간

1 시금치는 물에 흔들어 씻어서 흙을 털어낸 후 5분 정도 물에 담가 싱싱하게 만든다. A를 냄비에 모두 붓고 한소끔 끓인 다음 식혀서 다시마 간장을 만든다.

2 냄비에 넉넉히 부은 물이 팔팔 끓어오르면 소금을 넣고 ❶의 시금치를 뿌리 쪽부터 넣어서 삶는다. 잠시 시간을 두고 시금치의 잎 부분까지 물에 넣는다. 강한 불에서 살짝 데쳐낸 후 얼음물에 건져낸다. 재빨리 식혀주면 녹색이 더욱 선명해진다.

3 ❷의 물기를 꼭 짜낸 다음 다시마 간장의 ⅓분량을 부어서 잠시 재워두었다가 다시 한 번 꼭 짜준다.

4 ❸에 남은 다시마 간장을 부어서 냉장고에 1시간 이상 재워둔다. 꼭 짜낸 다음 한입 크기로 썰어 그릇에 담고 채썬 가다랑어포를 위에 올린다.

60kcal
염분 2.2g

문어 오이 초무침

재료를 따로 손질한 후 한 그릇에 같이 담아낸다. 문어의 표면을 울퉁불퉁하게 자르면 초회 드레싱이 더욱 잘 스며든다.

Ingredient
4인분

삶은 문어(다리) 120g
오이 2개
소금 1작은술
미역(불린 것) 40g
통깨 약간
| **A** | **다시 육수** 1컵, **식초** ½컵, **간장** 3큰술, **설탕** 2큰술

1 A를 모두 섞어 초회 드레싱을 만든다. 오이는 얇게 저며 소금을 뿌리고 10분 정도 재운 후 숨이 죽으면 한 번 헹궈내 물기를 꽉 짠다.

2 미역은 큼직하게 썰어 얼음물에 담갔다가 물기를 짜낸다.
차갑게 하면 식감이 더 좋아진다.

3 문어는 칼을 움직여가며 표면을 물결모양으로 자르면서 비스듬하게 한입 크기로 썬다.

4 그릇에 오이, 미역, 문어를 모두 담아 ❶의 초회 드레싱을 뿌리고 통깨를 올린다.

두부 야채 무침

101kcal
염분 1.3g

무침의 맛이 싱거워지지 않도록 두부의 물기를 꽉 짜준다. 생크림을 살짝 첨가하여 풍미를 더하는 것이 숨은 비법이다.

Ingredient
4인분

두부(부침용) 150g
껍질강낭콩(3cm 길이로 자른 것) 8개
생표고버섯(얇게 썬 것) 2개 분량
당근(3cm 길이로 얇게 썬 것) 80g
곤약(3cm 길이로 얇게 썬 것) 80g
| **A** | **엷은 맛 간장** 2작은술, **설탕** 2작은술, **간 통깨** 1작은술, **생크림** 2큰술
| **B** | **다시 육수** 1½컵, **엷은 맛 간장** 2큰술, **맛술** 2큰술

1 두부는 키친타월에 싸서 도마 등으로 2시간 정도 눌러 물기를 뺀다.

2 볼에 ❶의 두부와 A를 거품기로 잘 저어서 부드러운 페이스트 상태로 만든다.

3 뜨거운 물에 약간의 소금을 넣어 껍질강낭콩을 삶아낸 후 얼음물에 넣어 색을 내고 물기를 뺀다. 이 물에 곤약을 5분 정도 삶아 체에 밭쳐 물기를 빼둔다. 냄비에 B, 표고버섯, 당근, 곤약을 넣어 중간 불에 올리고 끓기 시작하면 약한 불로 낮추어 3분 정도 조려서 불을 끄고 식힌다. 충분히 식힌 후에 삶아둔 껍질강낭콩을 넣어 1시간 정도 재워둔다.

4 ❸의 국물을 완전히 빼낸 다음, ❷와 가볍게 무쳐서 그릇에 담아낸다.

175kcal
염분 2.7g

우엉조림

세 가지 뿌리채소를 사용해 각각의 향과 식감을 즐길 수 있는 일품요리다. 참기름의 고소함을 살리는 동시에 소량의 조림국물에서 볶아내듯 조리는 것이 비법이다. 냉장고에서 5일 정도 보관할 수 있다.

Ingredient
4인분

우엉 100g
당근 80g
연근 100g
참기름 2큰술
통깨 적당량
시치미 약간
| **A** | **청주** ⅗컵, **간장** ⅗컵, **설탕** 40g

1 우엉과 당근 모두 껍질을 벗겨 5cm 길이로 가늘게 채썬다. 연근은 껍질을 벗겨 반달모양으로 썬다. 우엉과 연근은 물에 씻어 물기를 뺀다.

2 프라이팬에 참기름을 두르고 ❶을 강한 불에서 볶는다.

3 조금 숨이 죽으면 양념장을 넣고 볶듯이 조려준다.

4 조림국물이 자작해지면 통깨, 시치미를 넣고 재빨리 버무린다. 상온에서 식힌 후 그릇에 담는다. 식혀서 먹어야 더 맛있다.

토란조림

144kcal
염분 2.3g

프라이팬은 토란조림을 위한 최적의 조리도구다. 데굴데굴 굴리면서 조리면 색과 맛이 모두 골고루 밴, 맛있는 요리를 완성할 수 있다. 그 위에 유자껍질을 살짝 뿌려 향까지 즐길 수 있도록 한다.

Ingredient

4인분

토란 12개
다시 육수 3컵
간장 4큰술
유자껍질(간 것) 약간
겨자 약간
| **A** | **설탕** 1큰술, **맛술** 3큰술, **청주** 3큰술

1 토란을 씻어서 껍질을 두툼하게 벗긴다. 다시 한 번 물에 잘 씻어 끈끈한 점액을 없앤 다음 물기를 닦아낸다.

껍질 바로 아래쪽은 딱딱하므로 껍질을 두껍게 벗겨내야 더 맛있다.

2 프라이팬에 **1**과 다시 육수를 넣어 가열한다. 끓기 시작하면 약한 불로 낮추어 호일로 만든 뚜껑을 덮고 15분 정도 더 삶는다.

3 A를 넣은 후 다시 뚜껑을 덮어 10분 정도 끓이다가 간장을 넣고 또다시 10분 정도 조린다.

4 뚜껑을 벗겨내고 강한 불로 높여 프라이팬을 흔들면서 조림국물이 전체적으로 배도록 한다. 그릇에 담아 유자껍질을 뿌리고 겨자를 곁들인다.

톳조림

200kcal
염분 2.4g

밑반찬으로도 좋은 요리로 냉장고에서 5일 정도 보관할 수 있다. 유부와 원통모양 어묵을 함께 넣으면 감칠맛과 식감이 더욱 좋아진다.

Ingredient
4인분

톳(건조된 것) 40g
당근 100g
대두(삶은 것) 100g
유부 1장
원통모양 어묵 1개
식용유 2큰술
| **A** | **다시 육수** 2컵, **설탕** 2큰술, **맛술** 2큰술, **간장** 4큰술

1 톳은 물을 넉넉히 부어 10~20분 정도 불린다. 중간에 2~3회 물을 갈아준다. 불린 톳의 물기를 꽉 짜준다.

2 당근은 껍질을 벗겨 5cm 길이로 가늘게 썰어두고, 유부는 가늘게 채썰고, 원통모양의 어묵은 한입 크기로 잘라둔다.

감칠맛을 살리기 위해 유부의 기름을 따로 빼지 않는다.

3 프라이팬에 식용유를 둘러 달군 다음 강한 중불에서 당근, 톳을 볶다가 어느 정도 익었다 싶으면 대두, 유부, 원통모양 어묵을 넣어 섞은 후 A를 더한다.

4 거품을 걷어가며 중간 불에서 10분 정도 조린다. 조림국물이 거의 사라지면 불을 끄고 식힌 후에 그릇에 옮겨 담는다.

닭고기 달걀덮밥

693kcal
염분 3.8g

닭고기를 나중에 넣으면 너무 익어서 단단해지는 것을 막을 수 있다. 달걀도 반숙 상태에서 불을 끄면 촉촉한 덮밥을 완성할 수 있다. 작은 프라이팬을 사용하여 1인분씩 만들면 실패할 위험이 적고 파드득나물의 줄기를 다져 덮밥 위에 듬뿍 올리면 산뜻한 향도 함께 즐길 수 있다.

Ingredient
4인분

닭다리살 1조각(약 250g), **양파** ½개, **파드득나물** 10줄기, **달걀(푼 것)** 8개 분량, **밥** 4공기 분량
| A | **물** 2컵, **다시마(3cm 크기로 자른 것)** 1장, **간장** 80ml, **맛술*** 1컵
* 맛술 1컵은 청주 ½컵, 물 ½컵, 설탕 2큰술로 대신해도 좋다.

1 냄비에 A를 넣고 한소끔 끓인 다음 식힌다.

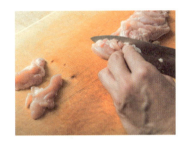

2 닭고기는 한 입 크기로 어슷하게 자른다.
어슷하게 자르면 열이 빠르게 전달된다.

3 양파를 가늘게 채썬다. 파드득나물은 잎을 떼고 줄기는 작게 다진다.
줄기를 작게 다지면 향이 더욱 좋아진다.

4 1인분씩 만든다. 작은 냄비에 ❸의 양파, ❶의 소스를 각각 ¼씩 넣고 중간 불에서 살짝 익혀준다.

5 ¼분량의 닭고기를 넣고 잠시 끓인다.

6 풀어둔 달걀의 ¼분량을 전체적으로 둘러준다.

7 나무젓가락으로 가볍게 풀어주면서 끓이다가 반숙 상태에서 불을 끈다.
살짝 덜 익었다 싶을 때 불을 끄면 적당히 촉촉하고 부드러운 상태가 된다.

8 밥 위에 부어준 다음 ❸의 파드득나물 줄기를 뿌리고 잎을 올린다. ❹~❽을 반복하여 4인분을 만든다.

전통 일본식 건강밥

365kcal
염분 2.4g

고기나 생선, 야채 등을 넣어 짓는 영양밥의 주인공은 쌀이다. 조림국물로 밥을 짓기 때문에 재료에서 우러난 맛들이 밥에 고스란히 스며든다. 토기에다 직화로 밥을 짓기 때문에 구수한 누룽지까지 즐길 수 있어 누구나 좋아하는 요리다.

Ingredient

4인분

쌀 450g, **닭다리살** 150g, **우엉** 80g, **당근** 80g, **무** 80g, **만가닥버섯** 1팩, **쪽파** 적당량, **통깨** 적당량
| A | 물 4컵, **다시마(5cm 크기로 자른 것)** 1장, **엷은 맛 간장** ⅓컵, **간장** ⅓컵, **청주** ⅔컵

1 닭고기는 작게 자른다.

2 우엉은 껍질을 벗기고 연필 깎듯이 썰어 잠시 물에 담갔다가 물기를 뺀다.
물에 오래 담가두면 풍미가 사라지므로 주의한다.

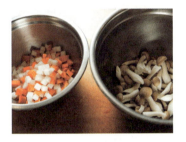

3 당근, 무는 껍질을 벗겨 1cm 크기로 깍둑썰기하여 손으로 잘 섞어준다.

4 냄비에 A, ❶, ❷, ❸을 넣어 가열하고 끓기 시작하면 거품을 걷어내며 중간 불에서 10분 정도 조린 후에 그대로 식힌다. 볼에 올려 둔 체를 사용하여 재료와 조림국물을 분리한다.

5 쌀은 씻어서 30분 정도 물에 불린 다음 체에 걸러 물기를 뺀다.
토기에 직접 밥을 지을 때는 쌀을 충분히 불려주어야 한다.

6 토기에 ❺의 쌀과 ❹의 조림국물 3컵을 넣어 저어준 다음 강한 불에 올린다. 끓어오르기 시작하면 중간 불에서 5분 정도 끓이다가 다시 약한 불로 낮추어 15분 정도 가열한다.

7 ❹의 재료를 ❻ 위에 올려 뚜껑을 덮어서 10분 동안 찐다.

8 송송 썬 쪽파와 통깨를 뿌린다. 골고루 잘 섞어준 다음 그릇에 담아낸다.

돼지고기 미소국

216kcal
염분 2.4g

돼지고기를 끓는 물에 데쳐내어 사용하면 불순물과 여분의 지방이 빠져서 담백한 국물을 즐길 수 있다. 여러 재료가 들어가므로 크기를 맞춰주는 것이 핵심이다.
국물의 양을 충분히 잡아 뭉근히 끓이다가 미소를 가장 마지막에 넣어 향이 날아가지 않도록 한다.

Ingredient
4~5인분

돼지고기(얇게 채썬 것) 200g, **무** 100g, **당근** 50g, **팽이버섯** 1팩, **대파** 1대, **미소** 5큰술, **맛술** 1큰술, **파드득나물** 3줄기
| 육수 | 물 6컵, **다시마(10cm 길이로 자른 것)** 1장, **가다랑어포** 30g

1 육수를 낸다. 냄비에 육수 재료를 모두 넣어 중간 불로 끓인다.

2 육수가 끓어오르기 시작하면 거품을 걷어내고 약한 불로 15분 동안 가열한 후 불을 끄고 5분 동안 그대로 둔다.

3 체에 내리거나 면포 등을 이용해 짜낸다.

4 육수를 완성한다. 육수는 냉장고에서 3일 정도 보관 가능하다.

5 돼지고기는 끓는 물에 살짝 데쳐낸 후 망에 건져서 물기를 뺀다.
고기 누린내와 여분의 지방을 제거하여 잡내를 잡아준다.

6 ❺를 한입 크기로 자른다.

7 무, 당근은 껍질을 벗겨 반달모양으로 썰고 대파는 얇게 어슷썰기한다. 팽이버섯은 뿌리를 자르고 한 가닥씩 떼어둔다.
재료는 크기를 비슷하게 맞추어 손질한다.

8 냄비에 ❹의 육수를 5컵 넣고, ❻, ❼을 넣어 약한 불로 가열한다. 무, 당근이 부드러워지면 맛술을 첨가한다. 그릇에 담고 큼직하게 썬 파드득나물을 올린다.
뿌리야채는 완전히 익기까지 시간이 걸리므로 강한 불에서 조리하면 국물이 졸아들어 짜게 될 수 있으므로 주의한다.

일본식 맑은 장국

야채와 곤약을 넣고 볶은 참기름의 향과 고소함이 맛의 비결이다. 물에 갠 녹말가루로 농도를 조절하면 몸속까지 따뜻해지는 부드러운 맛을 완성할 수 있다.

165kcal
염분 1.9g

Ingredient ━━━━
4인분

생표고버섯 4개, **연근** 100g, **당근** 80g, **곤약** 100g, **두부**(찌개용) 1모(300g), **참기름** 2큰술, **다시 육수** 5컵, **쪽파**(잘게 송송 썬 것) 약간, **유자껍질**(채썬 것) 약간
| A | **엷은 맛 간장** 2큰술, **맛술** 1큰술, **소금** 약간
| B | **녹말가루** 1큰술, **물** 2큰술

1 표고버섯은 기둥을 떼고 나머지 부분은 찢어 둔다. 연근, 당근은 껍질을 벗기고 적당한 크기로 썬다.

2 곤약은 손으로 찢어서 10분 정도 물에 데쳐 물기를 뺀다.

3 두부는 살짝 물기를 빼둔다.

4 냄비에 참기름을 두르고 ❶의 야채류와 곤약을 볶는다. 어느 정도 볶아지면 다시 육수를 넣고 재료들이 부드러워질 때까지 약한 불에서 삶는다.

5 A를 넣어 간을 하고 잘 섞어둔 B를 넣어 살짝 농도를 준다.

6 두부를 손으로 뜯어서 넣어주고 두부가 따뜻해질 정도로 끓으면 그릇에 옮겨 담는다. 쪽파와 유자껍질을 위에 뿌려준다.

'오늘은 뭘 해 먹지?' 이번 장에서는 이런 고민을 덜어준다.

주반찬, 부반찬, 국물 요리, 밥과 면 요리 등 각 분야별로 다양한 메뉴를 소개하고 있으므로

영양적인 균형은 물론 싫증나지 않는 다채로운 식단을 세울 수 있다.

70~75쪽에서는 식단 짜기의 비법을 소개하고 있으므로 아무쪼록 참고하기 바란다.

제 2 장

식단을 결정하는
매일 반찬

일본식 식단의 기본

탁월한 영양적 균형

일본 요리는 일본의 자연이 만들어낸 풍부한 식재료에서 비롯된 음식문화다. 일본의 상차림은 제철 야채와 생선 등 다양한 식재료로 구성되어 있으며, 일본 요리의 매력은 맛은 물론 영양적인 균형 또한 훌륭하다는 데 있다. 여기에서는 일본 음식을 멋스럽게 차려낼 수 있는 식단을 짜는 방법에 대해 소개하겠다.

1국 3찬 (2찬) 구성이 기본이다

일본식 식단의 기본은 일반적으로 '1국 3찬(혹은 2찬)'이라고 한다. 1국은 국물, 3찬은 주반찬+부반찬+밑반찬을 가리킨다(2찬은 주반찬+밑반찬).

여기에 흰쌀밥 같은 '주식'을 더한 형태가 일본식의 기본적인 상차림이다. 영양과 건강적인 측면에서도 우수한 조합으로 세계적으로도 높은 평가를 받고 있다.

식단을 구성할 때는 먼저 주식과 주요 반찬부터 정한다. 다음으로 맛과 영양적인 균형을 고려하여 반찬 한두 가지와 국을 첨가하도록 한다.

이것이 기본적인 형태지만 식사 내용에 따라 얼마든지 변형이 가능하다. 단, 식단 안에서 필요한 탄수화물과 단백질, 야채류를 균형 있게 섭취할 수 있도록 해야 한다는 점을 기억하자.

건강한 상차림을 위해

염분 섭취량에 주의한다

각각의 요리는 간이 약해도 반찬 가짓수가 많아지면 총 염분량이 많아진다. 그러므로 한 끼 전체 식사에서 섭취하는 염분량으로 생각해야 한다. 국물 요리는 염분 함량이 높아지기 쉬우므로 하루 1~2회로 제한한다.

육수 등으로 '깊은 맛'을 살린다

국물 요리나 조림 요리에 반드시 들어가는 육수에는 재료의 깊은 맛이 충분히 우러나 있다. 이 맛을 충분히 살리면 염분이나 동물성 지방을 최소한으로 줄여도 만족감 높은 맛을 완성할 수 있다.

발효식품을 적극적으로 사용한다

간장과 미소 같은 조미료를 비롯해 낫토, 절임채소 등의 발효식품에 많이 포함된 식물성 유산균은 장내환경을 개선하는 작용을 한다. 또한 효소가 풍부해서 소화를 돕는다.

대두 가공품을 활용한다

대두와 유부, 낫토, 미소 같은 대두 가공품은 식물성 단백질, 칼슘 등이 풍부한 식품이다. 조리폭도 넓으므로 다양한 요리에 활용하기 바란다.

식이섬유가 풍부한 식재료를 활용한다

건어물이나 곤약, 해조류, 버섯류는 식이섬유가 풍부한 저칼로리 식재료다. 부반찬을 두 가지 곁들이는 경우에는 이중 하나를 선택하여 요리하면 칼로리를 줄일 수 있다.

부반찬 156~206쪽

몸의 세부적인 기능을 조절하는 비타민과 미네랄, 식이섬유를 섭취한다

야채, 콩, 해조류, 버섯류, 뿌리채소 등을 사용한 반찬이다. 야채는 녹황색 채소와 담색 채소를 균형 있게 조합하여 하루에 총 350g 이상 섭취하는 것을 목표로 한다.

주반찬 76~155쪽

몸을 구성하는 단백질과 지방, 에너지 공급원이 된다

고기, 생선, 달걀, 대두, 대두 가공품 등을 주재료로 해서 만든 반찬이다. 식재료에 따라서 단백질 종류가 다르므로 고기와 생선에 치우치지 말고, 대두와 대두 가공품에 포함된 식물성 단백질도 균형 있게 섭취하도록 한다.

밑반찬 207~219쪽

식사의 영양균형을 보충한다

밑반찬 등을 만들어 보관해두면 반찬 한 가지 정도는 금방 추가할 수 있어, 1국 3찬의 상차림을 간단하게 완성할 수 있다. 영양을 보충하는 동시에 맛의 변화를 주는 등의 역할을 한다.

밥과 면 236~261쪽

몸을 움직이는 에너지원이 된다

밥과 면 종류 등은 상차림의 중심이 되는 존재다. 특히 흰쌀밥은 지방이 거의 없는데다가 식이섬유와 단백질을 동시에 섭취할 수 있는 훌륭한 식품이다. 다양한 맛의 반찬을 자유롭게 조합할 수 있다는 이점이 있다.

국물 요리 220~235쪽

영양균형과 수분을 보충한다

두부나 유부 같은 대두 가공품을 활용하는 동시에 야채, 해조류, 버섯, 뿌리채소 등 부족하기 쉬운 식재료를 섭취할 수 있는 요리다. 일본식 국물의 독특한 풍미가 맛을 더해 음식이 부드럽게 넘어가게 해준다.

식단 짤 때 주의해야 할 네 가지

1. 1일 3식으로 균형을 유지한다.
2. 조리법이나 양념에 변화를 준다.
3. 계절에 맞는 식재료와 메뉴를 활용한다.
4. 먹는 사람의 취향이나 건강상태도 고려한다.

1

1일 3식으로 균형을 유지한다

아침, 점심, 저녁 각각의 식단에서 정확한 영양적 균형을 잡기가 힘들다면 1일 3식을 통해 필요한 식품을 섭취하도록 한다. 예를 들면 아침에 달걀과 낫토, 두부, 미소장국 등으로 단백질을 섭취했다면 점심, 저녁은 각각 고기나 생선을 선택한다. 이렇게 하면 하루 전체를 통해 다양한 종류의 단백질을 섭취할 수 있다.

면류나 덮밥 같은 일품요리를 선택하게 되는 점심에는 되도록 나물 요리나 샐러드 등을 곁들인다. 저녁의 기본은 1국 3찬(1국 2찬)이다. 아침과 점심에서 부족한 영양소를 보충하는 식단으로 한다. 다만 저녁은 낮 동안과 달리 에너지 소비가 적으므로 과식하지 않도록 주의하고 부족하기 쉬운 야채류를 충분히 섭취한다.

2

조리법이나 양념에 변화를 준다

식단을 짤 때는 영양적인 균형을 따지는 것도 중요하지만 영양을 중시한 나머지 변화 없는 단조로운 식단이 계속된다면 식욕이 떨어질 것이다.

무엇보다 식단 속에서 동일한 조리법이 겹치지 않도록 하자. 찌기, 굽기, 튀기기, 볶기 등 서로 다른 조리법을 사용한 반찬이 있으면 만족감이 높아지는 법이다.

양념에도 달고, 맵고, 시고, 짜고, 쓴 다섯 가지 요소를 골고루 활용하면 식단에 변화가 풍부해져 더욱 맛있게 식사를 즐길 수 있을 것이다.

간장과 미소 등은 같은 맛의 재료가 중복되지 않도록 조미료에 약간만 신경을 써도 식단에 변화가 생긴다. 이렇게 하면 자연스럽게 지나친 염분 섭취를 막을 수 있다.

3

계절에 맞는 식재료와 메뉴를 활용한다

일본은 계절별로 각기 다른 풍부한 식재료를 얻을 수 있다. 특히 제철 식
재료는 맛은 물론 가격도 저렴하고, 영양도 풍부해 매일의 식단을 짜는
데 있어 반드시 참고해야 할 부분이다.

생선구이에 제철 생선을 사용하거나, 볶음이나 조림에 제철 야채를 활용
하는 등 조금만 신경 쓰면 평범한 식단에 계절감을 불어넣을 수 있다. 나물
요리나 참깨를 사용한 샐러드, 초무침 같은 반찬은 제철 식재료를 활용하
여 쉽게 응용할 수 있으므로 먼저 여기에서부터 시도하도록 한다. 또한 겨
울에는 몸을 따뜻하게 하는 찜이나 전골을, 여름에는 차가운 국물 요리나
후루룩 쉽게 넘어가는 면 요리를 선택하는 등 계절에 맞는 메뉴를 조합
하는 감각도 중요하다.

> 식단 짤 때
> 이 네 가지만 알아두면
> O.K.!

4

먹는 사람의 취향이나 건강상태도 고려한다

식단을 짤 때 먹는 사람의 연령이나 취향, 건강상태 등을 고려하는 것도
중요하다. 이를테면 한창 식욕이 왕성한 젊은이에게는 포만감 있는 요리
를, 노인에게는 부드럽게 조리하여 씹고 삼키기 편한 요리를 준비한다.
또한 어린 아이라면 재료를 작게 썰거나 손에 들고 편하게 먹을 수 있도
록 배려할 필요가 있다.

아울러 가족이 감기기운이 있을 때나 피곤해할 때는 몸을 따뜻하게 하는
요리나 위장에 부담을 주지 않도록 소화가 잘되는 음식을 만든다. 무더위
등으로 입맛이 떨어져 있을 때는 생강이나 푸른 차조기 등 향이 강한 야
채를 살짝 첨가해 식욕을 돋운다.

손님을 초대했을 때도 손님의 취향에 맞춰 식단을 짜면 실패하지 않을
것이다.

패턴별 균형 잡힌 식단의 예

1

주반찬이 고기인 식단

부반찬과 국으로 야채를 충분히 보충한다.

고기 요리가 주반찬인 식단에서는 야채가 부족해지지 않도록 신경을 쓴다. 비타민과 식이섬유가 풍부한 야채와 뿌리채소를 넉넉하게 곁들인다. 부반찬은 야채와 해조류, 버섯 등을 사용하여 작은 접시에 담고, 국도 뿌리채소 등을 넣어 건더기를 푸짐하게 한다. 이렇게 하면 야채의 양이 많아져서 균형있는 식단이 된다.

- ● **주반찬** 닭고기 데리야키(88쪽)
- ● **국** 재료가 듬뿍 들어간 미소장국
- ● **부반찬** 오이와 미역 참깨초무침
- ● **주식** 밥

2

주반찬이 생선인 식단

부반찬과 밑반찬으로 가짓수를 늘린다.

생선구이처럼 생선이 주반찬일 때는 양을 늘리기 힘들어 원재료 한 가지가 요리의 전부가 된다. 이런 때는 부반찬이나 밑반찬을 곁들이는 등의 방법으로 반찬 가짓수를 늘리면 된다. 식탁이 풍성해지고 다양한 종류의 식재료를 섭취할 수 있다. 또한 미소양념이 강한 반찬이 있을 때는 맑은 국물의 국을 준비하여 맛의 균형을 맞추도록 한다.

- ● **주반찬** 방어 미소양념구이(124쪽)
- ● **국** 달걀국
- ● **부반찬** 푸른잎 채소와 버섯 데침
- ● **밑반찬** 찐 콩
- ● **주식** 밥

3

주반찬에 야채가 많은 식단

부반찬에 달걀이나 대두제품을 첨가한다.

주반찬이 야채가 대부분이고 고기나 생선이 적은 조림 등의 요리일 때는 단백질이 부족해지지 않도록 부반찬으로 대두제품이나 달걀 등을 사용한 반찬을 조합한다. 또한 간이 약하고 국물이 많은 조림처럼 주반찬에 국물이 많을 때는 국처럼 먹을 수 있으므로 국 대신 부반찬을 하나 더 늘리는 것도 좋다.

- **주반찬+국**　순무 소보로조림(82쪽)
- **밑반찬**　우엉과 당근볶음
- **부반찬**　유부 미소양념구이
- **주식**　밥

4

일품요리 식단

부반찬과 국을 첨가해 균형을 높인다.

덮밥이나 면류 같은 일품요리는 말 그대로 주반찬과 주식이 하나로 합쳐진 메뉴다. 여기에 부반찬과 국을 더하기만 하면 훌륭한 식단이 완성된다. 다만 일품요리는 야채가 부족해지기 쉬우므로 부반찬과 국에서 충분한 야채를 섭취하여 비타민, 미네랄, 식이섬유를 보충한다.

- **주반찬+주식**　소고기덮밥(250쪽)
- **국**　두부와 푸른잎 채소 미소장국
- **부반찬**　양배추 절임

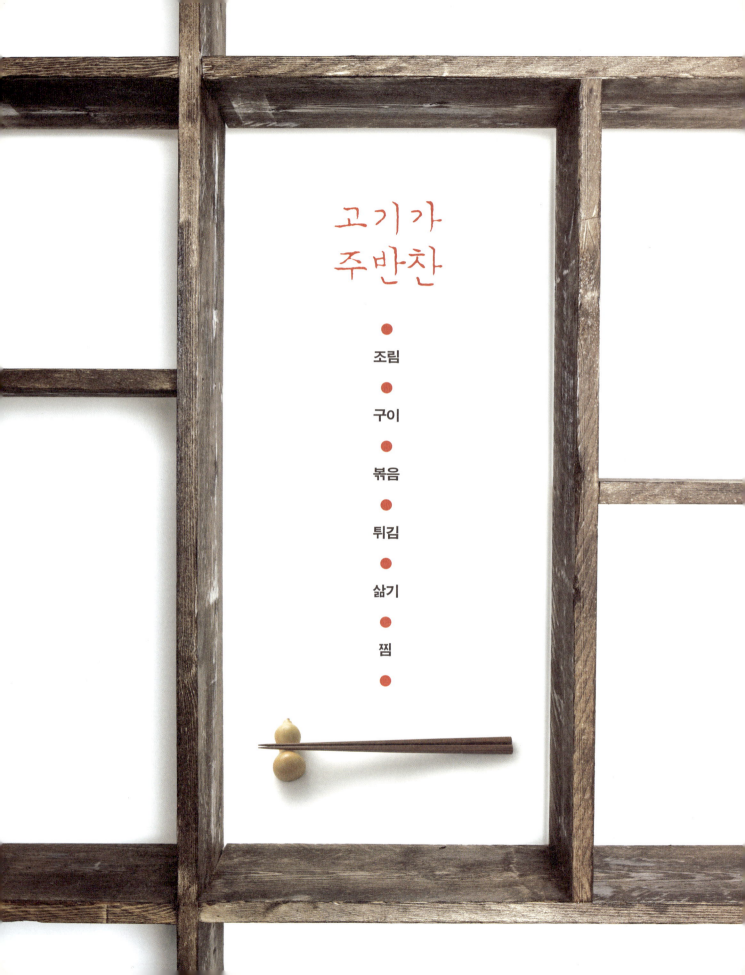

고기가
주반찬

- 조림
- 구이
- 볶음
- 튀김
- 삶기
- 찜

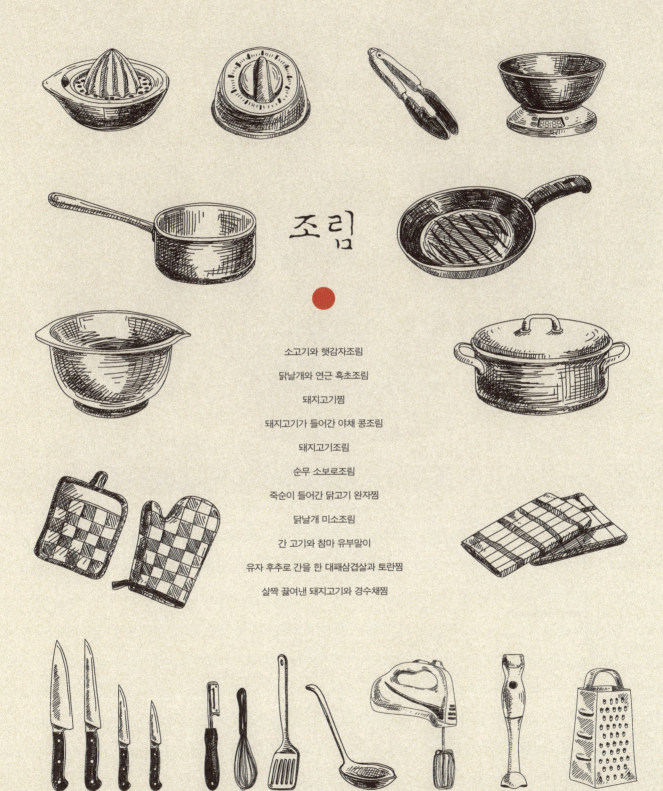

조림

소고기와 햇감자조림

닭날개와 연근 흑초조림

돼지고기찜

돼지고기가 들어간 야채 콩조림

돼지고기조림

순무 소보로조림

죽순이 들어간 닭고기 완자찜

닭날개 미소조림

간 고기와 참마 유부말이

유자 후추로 간을 한 대패삼겹살과 토란찜

살짝 끓여낸 돼지고기와 경수채찜

햇감자의 포실포실한 식감과 소고기의 감칠맛이 멈출 수 없게 만드는

소고기와 햇감자조림

Ingredient
4인분

소고기(우둔살, 얇게 저민 것) 300g

햇감자 600g

껍질강낭콩 30g

식용유 1½큰술

다시 육수 2컵

| A |

설탕 3큰술, **소금** ½작은술

| B |

간장 2큰술, **맛술** 2큰술

1 감자는 수세미로 깨끗하게 씻는다.

2 냄비에 식용유를 두르고 중간 불로 가열한 후 감자를 넣고 조금 색이 날 정도로 볶다가 소고기와 다시 육수를 넣는다.

3 끓기 시작하면 거품을 걷으며 5분 정도 끓인다.

4 A를 부어 10분 정도 더 끓이다가 B를 첨가하여 국물이 거의 없어질 때까지 조린다.

5 껍질강낭콩은 끓는 물에 약간의 소금을 넣어 색이 선명해지도록 데쳐낸 후 ❹에 넣어 가볍게 섞어준 다음 그릇에 담는다.

🌿 감자는 되도록 알 크기가 작은 것을 준비한다.

흑초를 첨가하면 뒷맛이 깔끔해지고 뼈도 잘 발린다

닭날개와 연근 흑초조림

286kcal
염분 2.1g

Ingredient

4인분

닭날개 8개
연근(큰 것) 1개
대파 ¼대
생강(얇게 저민 것) 4조각
간장 ½큰술
참기름 4작은술
| A |
물 3컵, **흑초** ⅓컵, **간장** 3~3½큰술,
설탕 3~3½큰술, **청주** 3~3½큰술

1 닭날개는 안쪽부터 뼈를 따라 칼집을 넣고 간장에 버무려 10분 정도 재워둔다.

2 연근은 껍질을 벗겨 2cm 두께로 반달모양으로 썰고, 대파는 가늘게 채썰어 각각 찬물에 잠시 담갔다가 물기를 뺀다.

3 냄비에 참기름 2작은술을 넣고 가열하여 중간 불에서 닭날개를 색이 날 때까지 볶는다.

4 ❸의 냄비에 참기름 2작은술을 두르고 생강을 볶다가 향이 나기 시작하면 연근을 넣어 볶는다. 어느 정도 익으면 닭날개를 넣고 A를 부어 뚜껑을 덮은 후 약한 불에서 20분 정도 조린다. 그릇에 담고 ❷의 대파를 올린다.

●
2333kcal
염분 9.4g (전체량)

매콤달콤한 양념에 돼지고기와 뿌리채소가 어우러진

돼지고기찜

Ingredient
만들기 적당한 분량

돼지고기(등심, 수육용) 800g
우엉 1개(150g)
당근 1개(150g)
곤약(작은 것) 1개(150g)
대파 ½대(50g)
생강 1개(15g)
| A |
물 ¼컵, **청주** ¼컵, **간장** ¼컵, **설탕** 1큰술

1 우엉은 깨끗하게 씻어서 직사각형 모양으로 나박썰기하고, 물에 5분 정도 담가서 떫은 맛을 뺀 후 체에 밭쳐둔다.
2 당근은 껍질을 벗기고 우엉과 같은 크기로 썬다. 곤약은 직사각형 모양으로 나박썰기하여 물에 데쳐낸 후 체에 밭쳐둔다.
3 대파는 5cm 길이로 썰고, 너무 굵으면 다시 세로로 이등분한다. 생강은 얇게 저민다.
4 바닥이 두꺼운 냄비에 A를 넣어 끓이다가 돼지고기, 생강, 대파를 넣어 중간 불에서 조린다. 고기를 뒤집어 색이 나면 우엉, 당근, 곤약을 그 주변에 두르듯 넣는다.
5 뚜껑을 덮고 국물이 재료에 골고루 배도록 고기를 뒤집어주면서 약한 불에서 20~25분간 조린다.
6 ❺를 불에서 내리고 목욕수건 등으로 싸서 1시간 정도 보온하여 고기에 열이 완전히 스며들도록 한다.
7 그릇에 야채만 담고, ❻의 냄비를 다시 중간 불에 올려 국물이 걸쭉해질 때까지 고기를 조린다. 돼지고기는 얇게 썰어 야채와 함께 담아내고 그 위에 조림국물을 끼얹는다.

🌱 보관용기에 넣으면 냉장고에서 일주일 동안 보관할 수 있다. 돼지고기는 먹을 만큼의 양만 그때그때 썰어서 준비한다. 샐러드나 볶음 등에 고명처럼 사용할 수도 있다.

반찬이 살짝 아쉬울 때 제격인 고마운 밑반찬

돼지고기가 들어간 야채 콩조림

229kcal
염분 1.8g

Ingredient
4인분

돼지고기(등심, 돈가스용) 1장(100~150g), **대두(간을 약하게 해 살짝 익힌 것)** 1캔 (200g), **곤약** ½장, **연근(작은 것)** 1개(100~150g), **당근** ½개(100~150g), **다시마 (10cm 크기로 자른 것)** 1장
| A | **다시마 불린 물** 2컵, **청주** 2큰술, **설탕** 2큰술, **간장** 2큰술

1 다시마는 물을 3컵 부어 1시간 정도 담갔다가 7~8mm 크기로 자른다.
2 곤약과 연근, 당근은 껍질을 벗겨 7~8mm 크기로 깍둑썰기하고 돼지고기도 같은 크기로 썬다. 대두는 통조림의 국물을 빼둔다.
3 냄비에 연근이 잠길 정도의 물을 넣고 끓이다가 곤약, 대두, 돼지고기를 차례로 넣고 고기 색이 변하면 체에 건진다.
4 냄비에 A를 넣고 한소끔 끓이다가 다시마와 ❸, 당근을 넣고 잘 섞어주며 중간 불에서 10분 동안 조린다.

제철 채소가 듬뿍 들어간

돼지고기조림

563kcal
염분 2.2g

Ingredient
4인분

돼지고기(덩어리) 600g, **생강(얇게 저민 것)** 2개 분량, **삶은 달걀** 4개, **청경채** 2송이
| A | **청주** ½컵, **물** 2컵, **설탕** 4큰술, **간장** 4큰술

1 돼지고기는 3~4cm 크기로 자르고 프라이팬에 지방 부위가 아래로 가게 하여 나란히 늘어놓는다. 중간 불에 올려 뒤집어가면서 표면이 노르스름한 색이 되도록 굽는다. 고기가 잠기도록 물을 부어 끓기 시작하면 체에 건져 밭쳐둔다.
2 ❶의 돼지고기를 프라이팬에 올리고 A와 생강을 넣어 가열하다가 거품을 제거하며 약한 불에서 40분 정도 조린다.
3 삶은 달걀의 껍질을 벗기고 ❷에 넣은 후 다시 끓어오르면 불을 끈다. 가능하면 한번 식혀서 굳은 지방을 제거한다.
4 청경채는 줄기와 잎을 나누고 줄기는 6등분하여 색이 선명해질 정도로 데친다.
5 먹기 직전에 ❸을 다시 데워서 그릇에 담고 ❹를 곁들인다.

🌿 보관용기에 담아 냉장고에서 2~3일 보관할 수 있다.

순무의 줄기 부분을 따로 익혀 나중에 넣는 것이 비법

순무 소보로조림

닭고기와 작은 새우 등을 잘게
다져서 넣은 조림 - 옮긴이

189kcal
염분 2.3g

Ingredient
4인분

닭고기(다진 것) 200g
순무(중간 크기) 6개(600g)
식용유 적당량
청주 3큰술
| A |
맛술 3큰술, **간장** 1작은술, **생강즙** 1작은
술, **소금** 1⅓작은술
| B |
녹말가루 2큰술, **물** 2큰술

1 순무는 줄기 부분을 3cm 정도 남기고 잘라낸다. 껍질을 벗겨 세로로 4등분한다. 등
분한 순무를 5분 정도 흐르는 물에 씻어 줄기 사이에 있는 흙을 씻어낸 후 남아 있
는 물기를 제거한다.

2 ❶의 무청은 끓는 물에 약간의 소금을 넣어 삶아낸 후 찬물에 식혀 물기를 꼭 짜낸
다음 3cm 길이로 자른다.

3 냄비에 적당량의 식용유를 둘러 달군 후 키친타월로 한번 닦아낸다. 다시 식용유를
½큰술 두르고 중간 불 정도로 달군 후 닭고기 간 것을 풀어주듯 볶는다(사진 ①).
고기 색깔이 변하면 여기에 청주와 물 2⅓컵을 넣어 끓인다. 끓어오르기 시작한 다
음에는 불을 약하게 낮추어 맛이 우러나도록 한다.

4 순무를 넣고(사진 ②) 중간 불로 올린다. 다시 끓어오르면 약한 불로 낮추고 뚜껑을
덮은 후 7~8분 정도 조린다. A를 첨가한 다음 뚜껑을 덮고 순무가 부드러워질 때까
지 5~6분 더 끓인다.

5 B의 물에 갠 녹말가루를 둘러 농도를 맞춘 후 ❷의 무청을 넣어 한 김 더 끓여서 그
릇에 담아낸다.

사진 ❶ 기름이 냄비에 충분히
배게 한 후 닭고기 간 것을 볶
으면 바닥에 들러붙지 않는다.

사진 ❷ 거품을 제거한 후에 순
무를 넣으면 국물이 탁해지는
것을 방지해 맑은 조림을 완성
할 수 있다.

● 죽순은 뿌리 부분과 새순 부분으로 나누어 사용한다

238kcal
염분 2.5g

죽순이 들어간
닭고기 완자찜

Ingredient ━━━━━━━━━━━━━━━ 4~5인분

닭고기(간 것) 400g, **삶은 죽순(큰 것)** ½개(150g), **미역(염장)** 30g
| **A** | **청주** 약 2큰술, **간장** 약 2큰술, **맛술** 약 2큰술, **밀가루** 넉넉히 2큰술, **달걀** 2개,
소금 한 꼬집
| **B** | **다시 육수** 2½컵, **청주** 2큰술, **간장** 2큰술, **맛술** 2큰술, **소금** 약간, **설탕** 약간,
생강(저민 것) 1개

1 죽순은 뿌리 부분과 새순 부분을 나누어 자른 후, 새순 부분은 세로로 4등분하고
  뿌리 부분은 곱게 다진다.
2 미역은 소금을 씻어내고, 물에 담가서 짠맛을 제거한 후 먹기 좋은 크기로 잘라 수
  분을 제거한다.
3 볼에 다진 닭고기와 A를 넣어 잘 섞고, ❶의 곱게 다져둔 죽순을 첨가하여 찰기가
  생길 때까지 충분히 치댄다.
4 냄비에 B를 넣고 중간 불에서 끓이다가 ❸을 숟가락 두 개를 이용하여 직경 3cm
  정도로 둥글려서 집어넣는다.
5 죽순의 새순 부분을 넣고 거품을 걷어낸 후 뚜껑을 덮어 15분 정도 약한 불에서 끓인다.
6 미역을 넣고 한소끔 끓이다가 불을 끄고 속까지 맛이 배도록 10분 정도 그대로 두
  었다가 그릇에 옮겨 담는다.

● 진한 양념 맛의 인기 밥반찬

265kcal
염분 1.9g

닭날개 미소조림

Ingredient ━━━━━━━━━━━━━━━ 4인분

닭날개 10개(약 500g), **생강** 1개(약 15g), **쪽파** 2~3뿌리, **식용유** 2큰술
| **A** | **설탕** 3큰술, **미소** 3큰술, **청주** 3큰술

1 생강은 껍질째 간다. 쪽파는 송송 썰어둔다.
2 프라이팬에 식용유를 두르고 가열한 후 닭날개를 넣어 껍질에 색이 나도록 굽다가
  뒤집어서 반대쪽도 색을 낸 후 냄비로 옮긴다.
3 ❷에 재료가 겨우 잠길 정도의 물과 A, ❶의 생강을 첨가하여 중간 불로 가열하다
  가 끓기 시작하면 불을 약하게 낮춘 다음 뚜껑을 덮고 30분 정도 뭉근하게 끓인다.
  마지막에는 강한 불로 올려 국물을 조린다.
4 그릇에 옮겨 담고 ❶의 쪽파를 올린다.

🌿 붉은 미소를 사용하면 더 깊은 맛이 난다.

아삭아삭한 참마의 식감이 일품인

간 고기와 참마 유부말이

1 유부는 키친타월 2장 사이에 끼워 넣고 전자레인지(600W)에 1분 정도 돌린 후 손으로 꾹 눌러준다. 짧은 변 두 곳과 긴 변 한 곳을 조금씩 잘라서 가르고, 잘려나간 부분은 곱게 다진다.

2 참마는 껍질을 벗겨 물에 씻고, 길이 5~6cm, 사방 1cm 두께의 막대모양으로 썬다. 볼에 간 고기와 A, 다져둔 유부, 양파를 한데 모아 치대며 섞는다.

3 속을 갈라둔 유부의 안쪽이 위로 가도록 펼쳐놓고 녹말가루를 가볍게 뿌린다. ❷를 각각 4등분하여 유부의 위쪽을 조금 벌려서 고기소를 넓게 펼쳐 바르고 그 위에 참마 2개를 나란히 올려 김밥 말듯 말아준다.

4 냄비에 ❸과 다시 육수를 넣어 중간 불에서 가열하다가 B를 첨가하여 뚜껑을 덮고 15~20분 정도 끓인다. 유부말이 한 줄을 여섯 도막으로 나누어 그릇에 담는다.

5 ❹의 국물에 C의 물에 갠 녹말가루를 더해 농도를 맞춘 다음 그 위에 유자껍질을 올린다.

Ingredient

4인분

소고기와 돼지고기를 함께 간 것 300g
참마 200g
유부 4장
양파(다진 것) ¼개
밀가루 적당량
다시 육수 3컵
유자껍질(채썬 것) 약간
| A | **간장** 1작은술, **맛술** 1작은술, **녹말가루** 1큰술
| B | **설탕** 1큰술, **맛술** 3큰술, **간장** 4큰술
| C | **녹말가루** ½큰술, **물** 1큰술

Ingredient

4인분

대패삼겹살 200g
토란 6~7개
| A | **치킨스톡(분말)** ½작은술, **물** 3컵
| B | **청주** 2큰술, **간장** ½큰술, **유자 후추**
⅓~½ 작은술

유자 후추의 풍미가 살아있는 깔끔한 맛

유자 후추로 간을 한
대패삼겹살과 토란찜

1 돼지고기는 한입 크기로 썬다.

2 토란은 가로로 반을 가른 후 위에서 아래로 두툼하게 껍질을 벗겨 원형모양으로 3등분한다. 적당량의 소금을 뿌려 문지른 후 깨끗하게 씻어낸다. 이 과정을 다시 한 번 반복한다.

3 냄비에 A와 ❶의 돼지고기를 넣어 중간 불에서 끓이다가 거품을 걷어내고 ❷의 토란을 넣는다.

4 약한 불로 낮춰 B를 붓고 토란이 부드러워질 때까지 7~8분 정도 끓여 그릇에 담아낸다.

129kcal
염분 1.1g

육수를 충분히 사용하여 담백한 맛을 완성한다

살짝 끓여낸 돼지고기와 경수채찜

Ingredient

4인분

돼지고기(등심, 샤브샤브용) 100g
경수채 100g
말린 무 40g
| **A** | **다시 육수** 2½컵, **생강(저민 것)** 1개
분량, **맛술** 2큰술, **청주** 2큰술

1 경수채는 5~6cm 길이로 자르고, 말린 무는 물에 불려 물기를 꽉 짜서 먹기 좋은 크기로 자른다.

2 냄비에 A를 넣어 중간 불로 끓이다가 돼지고기를 넣어 끓인다. 거품을 걷어낸 후 말린 무를 첨가하여 뚜껑을 덮고 5~10분 정도 끓인다.

3 ❷의 재료를 한쪽으로 몰아둔 후 경수채를 넣어 살짝 숨이 죽으면 국물과 함께 그릇에 담아낸다.

구이

닭고기 데리야키

연근 구이

연근 돼지고기말이

고기소 피망

닭고기 후박나무 구이

우엉 닭고기 함박스테이크

참마 소스를 곁들인 소고기스테이크

대파 소고기말이

441kcal
염분 2.1g

닭고기에 칼집을 넣어 고기가 수축되지 않고 육즙도 더 풍부한

닭고기 데리야키

Ingredient

4인분

닭다리살 2조각

고구마 1개

식용유 적당량

청주 1큰술

| A | **청주** 1큰술, **간장** 1큰술, **생강즙** 1작은술

| B | **맛술** 2큰술, **설탕** ½큰술, **간장** 2큰술

1 닭다리살은 여분의 지방을 제거하고 껍질부분을 아래쪽으로 가게 하여 살에 4~5부분 칼집을 넣는다(사진 ①).

2 볼에 닭고기와 A를 넣어 잘 버무린 다음 10~20분 정도 재워둔다.

3 고구마는 껍질째 씻어서 1cm 두께로 통썰기를 하여 물에 살짝 헹구어 물기를 뺀다.

4 프라이팬에 식용유 2큰술을 둘러 가열하다가 ❸을 중간 불에서 적당한 색이 날 때까지 굽는다. 한쪽 면이 다 익으면 뒤집어서 뚜껑을 덮고 부드러워질 때까지 5분 정도 쪄내듯 구워서 꺼내둔다.

5 프라이팬에 식용유 1작은술을 더 두르고 달군 다음 남아있는 닭고기의 육즙을 닦아낸다. 닭고기의 껍질부분이 아래쪽으로 가게 넣은 후 중간 불에서 2~3분 동안 구워 색을 낸다. 뒤집어서 뚜껑을 덮고(사진 ②) 약한 불에서 쪄내듯 굽는다.

6 닭고기에 청주를 뿌린다. B를 넣어 조려 색을 낸 뒤 먹기 좋은 크기로 잘라서 그릇에 ❹와 함께 담아낸다.

사진 ❶ 닭고기는 살 부분에 칼집을 여러 개 내어 구우면 고기가 수축되지 않고 양념이 잘 밴다.

사진 ❷ 뚜껑을 덮어 쪄내듯 구우면 육즙은 풍부해지고 육질은 부드러워진다.

164kcal
염분 1.0g

연근을 얇게 썰어 조리시간을 줄인

연근 구이

Ingredient
4인분

닭고기(간 것) 200g, **연근** 2개(400g), **참기름** 적당량, **생강(간 것)** 적당량, **간장** 적당량
| A | **물** 2큰술, **소금** ½작은술, **녹말가루** 2작은술

1 볼에 간 닭고기와 A를 넣어 잘 치대며 섞는다.
2 연근은 껍질을 벗겨 3~4mm 두께로 통썰기하여 가지런히 늘어놓은 후 ❶을 티스
   푼으로 한 숟가락씩 떠서 얇게 썰어둔 연근을 덮어준다.
3 프라이팬에 참기름을 두르고, ❷를 올려 중간 불에서 양면을 골고루 굽는다. 시간
   이 없을 때는 뚜껑을 덮어 굽다가 마지막에는 뚜껑을 열어 수분을 날리며 바삭하게
   굽는다.
4 생강과 간장을 곁들여 바삭할 때 먹는다.

297kcal
염분 1.8g

데리야키 풍의 달콤 짭짤한 맛이 일품인

연근 돼지고기말이

Ingredient
4인분

돼지고기(우둔살, 얇게 저민 것) 300g, **연근(큰 것)** 2개(400g), **밀가루** 적당량,
식용유 1½큰술, **검은깨** 1작은술
| A | **간장** 2½큰술, **청주** 2큰술, **설탕** 2큰술, **맛술** 1큰술

1 연근은 껍질을 벗겨 8mm 두께로 통썰기를 한다. 물에 5분 동안 담갔다가 4~5분
   정도 삶아낸 후 물기를 뺀다.
2 돼지고기는 한 장을 세로로 펴서 ❶을 한 조각 올려 돌돌 만다. 나머지도 같은 방법
   으로 말아준다. 남은 연근은 따로 담아둔다.
3 돼지고기에 얇게 밀가루를 뿌린다. 식용유를 둘러 달군 프라이팬에 올려 중간 불에
   서 양면을 굽는다.
4 키친타월로 프라이팬에 여분의 기름을 닦아내고 물 ½컵과 A, ❷에 남은 연근을 넣
   어 중간 불에서 4~5분 정도 조린다. 어느 정도 조린 후 그릇에 담고 위에 조림국물
   을 끼얹은 다음 돼지고기말이에 검은깨를 뿌린다.

●
215kcal
염분 1.2g

Ingredient
4인분

돼지고기(간 것) 200g
피망 4~6개
후추 약간
녹말가루 적당량
참기름 넉넉한 1큰술
뜨거운 물 ½컵
| A | **달걀** 1개, **빵가루** ¾컵, **파(다진 것)**
20cm 분량, **생강(다진 것)** 약간, **소금** ¼작
은술, **후추** 약간
| B | **술, 맛술, 간장** 각 1큰술

식어도 맛있어서 도시락 반찬으로도 손색없는
고기소 피망

1 볼에 A의 달걀을 푼 다음 빵가루를 넣어 촉촉하게 만든다.
2 ❶에 간 고기와 A의 나머지 재료를 전부 넣어 잘 섞어서 고기소를 만든다.
3 피망은 세로로 이등분한 후 꼭지와 씨를 제거한다. 피망 안쪽에 녹말가루를 살짝 뿌려(사진 ①) ❷의 고기소를 채운다. 고기소 부분의 표면에 녹말가루를 얇게 입힌다.
4 프라이팬에 참기름을 두르고 가열하다 ❸을 고기 쪽부터 약한 중불에서 굽는다(사진 ②). 색이 나면 뒤집어서 살짝 굽다가 ½컵 분량의 뜨거운 물을 넣어 뚜껑을 덮고 쪄내듯 굽는다. 수분이 없어지고 고기가 속까지 익으면 불을 끈다.
5 고기 쪽을 아래로 가게 하여 B를 넣고 중간 불에서 프라이팬을 흔들어가며 조린 후 불을 끈다.

사진 ❶ 녹말가루는 작은 망에 넣어 가볍게 흔들어준다. 가루의 입자가 고와져서 고기소가 잘 떨어지지 않는다.

사진 ❷ 고기 쪽부터 먼저 구우면 고기가 피망에 딱 달라붙어서 잘 떨어지지 않는다.

223kcal
염분 2.4g

Ingredient

4인분

닭다리살 1조각(300g)
후박나무(호오바) 낙엽 4장
잎새버섯 1팩(100g)
대파 ½대
청주 1큰술
| A | **붉은 미소** 4큰술, **설탕** ⅔큰술, **맛술**
2큰술

뜨거울 때 호호 불며 먹어야 더 맛있는

닭고기 후박나무 구이

1 후박나무 낙엽은 1시간 정도 물에 담가서 충분히 수분을 흡수시킨다.

2 A를 잘 섞어서 소스를 만든다.

3 닭고기는 1cm 두께로 어슷하게 저민다. 잎새버섯은 작게 밑동을 나누고 청주를 뿌린다. 대파는 한입 크기로 썬다.

4 ❶의 후박나무 낙엽에 ❷의 미소소스를 깔고 ❸을 올려 구이판에서 닭고기가 익을 때까지 굽는다.

🌿 후박나무 낙엽이 없을 때는 알루미늄 호일로 대신해도 된다.

518kcal
염분 2.2g

넉넉한 우엉과 미소가 어우러진 일본풍 함박스테이크

우엉 닭고기 함박스테이크

Ingredient

4인분

닭고기(간 것) 600g
우엉 2개(200g)
식용유 1큰술
청주 2큰술
경수채 ½단
| A | **달걀** 2개, **빵가루(시판용)** 1컵, **미소**
2큰술, **설탕** 2큰술, **간장** 넉넉한 1큰술

1 우엉은 얇게 채썰어 잠깐 물에 담갔다가 물기를 뺀다.
2 볼에 간 닭고기, A를 넣고 점성이 생길 때까지 잘 치댄다. ❶의 우엉을 넣고 다시 섞어준 후 8등분하여 타원형으로 만든다.
3 프라이팬에 식용유를 두르고 달궈지면 ❷를 올려 굽는다. 양면에 연한 갈색이 나게 구워지면 청주를 넣고 뚜껑을 덮어 10분 정도 찌듯이 굽는다.
4 ❸을 그릇에 담고, 4cm 길이로 자른 경수채를 곁들인다.

260kcal
염분 1.9g

매끄러운 참마 소스가 깔끔한 맛을 더한

참마 소스를 곁들인 소고기스테이크

1 소고기는 굽기 30분 전에 냉장고에서 꺼내 상온에 둔다. 힘줄이 있으면 잘라준다.

2 참마는 껍질을 벗긴 후 비닐봉지에 넣어 방망이 등으로 두드려 펴고 간장과 약간의 소금을 뿌린다.

3 브로콜리는 작게 나누어 끓는 물에 약간의 소금을 넣고 2~3분 정도 데쳐낸 후 체에 밭친다.

4 작은 냄비에 A를 넣고 끓이다가 B와 약간의 후추를 넣은 다음 부글부글 끓어오르면 불에서 내려서 식힌다.

5 프라이팬에 소고기 기름을 올리고 가열하다가 타기 직전 소고기(스테이크용)에 소금과 후추를 살짝 뿌려서 올리고 중간 불에서 양면을 굽는다.

6 그릇에 담아 ❹의 소스와 ❷의 참마를 올리고, ❸의 브로콜리를 곁들인다.

Ingredient
4인분

소고기(스테이크용) 4장(400~500g)

참마 10cm(120~150g)

브로콜리 ¼개

간장 ⅓작은술

소금 적당량

후추 적당량

소고기 지방 적당량

| A | **청주** 1½큰술, **맛술** 1큰술

| B | **간장** 2큰술, **양파(간 것)** 1큰술

제철 맞은 대파를 마음껏 즐길 수 있는
대파 소고기말이

Ingredient
4인분

소고기(얇게 저민 것) 8장(350g)

대파 2대

당근 ½개(70~80g)

껍질완두콩 160g

식용유 적당량

밀가루 적당량

소금 적당량

후추 적당량

| A | **간장** 1큰술, **맛술** 1큰술

| B | **생크림** ½컵, **간장** ½큰술

1 대파를 5mm 두께로 어슷썰기하고, 당근은 껍질을 벗겨 3cm 길이로 채썬다.

2 프라이팬에 식용유를 2큰술 두르고 달군 후 ❶을 넣어 볶는다. A를 넣어 국물이 없어질 때까지 조린다.

3 소고기 한 장을 넓게 펴서 ❷를 ¼ 정도 올리고 접듯이 말아준다. 그런 다음 다시 소고기 한 장을 펴서 반대 방향으로 말아주고 밀가루를 뿌린다. 나머지도 같은 방법으로 만들어둔다.

4 프라이팬을 깨끗하게 닦아내고 적당량의 식용유를 둘러 달군 다음 껍질완두콩을 볶는다. 소금, 후추를 뿌려 간을 하여 그릇에 덜어둔다.

5 ❹의 프라이팬에 ❸을 넣어 양면이 노릇해지도록 굽는다. B를 부어 뚜껑을 덮고 2~3분 정도 찐다. 속까지 다 익으면 그릇에 껍질완두콩과 함께 담아내고 남아있는 국물을 끼얹는다.

볶음

소고기와 껍질완두콩 달걀 볶음

닭고기 머위 볶음

돼지고기와 가지 미소 볶음

산초가루로 향을 더한 소고기 대파 볶음

207kcal
염분 0.9g

달걀까지 들어가 더욱 든든한

소고기와 껍질완두콩 달걀 볶음

1 껍질완두콩은 질긴 부분을 제거하고 약간의 소금을 넣어 끓는 물에 데친 후 비스듬하게 이등분한다.
2 소고기는 긴 쪽을 3등분하고 A를 뿌린다.
3 프라이팬에 식용유를 두르고 달군 다음, 풀어둔 달걀을 넣어 반숙상태로 구워서 그릇에 덜어낸다.
4 ❸의 프라이팬에 ❷의 소고기를 넣고 볶아 색이 나면 ❶을 넣어 함께 볶는다. B를 넣어 간을 하고 ❸을 다시 넣어 섞어준다.
5 그릇에 담고 시치미를 살짝 뿌린다.

Ingredient

4인분

소고기(등심, 얇게 저민 것) 150g
껍질완두콩 100g
달걀 2개
식용유 1큰술
시치미 약간
| A | **간장** 1작은술, **청주** 1작은술, **녹말가루** 2작은술
| B | **간장** 2작은술, **청주** 1작은술, **설탕** ⅓작은술, **소금** 약간

316kcal
염분 1.7g

봄철 입맛을 돋우는 간장양념

닭고기 머위 볶음

Ingredient
4인분

닭다리살 2조각(500g)
머위 1단(300g)
식용유 1큰술
| A | **청주** 1큰술, **설탕** 1큰술, **간장** 2큰술, **맛술** 1큰술

1 머위는 프라이팬에 넣기 편한 길이로 자르고 적당량의 소금을 뿌려 표면의 껍질이 일어날 때까지 손으로 뒤적거린다.

2 프라이팬에 물을 끓여 소금이 묻은 머위를 넣고 2분 정도 삶는다. 차가운 물에 담가서 껍질을 벗기고 5~6cm 길이로 어슷썰기한다.

3 닭고기는 여분의 지방을 제거하고 한입 크기로 잘라둔다.

4 프라이팬에 식용유를 두르고 중간 불로 가열하여 닭고기의 껍질이 아래쪽으로 가도록 나란히 올려놓고 노릇하게 색이 나면 뒤집은 다음 뚜껑을 덮어 2~3분 정도 찌듯이 굽는다.

5 ❹에 머위를 넣고 강한 불에 재빨리 볶은 다음 A를 순서대로 첨가하여 버무려 마무리한다.

달콤 짭짜름한 미소소스가 밥과 잘 어울리는 볶음 요리

295kcal
염분 2.1g

돼지고기와
가지 미소 볶음

Ingredient ────────── 4인분

돼지고기(얇게 저민 것) 200g, **가지** 5개, **양파** ½개, **생강(작은 것)** 1개(10g), **식용유** 2½큰술, **쪽파** 5~6뿌리, **참기름** 1작은술

| A | **두반장** ½작은술, **다시 육수** ½컵, **미소** 50g, **간장** ½큰술, **청주** 2큰술, **설탕** 2½큰술

1 가지는 꼭지를 떼고 세로로 반을 갈라 5mm 두께로 길게 자른 다음 물에 씻어둔다.

2 돼지고기는 3~4cm 크기로 자르고, 양파는 결을 따라 3~4mm 두께로 자른다. 생강은 얇게 저미고, 쪽파는 곱게 송송 썬다.

3 냄비를 달군 다음 식용유를 두르고 중간 불에서 생강을 볶는다. 향이 나면 돼지고기, 양파, 물기를 뺀 가지를 넣어 강한 불에서 볶으며 버무린다.

4 A를 잘 섞어 넣어 양념이 배면서 가지가 부드러워지면 참기름을 두르고 불을 끈다.

5 그릇에 담아 쪽파를 위에 뿌린다.

파의 향과 산초의 풍미가 매력적인

186kcal
염분 0.9g

산초가루로 향을 더한
소고기 대파 볶음

Ingredient ────────── 4인분

소고기(저민 것) 250g, **대파** 3대, **식용유** 1큰술, **소금** ⅓작은술, **산초가루** ¼작은술

| A | **간장** ½큰술, **청주** 1큰술

1 소고기는 A를 넣어 재워둔다. 대파는 1cm 두께로 어슷썰기한다.

2 프라이팬에 식용유를 두르고 가열하여 중간 불에서 소고기를 볶는다. 고기의 색이 나기 시작하면 대파를 넣어 함께 볶는다. 대파의 숨이 죽어 부드러워지면 소금, 산초가루로 간을 한다.

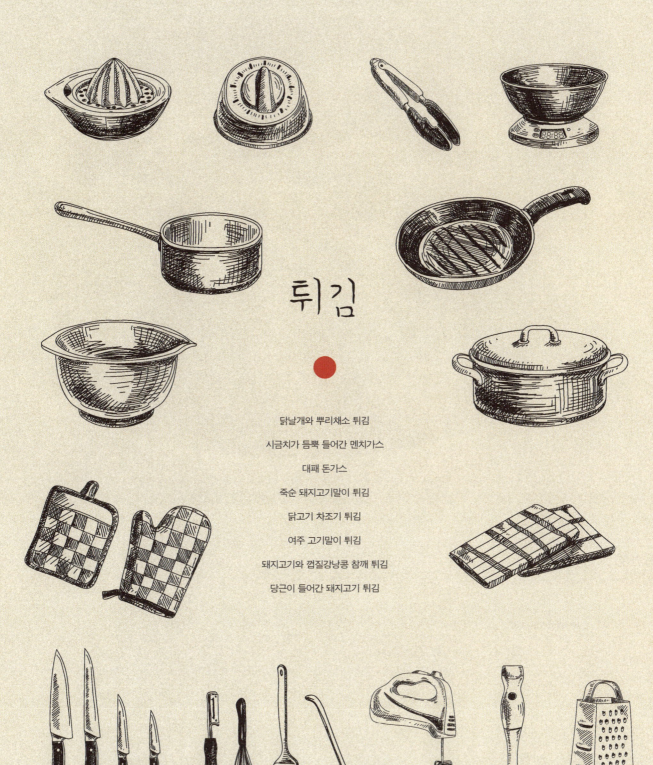

튀김

닭날개와 뿌리채소 튀김

시금치가 듬뿍 들어간 멘치가스

대패 돈가스

죽순 돼지고기말이 튀김

닭고기 차조기 튀김

여주 고기말이 튀김

돼지고기와 껍질강낭콩 참깨 튀김

당근이 들어간 돼지고기 튀김

뜨거울 때 소스를 버무려 속까지 맛이 배게 한다

닭날개와 뿌리채소 튀김

261kcal
염분 2.9g

Ingredient

4인분

닭날개 8개
우엉 ½개(100g)
연근 10cm(150g)
멘쓰유(3배 농축) 3큰술
튀김기름 적당량
| A | **멘쓰유(3배 농축)** 3큰술, **검은깨** ½ 큰술

1 닭날개는 포크로 구멍을 내어 멘쓰유가 속까지 스며들도록 30분 정도 재워둔다.

2 우엉과 연근은 껍질째 깨끗하게 씻는다. 우엉은 방망이 등으로 두드려서 반을 가르고, 먹기 좋은 길이로 자른다. 연근은 껍질째 7mm 두께로 통썰기한다.

3 튀김기름을 160℃로 가열하여 ❷를 튀겨 꺼내둔다. 식용유의 온도를 180℃로 올려 20~30초 동안 한 번 더 튀겨 바삭하게 한 다음 A에 버무린다.

4 ❶의 닭날개도 겉에 수분을 닦아내고 튀긴 다음 ❸에 함께 넣어 버무려서 양념이 잘 어우러지면 그릇에 담는다.

468kcal
염분 0.8g

야채의 영양까지 그대로 섭취하는
시금치가 듬뿍 들어간 멘치가스

1 시금치는 약간의 소금을 첨가한 뜨거운 물에 삶아서 곱게 다져 물기를 꽉 짠다. 양파는 잘게 다져둔다.

2 프라이팬에 식용유를 두르고 가열하여 양파를 볶다가 숨이 죽으면, 시금치를 넣어 여분의 물기가 날아가도록 볶은 후 소금과 후추로 가볍게 간을 하여 식힌다.

3 볼에 간 고기, A, 달걀을 넣어 잘 치대며 섞어준 다음 ❷를 넣어 다시 섞어준다. 이후 12등분하여 둥근 모양을 만든다.

4 B의 밀가루, 푼 달걀, 빵가루 순으로 옷을 입혀 중간 불보다 살짝 낮은 온도(160℃)의 튀김기름에서 천천히 튀겨낸다.

5 ❹를 그릇에 담아 양배추, 미니토마토, 겨자를 곁들인다.

🌿 취향에 따라 겨자간장이나 돈가스 소스를 곁들여도 맛있다.

Ingredient
4인분

소고기, 돼지고기(간 것) 350g
시금치 ⅔단(200g), **양파** ½개(75g)
식용유 1작은술, **소금, 후추** 적당량
달걀 1개, **튀김기름** 적당량
양배추(채썬 것) 3장 분량
미니 토마토 8개
겨자 페이스트 적당량
| A | **빵가루** 3큰술, **우유** 2큰술, **소금** 약간, **후추** 약간, **간장** 1작은술
| B | **밀가루** 적당량, **푼 달걀** 적당량, **빵가루** 적당량

히레가스보다 훨씬 부드럽고 촉촉한

대패 돈가스

311kcal
염분 1.7g

Ingredient
4인분

돼지고기(우둔살, 얇게 저민 것) 12~16장
소금, 후추 약간씩
튀김기름 적당량
양배추(채썬 것) 적당량
토마토(빗모양으로 썬 것) 적당량
겨자 페이스트 적당량
| A | **밀가루** 적당량, **푼 달걀** 1개 분량, **빵
가루** 적당량
| B | **돈가스 소스** 3큰술, **토마토 케첩** 2큰
술, **간장** 1작은술

1 돼지고기는 1~2장씩 겹쳐서 3~4번 접어주고(사진 ①), 소금, 후추를 골고루 뿌린다.
2 여기에 A의 밀가루를 전체에 뿌리고 푼 달걀, 빵가루 순으로 옷을 입힌다.
3 튀김기름을 170℃로 가열하여 ❷를 서로 들러붙지 않도록 집어넣는다. 전체적으로
색이 골고루 날 때까지 뒤집어주며 튀긴다.
4 완성된 돈가스를 그릇에 담고, 양배추, 토마토, 겨자를 곁들인다. B를 잘 섞어 소스
를 만들고 다른 그릇에 담아 함께 낸다.

🌿 기름의 온도가 안정되면 온도가 지나치게 올라가지 않도록 불 조절에 주의한다.

사진 ❶ 고기는 종이처럼 접어
서 한입 크기로 자른다.

죽순 돼지고기말이 튀김

솔을 이용해 밀가루를 묻히면 고기가 분리되지 않는다

276kcal
염분 0.7g

Ingredient ——————————————— 4인분

돼지고기(등심, 얇게 저민 샤브샤브용) 12장(200g), **삶은 죽순(어린 싹 부분)** 120g, **소금** 약간, **후추** 약간, **밀가루** 적당량, **튀김기름** 적당량, **레몬(빗모양으로 자른 것)** 적당량, **물냉이** 적당량
| **A** | **밀가루** 적당량, **푼 달걀** 1개 분량, **빵가루** 적당량

1 죽순은 빗모양으로 12등분한다.
2 돼지고기에 소금, 후추를 뿌려 넓게 펼쳐두고 고기 표면에 솔로 밀가루를 묻힌 다음 죽순의 끝부분이 바깥으로 나오게 하여 돌돌 만다.
3 순서대로 A를 입히고 180℃의 기름에서 튀긴다.
4 그릇에 담아 레몬과 물냉이를 곁들인다.

닭고기 차조기 튀김

차조기 향을 머금은 바삭바삭 튀김옷 때문에
뒷맛이 깔끔한 튀김

341kcal
염분 0.6g

Ingredient ——————————————— 4인분

닭다리살(껍질 벗긴 것) 2조각(450g), **차조기** 40장, **청주** 약간, **소금** 약간, **튀김기름** 적당량
| **A** | **밀가루** ⅓컵, **녹말가루** 2큰술, **소금** 약간, **물** ¼컵

1 닭고기는 1장을 8등분 정도로 비스듬히 저며서 청주, 소금을 뿌려둔다.
2 차조기는 세로로 이등분하여 가늘게 채썬다.
3 볼에 A의 밀가루와 녹말가루, 소금을 넣어 잘 섞고, 물을 조금씩 첨가하여 되직하게 튀김옷을 만든다.
4 ❸에 차조기를 넣어 전체적으로 균일하게 잘 섞은 다음 닭고기를 넣어 버무린다.
5 튀김기름을 중간 불(170℃)로 가열하고 ❹의 닭고기에 튀김옷을 충분히 묻혀 손으로 하나씩 집어넣는다.
6 가끔씩 뒤집어주면서 5~6분 정도 색이 날 때까지 튀긴 후 그릇에 담는다.

여주에 소금으로 충분히 밑간을 하는 것이 핵심인

여주 고기말이 튀김

Ingredient

4인분

닭다리살(얇게 저민 것) 12조각(250~300g)

여주 1개

소금 적당량

후추 약간

튀김기름 적당량

간장 2작은술

레몬(빗모양으로 자른 것) 적당량

| A | **푼 달걀** ½개, **물** ⅓컵, **밀가루** ½컵

1 여주는 세로로 이등분하여 씨와 가운데 부분을 제거하고 길이를 4등분으로 자른다. 두께가 두꺼운 부분은 다시 세로로 이등 분한다.

2 내열접시에 나란히 펼쳐놓고 약간의 소금을 뿌린 후 랩을 씌워 전자레인지(600W)에서 1분 30초 정도 가열한다.

3 돼지고기에 소금과 후추를 약간씩 뿌리고 그 위에 여주를 올려 돌돌 말아 전체에 간장을 뿌린다.

4 볼에 A를 넣고 만든 튀김옷에 ❸을 묻혀 170℃의 기름에서 4~5분 정도 튀긴다.

5 먹기 좋은 크기로 잘라 그릇에 담고 레몬을 곁들인다.

고소한 참깨 향이 매력적인 튀김

돼지고기와 껍질강낭콩 참깨 튀김

🔴
432kcal
염분 1.4g

Ingredient
4인분

돼지고기(작게 썬 것) 300g
껍질강낭콩 15개
검은 참깨 2큰술
달걀 1개
밀가루 ⅓컵
녹말가루 2큰술
튀김기름 적당량
│ A │ **생강(간 것)** 1큰술, **청주** 1큰술, **맛술** 1큰술, **간장** 2큰술

1 돼지고기에 A를 넣고 잘 주물러둔다. 껍질강낭콩은 꼭지를 떼고 억센 줄기를 제거하여 4~5cm 길이로 어슷썰기한다.

2 볼에 달걀과 물 2큰술을 넣고 잘 풀어준 다음 밀가루와 녹말가루를 넣어 대충 섞어준다.

3 ❷에 ❶의 돼지고기와 껍질강낭콩, 참깨를 넣어 잘 섞는다.

4 튀김기름을 170~175℃로 올려 ❸을 숟가락 등으로 먹기 좋은 크기로 떠서 넣고 색이 나면 바삭해질 때까지 3~4분가량 튀겨 그릇에 담는다.

574kcal
염분 0.9g

당근을 튀겨 단맛이 강하게 한

당근이 들어간 돼지고기 튀김

Ingredient

4인분

돼지고기(조각낸 것) 300g

당근 1개(150g)

달걀 1개

밀가루 1컵

튀김기름 적당량

| A | **설탕, 간장, 청주, 참기름** 각 1큰술,
마늘(간 것) 약간

| B | **물** ½컵, **소금** 약간, **설탕** 1큰술, **흰
깨** 3큰술

1 돼지고기는 한입 크기로 자르고 A를 넣어 잘 버무려둔다.

2 당근은 껍질을 벗겨 3~4mm 두께로 반달썰기한다.

3 볼에 달걀을 잘 푼 다음 B를 넣어 섞다가 마지막으로 밀가루를 넣어 잘 섞어준다.

4 ❸에 ❶의 돼지고기, ❷의 당근을 넣어 전체를 잘 섞어준다.

5 튀김기름을 중간 불(170℃)로 가열하여 ❹를 한입 크기 정도로 떼서 넣는다. 가끔씩 뒤집어주면서 5~6분 정도 튀겨낸 후 그릇에 담는다.

🌿 검은 참깨든 흰 참깨든 취향대로 사용하면 된다.

삵기

염장 다시마와 닭고기 야채말이

소고기 냉샤브

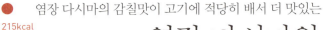

염장 다시마의 감칠맛이 고기에 적당히 배서 더 맛있는

215kcal
염분 1.4g

염장 다시마와 닭고기 야채말이

Ingredient ■■■■■■■■ 4인분

닭다리살(큰 것) 1조각(300g), **염장 다시마(채썬 것)** 2큰술, **대파(흰 부분)** 8cm, **상추** 적당량, **차조기** 적당량, **소금** ¼작은술
| A | **마요네즈** 2큰술, **우스터소스** 1작은술, **우유** 1큰술
| B | **붉은 고추(작게 썬 것)** 1개 분량, **식초** 1½큰술, **간장** 2작은술, **레몬즙** 1작은술, **설탕** ⅔작은술, **소금** 약간

1 닭고기는 껍질이 아래쪽으로 가게 한다. 고기의 두꺼운 부분에 칼집을 넣고 펼쳐서 두께를 균일하게 만든다. 폭이 넓은 면을 가로로 가게 하여 소금을 뿌린다. 다시마를 그 위에 올리고 단단히 말아서 면사로 묶는다.
2 냄비에 ❶과 물 5컵을 넣고 끓인다. 끓기 시작하면 거품을 걷고 약한 불로 줄여 뚜껑을 덮은 다음 30~40분 정도 삶는다. 끓인 물에 담가둔 상태로 식힌다.
3 대파는 세로로 이등분하여 결을 따라 채썬다. 물에 담갔다가 물기를 빼고 상추, 차조기는 씻어서 물기를 뺀다.
4 A, B는 각각 잘 섞어서 소스를 만든다.
5 ❷의 면사를 벗겨내고 1cm 크기로 잘라 ❸과 함께 접시에 담고 ❹를 곁들인다. 야채로 닭고기를 싸서 취향에 맞는 소스를 뿌려 먹는다.

고소한 참깨소스가 식욕을 자극하는

388kcal
염분 1.2g

소고기 냉샤브

Ingredient ■■■■■■■■ 4인분

소고기(등심, 얇게 저민 것) 300g, **다시 육수(혹은 물)** 5컵, **흰깨** 6큰술, **양배추** ¼개, **토마토** 3개, **대파** ⅓대
| A | **맛술** 4큰술, **엷은 맛 간장** 1큰술, **다시 육수** 1큰술, **설탕** 2작은술, **유자 후추** 1작은술

1 A를 잘 섞는다.
2 흰깨는 옅은 갈색이 되도록 볶아서 절구에 기름이 나올 때까지 찧어 ❶에 조금씩 넣는다. 덩어리가 생기지 않도록 으깨어 깨소스를 만든다.
3 소고기는 한입 크기로 자른다. 양배추는 심을 제거하고 먹기 좋은 크기로 썬다. 토마토는 꼭지를 제거하여 삶고, 빗모양으로 썰어둔 대파는 3cm 길이로 가늘게 채썰어 물에 담갔다가 체에 밭쳐 물기를 뺀다.
4 다시 육수를 끓인 물에 ❸의 양배추를 살짝 익혀 물기를 뺀다. 그 다음으로 소고기를 넣어 살짝 익힌 다음 체에 밭쳐 물기를 뺀다.
5 ❹의 양배추와 소고기, ❸의 토마토, 대파를 그릇에 담고 ❷의 깨소스를 곁들인다.

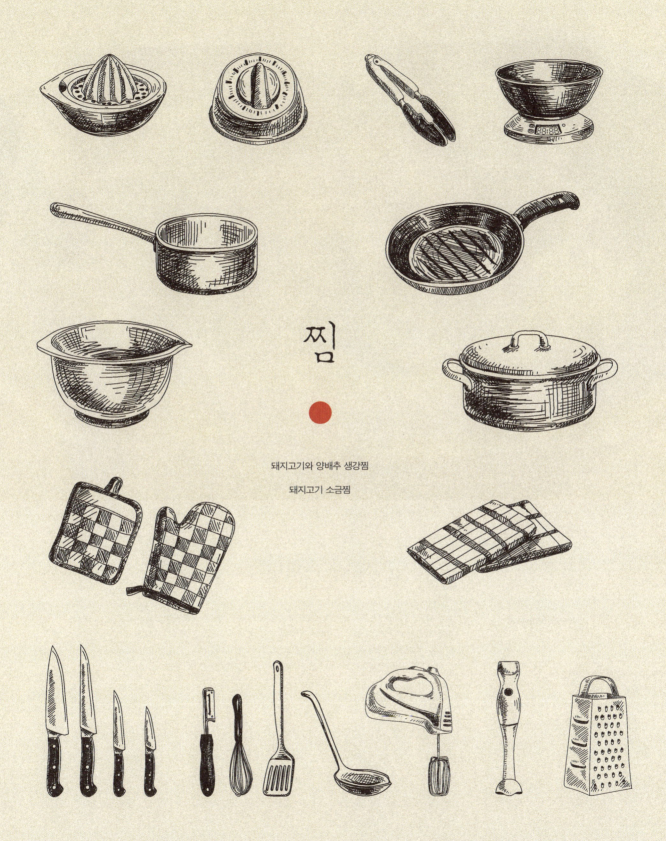

찜

돼지고기와 양배추 생강찜

돼지고기 소금찜

458kcal
염분 2.3g

생강의 독특한 향이 포인트

돼지고기와 양배추 생강찜

Ingredient ━━━━

4인분

돼지고기(삼겹살, 얇게 저민 것) 300g
양배추(작은 것) 1개(1kg)
생강 1개(15g)
| A | **미소** 4~5큰술, **청주** 2큰술, **참기름**
2큰술, **후추** 약간

1 양배추는 세로로 4등분하여 빗모양으로 썰어 심을 제거한다. 생강은 채를 썰어두고 돼지고기는 7~8cm 폭으로 자른다.

2 볼에 A의 미소와 청주를 넣고 잘 섞어준 후에 참기름, 후추를 넣어 섞은 후 돼지고기를 넣어 버무린다.

3 냄비에 양배추를 넣고 ❷를 올린 후 생강을 뿌린다. 물 ½컵을 붓고 뚜껑을 덮어 중간 불에 올린다. 끓기 시작하면 약한 불에서 15~20분 동안 양배추가 부드러워질 때까지 찐 다음 전체를 잘 버무려 그릇에 담는다.

458kcal
염분 1.9g

일본풍 소스가 별미인 고기 반찬

돼지고기 소금찜

1 돼지고기는 후추를 뿌려 1시간~하룻밤 정도 재워둔다.

2 당근은 껍질을 벗기고 대파와 함께 채를 썰어 물에 담갔다가 체에 밭친다.

3 프라이팬에 대파의 잎 부분을 깔고 **①**의 돼지고기를 넣는다. 청주와 물 ½컵을 넣어 뚜껑을 덮고 6~8분가량 찌듯 굽다가 불을 끄고 그 상태로 5분 동안 두어 남은 증기에 쪄낸다. 아래쪽에 남은 국물은 따로 덜어둔다.

4 **③**의 찜육수(적으면 물을 보충한다.) ¼컵과 폰즈간장, 와사비를 섞어 소스를 만든다.

5 **③**의 돼지고기의 여열이 모두 빠지면 5mm 두께로 썰어 접시에 담고, **②**의 대파와 당근을 넉넉히 올려 **④**의 소스를 뿌린다.

Ingredient

4인분

돼지고기(삼겹살 부위 덩어리) 600g

소금 1큰술

후추 적당량

당근 ⅓개

대파 ½대

대파(잎 부분) 적당량

청주 3큰술

폰즈(과실초)간장 3큰술

와사비 페이스트 약간

해산물이 주반찬

- 조림
- 구이
- 볶음
- 튀김
- 찜
- 회

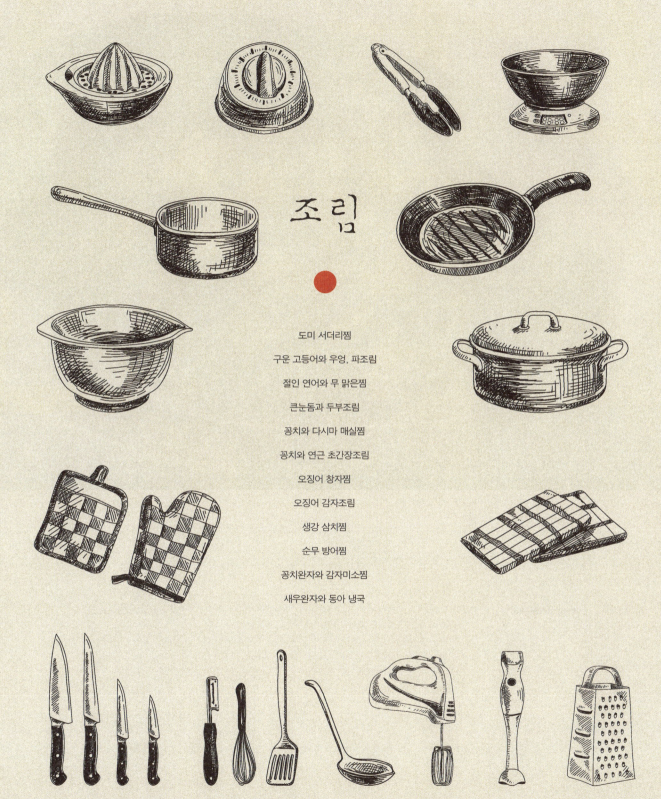

조림

도미 서더리찜

구운 고등어와 우엉, 파조림

절인 연어와 무 맑은찜

큰눈돔과 두부조림

꽁치와 다시마 매실찜

꽁치와 연근 초간장조림

오징어 창자찜

오징어 감자조림

생강 삼치찜

순무 방어찜

꽁치완자와 감자미소찜

새우완자와 동아 냉국

244kcal
염분 1.9g

저렴한 서더리를 발견하면 반드시 만들어야 할 요리

도미 서더리찜

Ingredient

4인분

도미(서더리) 600g
우엉 100g
생강(저민 것) 1개 분량(15g)
어린 나뭇잎 적당량
| A | **청주** ½컵, **설탕** 4큰술, **간장** 4큰술,
맛술 2큰술

1 도미 서더리는 큼직하게 토막내어 팔팔 끓는 물에 넣고 표면이 살짝 하얗게 익었을 때 곧바로 건져낸다. 하나씩 깨끗하게 씻어 비늘, 피, 점액 등을 제거하고 물기를 뺀다.

2 냄비에 A와 생강을 넣고 강한 중불에서 끓이다가 ❶을 넣어 다시 끓어오르면 중간 불에서 5~6분 정도 찐다.

3 우엉은 솔로 씻어서 5~6cm 길이로 잘라 세로로 이등분한다.

4 ❷에 물 2컵과 ❸의 우엉을 넣어 중간 불에서 15~20분 동안 조린 다음 그릇에 담고 어린 나뭇잎을 올린다.

● 263kcal
염분 1.7g

Ingredient
4인분

고등어(뼈를 바른 것) 1마리 분량
우엉(큰 것) 1개(200g)
대파 2대(200g)
식용유 1큰술
다시 육수 2컵
시치미(취향대로) 약간
| **A** | **청주** 2큰술, **간장** 1큰술, **맛술** 1큰
술, **소금** ⅓작은술

고등어를 살짝 구운 후 조려서 더 담백한

구운 고등어와 우엉, 파조림

1 고등어는 굵은 뼈를 칼로 발라내고 몸통을 3등분으로 자른다. 껍질에 가로로 칼집을 두 군데 내어 약간의 소금을 뿌린 다음 10분 동안 재워둔다.

2 우엉은 연필깎이하여 물에 5분 동안 담가두었다가 물을 뺀다. 대파는 세로로 이등분하여 5~6mm 두께로 어슷썰기한다.

3 고등어는 표면의 물기를 키친타월로 닦아낸다. 프라이팬에 식용유를 두르고 달구어 중간 불에서 껍질부터 시작해 양면을 노릇하게 구워낸다.

4 프라이팬에 육수를 넣어 끓인다. 우엉을 넣어 뚜껑을 덮고 중간 불에서 4~5분가량 조린다. ❸의 고등어와 ❷의 대파, A를 넣어 다시 4~5분 정도 조리다가 그릇에 담아 취향대로 시치미를 살짝 뿌린다.

232kcal
염분 1.8g

육수 없이도 연어 자체의 감칠맛과
염분만으로 충분히 맛있는

절인 연어와
무 맑은찜

Ingredient ━━━━━━━━━━━━━━ **4인분**

연어(절인 것) 4도막, **무** ½개(600g), **청주** ¼컵, **무청** 적당량

1 연어는 한 도막을 이등분한다. 무는 껍질을 벗겨 2cm 두께로 반달썰기한다. 무청
   은 안쪽 연한 잎을 따서 살짝 데친 후 물기를 짠다.
2 냄비에 청주와 물 3컵, 무를 넣어 중간 불에서 가열한다. 뚜껑을 덮어 20~30분 정
   도 무가 부드러워질 때까지 끓인다.
3 냄비 뚜껑을 열고 강한 불에 올려 끓기 시작하면 청주를 붓는다. 잠시 후 다시 끓어
   오르면 중간 불로 낮추어 거품을 걷어내고 뚜껑을 덮어 10~15분 동안 조린다.
4 그릇에 담아 무청을 위에 올린다.

243kcal
염분 2.2g

생선의 풍미가 그대로 밴 두부가 별미인

큰눈돔과
두부조림

Ingredient ━━━━━━━━━━━━━━ **4인분**

큰눈돔 4도막, **두부(찌개용)** 1모, **껍질강낭콩** 80g
| A | **물** 1컵, **간장** ¼컵, **맛술** ¼컵, **청주** ¼컵, **설탕** 1큰술, **생강(저민 것)** 3개

1 큰눈돔은 껍질에 칼집을 넣고 두부는 8등분한다. 껍질강낭콩은 억센 부분을 제거
   하고 이등분한다.
2 큰 프라이팬이나 얕은 냄비에 A를 넣어 한소끔 끓인 후 ❶을 넣는다. 약한 불에서
   8~10분 동안 조린다.
3 뚜껑을 열고 양념을 끼얹어주면서 중간 불에서 3분 정도 찌면 완성이다. 그릇에 담
   아 양념을 위에 끼얹어준다.

우메보시를 넣어 맛이 더욱 부드러운

꽁치와 다시마 매실찜

Ingredient ━━━━━━━━━━━━━ 4인분

꽁치 4마리, **다시마(20cm 길이로 자른 것)** 1장, **우메보시(큰 것)** 2개, **대파** 1대
| A | **청주, 맛술** ¼컵씩, **간장** 2큰술, **설탕** 1작은술, **물** 1½컵

1 꽁치는 머리와 꼬리를 떼어내고 이등분한다. 내장을 제거한 후 깨끗하게 씻어 물기를 닦아낸다.

2 냄비에 다시마와 A를 넣는다.

3 우메보시는 뾰족한 꼬챙이로 두세 군데 찔러둔다. 대파는 석쇠 등에 올려 살짝 구워서 4cm 길이로 자른다.

4 ❷의 냄비를 불에 올려 끓기 시작하면 ❶의 꽁치와 ❸의 우메보시를 넣는다. 조림 국물을 두르고 뚜껑을 덮어 약한 중불에서 20분 동안 조린다. ❸의 대파를 넣어 또 다시 중간 불에서 5분 동안 조려서 양념이 잘 배게 한다.

5 ❹의 다시마는 꺼내어 채썰고 꽁치와 함께 그릇에 담는다. 대파, 우메보시를 곁들인다.

신맛이 살아있어 뒷맛이 깔끔한

꽁치와 연근
초간장조림

Ingredient ━━━━━━━━━━━━━ 4인분

꽁치 4마리, **연근** 100g, **생강** 1개 분량(20g)
| A | **식초** 2큰술, **설탕** 2큰술, **청주** 2큰술, **간장** 2½큰술

1 꽁치는 머리와 꼬리를 떼고, 내장을 제거하여 길이를 3등분한 다음 소금물에 씻는다. 물기를 닦아내고 양면에 사선으로 얇게 칼집을 낸다.

2 연근은 껍질을 벗겨 5~6mm 두께로 반달썰기하고 물에 2~3분 정도 담갔다가 물기를 뺀다. 생강은 가늘게 채썬다.

3 프라이팬에 꽁치를 넣고 재료가 잠길 정도의 물을 부어 한 번 끓인 후 물을 버린다.

4 ❸의 프라이팬에 충분한 물(1~1½컵)을 부어 ❷의 연근, 생강, A를 넣고 뚜껑을 덮어 국물이 ½ 이하로 줄 때까지 조린다.

93kcal
염분 1.3g

Ingredient
4인분

오징어(싱싱한 것) 2마리
오징어 창자 3마리 분량
청주 ½컵
소금 ½작은술
| A | **녹말가루** ½작은술, **청주** 2작은술

싱싱한 오징어와 청주를 넉넉히 부어 더욱 깊은 맛이 나는

오징어 창자찜

1 오징어는 몸통 안에 손가락을 넣어 창자를 떼어낸 후 다리를 잡아당겨 몸통과 다리를 분리한다. 이때 창자가 터지지 않도록 주의한다. 몸통은 씻어서 물기를 빼고 가운데를 갈라서 세로로 잘라 2~3조각으로 나눈 후 1cm 두께로 썬다. 다리와 창자를 분리하고 창자는 따로 담아둔다. 다리는 눈과 입을 떼어내고 빨판의 딱딱한 부분을 제거하여 먹기 좋은 크기로 썬다.

2 냄비 안에 물을 조금 붓고 청주와 오징어를 넣은 후 그 위에 창자를 올려(사진 ①), 뚜껑을 덮고 강한 불에서 끓인다. 끓으며 창자가 저절로 터지면 소금을 넣어(사진 ②) 강한 불에서 재빨리 섞어준다.

3 먼저 오징어를 덜어내고 남은 국물에 잘 섞어둔 A를 넣어 농도를 맞춘다. 불을 끄고 오징어를 다시 넣어 잘 버무려준다.

🌿 남은 한 마리 분량의 오징어는 다른 요리에 사용하거나 한 마리 분량의 창자만 따로 구하도록 한다.

사진 ❶ 창자가 터지지 않은 상태에서 익혀야 비린내가 나지 않는다.

사진 ❷ 창자가 부풀어 오르면서 터지면 곧바로 소금을 넣어야 한다.

274kcal
염분 2.4g

오징어 맛이 고스란히 밴 감자가 별미인

오징어 감자조림

Ingredient

4인분

오징어(큰 것) 1마리
감자 5개(600g)
양파 1개(200g)
껍질완두콩 12개
버터 2큰술
| A | **다시 육수** 2컵, **설탕** 3큰술, **청주** 2
큰술
| B | **간장** 4큰술, **맛술** 2큰술

1 감자는 껍질을 벗기고 큼직한 한 입 크기로 잘라 5분 정도 물에 담근다. 양파는 2cm 두께로 빗모양 썰기 하고 껍질완두콩은 억센 부분을 제거한다.

2 오징어는 몸통에서 다리를 떼고, 창자, 빨판을 제거한 후 씻어서 수분을 뺀다. 몸통은 1cm 두께의 링 모양으로 썰고 다리는 2~3개씩 분리하여 2~3등분한다.

3 냄비에 A와 수분을 뺀 감자, 양파를 넣어 대충 섞은 다음 강한 불에 올려 끓기 시작하면 거품을 제거한다.

4 중간 불에서 뚜껑을 덮고 감자를 꼬치로 찔러 겨우 들어갈 정도인 약 80% 정도까지 익힌다.

5 B를 넣어 재료를 골고루 섞어준 다음 다시 뚜껑을 덮어 중간 불에서 4분 정도 조린다. 재료들을 한쪽으로 밀어놓고 오징어, 껍질완두콩과 버터 1큰술을 넣어 조린다.

6 그릇에 담고 버터 1큰술을 위에 올린다.

189kcal
염분 3.0g

생강의 산뜻한 향이 가득한

생강 삼치찜

Ingredient 4인분

삼치 4도막, **햇양파** 1½개(300g), **햇생강** 6~7개(100g), **송이버섯** ½팩, **더우먀오(완두의 새싹)** ½팩(600g)

| A | **다시 육수** 3컵, **소금** 약 2작은술, **청주** 3큰술, **간장** 약간

1 양파는 세로로 이등분해 가로 1cm 두께로 썬다. 생강은 껍질을 벗겨 얇게 저민다.
2 송이버섯은 밑동을 제거하고 가닥을 나눈다. 더우먀오는 뿌리 부분을 잘라내고 길이를 이등분한다.
3 프라이팬에 A를 넣고 끓이다가 ❶을 첨가해 뚜껑을 덮고 약한 중불에서 4분 동안 조린다.
4 송이버섯과 삼치를 넣고 다시 4분 동안 끓여서 그릇에 담고 더우먀오를 곁들인다.

484kcal
염분 2.3g

순무는 금방 익어서 요리시간도 짧은

순무 방어찜

Ingredient 4인분

방어(서더리) 800g, **순무(줄기째)** 5개(500g), **생강(얇게 저민 것)** 1개 분량(15g)

| A | **물** 1½컵, **술, 맛술, 간장** 각 4큰술, **설탕** 2큰술

1 순무는 줄기를 약 3cm 남기고 잘라낸 후 뿌리 부분의 지저분한 껍질을 벗겨내고 세로로 이등분한 다음 물 속에서 꼬치를 사용해 뿌리 부분의 불순물을 제거한다.
2 방어는 끓는 물에 담갔다가 물기를 빼고 피와 지저분한 것을 씻어낸 다음 물기를 제거한다.
3 냄비에 A를 넣어 중간 불에서 끓이다가 생강, 방어를 넣는다. 다시 끓어오르면 거품을 제거하고 뚜껑을 덮어 약한 불에서 12~13분 정도 끓인다.
4 조림국물이 반쯤 줄면 순무를 넣고 뚜껑을 덮어 중간에 아래위로 뒤집어주면서 5~6분 동안 조린다.
5 순무의 잎을 넣고 뚜껑을 덮어 잎이 부드러워질 때까지 5분 정도 끓인다.

🌿 제철 순무는 잎이 많으므로 너무 많다 싶을 때는 잎의 양을 줄이도록 한다.

꽁치와 미소의 궁합이 환상적인 푸짐한 찜 요리

꽁치완자와 감자미소찜

430kcal
염분 2.1g

Ingredient
4인분

꽁치(뼈를 발라 손질한 것) 4마리 분량

감자 2개

쪽파 2뿌리

미소 1큰술

간장 1큰술

설탕 1작은술

| A | **청주** 1큰술, **미소** 1½작은술, **달걀
노른자** 1개 분량, **녹말가루** 2작은술, **베이
킹소다(있으면)** ½작은술

| B | **다시 육수** 2½컵, **청주** 4큰술

1 꽁치는 한 마리 분량을 1cm 크기로 자른다. 나머지는 칼로 곱게 다진 후 A와 함께 분쇄기에 넣고 갈아 반죽을 만든다. 잘라둔 꽁치도 함께 섞어 8등분한다.

2 감자는 껍질을 벗겨 큼직하게 썬다. 쪽파는 어슷썰기하여 물에 담갔다가 물기를 뺀다.

3 냄비에 B와 ②의 감자를 넣어 중간 불에 끓이다가 어느 정도 익으면 미소를 풀어 넣는다. ❶의 완자를 넣어 속까지 익으면 간장과 설탕을 첨가해 한소끔 끓인다.

4 그릇에 담아 ②의 쪽파를 올린다.

105kcal
염분 2.8g

Ingredient
4인분

새우(껍질째) 200g
동아(박과의 식물−옮긴이) ⅛개(400g)
녹말가루 1작은술
| A | **생강즙** 1작은술, **청주** 1큰술, **달걀**
흰자 ¼개 분량, **소금** ½작은술
| B | **다시 육수** 2~3컵, **청주** 2큰술, **맛술**
2큰술, **소금** 1작은술, **간장** 1작은술

식혀서 육수의 맛이 재료 속까지 깊이 밴
새우완자와 동아 냉국

1 동아는 씨와 속을 파내고, 껍질을 얇게 벗긴다. 사방 4cm로 깍둑썰기하고 끓는 물에 넣어 꼬치가 쑥 들어갈 때까지 푹 삶아
  물기를 뺀다.

2 새우는 껍질과 등 쪽의 내장을 제거하고 칼로 점성이 생길 때까지 다진다. 볼에 다진 새우와 A를 넣고 잘 섞은 후 녹말가루
  도 첨가해서 섞는다.

3 ❷를 12등분하여 둥글게 만든 다음 끓는 물에 넣어서 삶아 물기를 뺀다.

4 냄비에 B를 끓여서 ❶, ❸을 넣어 뚜껑을 덮고 중간 불에서 10분 정도 끓인다. 냄비채로 식혀서 그릇에 담는다.

 새우를 갈 때 분쇄기를 이용하면 편리하다.

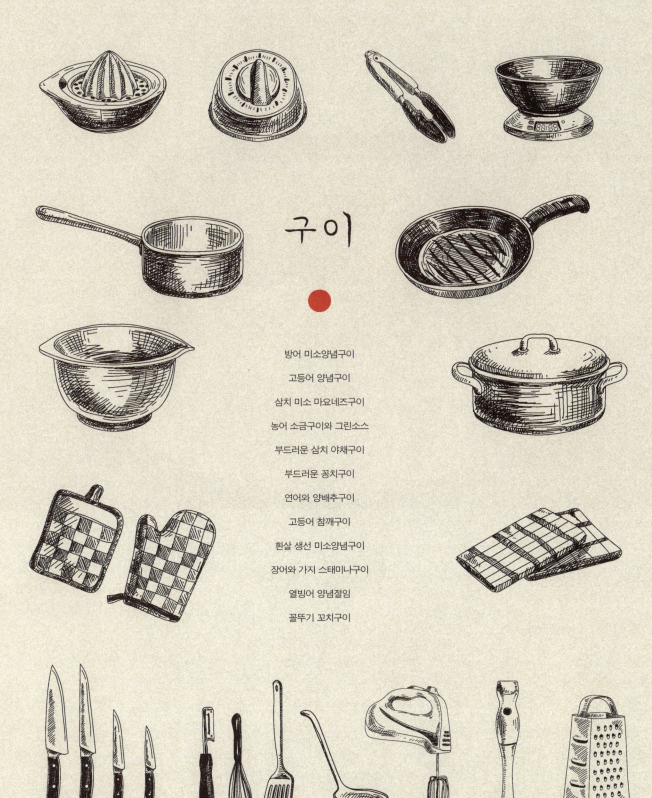

구이

방어 미소양념구이

고등어 양념구이

삼치 미소 마요네즈구이

농어 소금구이와 그린소스

부드러운 삼치 야채구이

부드러운 꽁치구이

연어와 양배추구이

고등어 참깨구이

흰살 생선 미소양념구이

장어와 가지 스태미나구이

열빙어 양념절임

꼴뚜기 꼬치구이

333kcal
염분 1.9g

양념이 속까지 잘 배서 식어도 맛있는
방어 미소양념구이

Ingredient

4인분

방어(등살 쪽) 4도막(460g)
풋고추 8개
순무 국화(214쪽 참조) 4개
| **A** | **미소** 80g, **청주** 2큰술, **생강(간 것)**
1작은술

1 볼에 A를 모두 넣어 섞는다.
2 도마에 랩을 씌우고 ❶의 절반 분량을 얇게 펴서 그 위에 방어를 올린 다음 나머지 미소를 전체 방어에 발라(사진 ①), 랩을 씌워 냉장고에서 6시간~하룻밤 동안 재운다.
3 방어는 굽기 30분~1시간 전에 냉장고에서 꺼내 두고 표면의 미소를 고무주걱 등으로 쓸어낸다(사진 ②).
4 석쇠를 달군 다음 방어를 올려 중간 불에서 6~7분가량 굽는다. 중간에 풋고추를 틈 사이에 넣어 2~3분 동안 굽는다.
5 그릇에 방어를 담고, 풋고추, 순무 국화를 곁들인다.

🌿 방어는 냉장고에서 꺼내 실온에 잠시 놓아둔 후에 구우면 연기가 생기지 않는다.

사진 ❶ 미소양념을 방어 전체에 골고루 바른다.

사진 ❷ 고무주걱 등으로 표면에 묻은 미소를 완전히 걷어내면 잘 타지 않는다.

사진 ❶ 살이 위쪽으로 가도록 접시에 담아야 하므로 프라이 팬이 깨끗한 상태에서 고등어 살 쪽을 먼저 구우면 색이 예 쁘게 난다.

● 428kcal
염분 2.3g

가을에 갓 수확한 야채를 곁들여 계절감을 담은

고등어 양념구이

Ingredient ━━━━

4인분

고등어 4마리
고구마 4cm
연근 4cm
밀가루 적당량
식용유 2작은술
산초가루 약간
| A | **청주** 3큰술, **간장** 3큰술, **맛술** 2큰 술, **설탕** 1큰술

1 고구마는 껍질째 1cm 두께로 통썰기하고, 3%의 소금물에서 10분 정도 담가둔 후 에 삶는다. 연근은 껍질을 벗겨 1cm 두께로 통썰기하여 연근이 잠길 정도의 물에서 데친다.

2 고등어는 뼈를 발라(317쪽 참조) 길이를 각각 이등분한다. 물기를 제거하고 전체적 으로 밀가루를 뿌려둔다.

3 프라이팬을 중간 불로 달궈 식용유를 두르고 기름이 뜨거워지면 고등어살 부분이 밑으로 가게 하여 차례로 굽는다(사진 ①). 프라이팬을 흔들면서 색이 날 때까지 구 운 후 뒤집어서 양면을 골고루 익힌다. 다 구워지면 일단 다른 그릇에 덜어둔다.

4 프라이팬을 깨끗하게 닦고 A를 넣어 중간 불에 올린 후 고등어를 넣어 살이 부서지 지 않도록 조린 후 불을 끈다.

5 물기를 뺀 ❶의 야채를 곁들여 그릇에 담고 고등어에 산초가루를 뿌린다.

깊은 맛을 내는 미소로 풍성한 맛을 낸

삼치 미소
마요네즈구이

194kcal
염분 0.6g

Ingredient
4인분

삼치 4도막(320g), **어린 나뭇잎(취향대로)** 적당량
| A | **미소** ½큰술, **마요네즈** 2큰술, **간 깨** 1작은술, **참기름** 약간

1 삼치는 1도막을 3~4등분으로 어슷하게 저민다.
2 A는 잘 섞는다.
3 오븐용 그릇에 시트를 깔고 ❶의 삼치를 올려놓은 다음 ❷의 미소소스를 발라 약 7분 동안 굽는다.
4 그릇에 옮겨 담아 취향대로 어린 나뭇잎을 올린다.

🌿 한입 크기로 썰어 구워내면 도시락 반찬을 해도 좋다.

오이의 풍미를 살린 상큼한 소스를 곁들인

농어 소금구이와
그린소스

119kcal
염분 1.6g

Ingredient
4인분

농어 4도막, **소금** ½작은술, **청주** 2큰술, **오이** 2개, **차조기(채썬 것)** 3장 분량, **쪽파 (잘게 송송 썬 것)** 3뿌리 분량
| A | **유자즙** 1큰술, **간장** 1큰술

1 농어는 소금과 청주를 뿌려 10분 정도 재워두고 석쇠에 양면을 바삭하게 굽는다.
2 오이는 강판에 갈아 가볍게 물기를 짠다. 차조기, 쪽파와 섞어 A로 간을 한다.
3 그릇에 ❶의 농어를 담고 ❷를 곁들인다.

🌿 청량한 색과 재료의 조합이 식욕을 자극한다. 유자 대신 귤이나 탱자, 레몬 등 취향에 맞는 재료를 사용해도 좋다.

207kcal
염분 1.4g

봄철 생선과 산나물을 듬뿍 사용한
부드러운
삼치 야채구이

Ingredient ▬▬▬▬▬▬▬▬▬ **4인분**

삼치 4도막(400g), **삶은 죽순** 200g, **땅두릅** 16cm, **어린 나뭇잎** 적당량
| **A** | **다시 육수** 1컵, **엷은 맛 간장(우스구치 간장)** ½큰술, **맛술** ½큰술, **청주** ½큰술,
소금 약간

1 죽순은 빗모양으로 4등분한다. 땅두릅은 껍질을 벗겨 4cm 길이로 잘라 세로로 이
   등분하고 체에 밭쳐 물기를 뺀다.
2 ❶과 삼치에 약간의 소금을 뿌려 석쇠에 올린다. 양면에 노릇하게 색이 날 때까지
   8분 정도 굽는다.
3 큼직한 냄비에 A를 모두 넣어 끓이다가 ❷를 넣는다. 국물을 끼얹으며 조린 후 그
   릇에 담아 어린 나뭇잎을 올린다.

99kcal
염분 0.7g

간단한 조리법으로 꽁치의 담백한 맛을 잘 살린
부드러운 꽁치구이

Ingredient ▬▬▬▬▬▬▬▬▬ **4인분**

꽁치 2마리, **경수채** 1단(200g), **가다랑어포** 적당량
| **A** | **다시 육수** 1½컵, **간장** 1큰술, **맛술** 1큰술, **설탕** 2작은술, **소금** 약간

1 꽁치는 머리와 꼬리를 떼어내고 4cm 크기로 토막낸다. 소금물에 담가서 내장을 제
   거하고 깨끗하게 씻어 물기를 제거한다.
2 ❶의 꽁치에 살짝 소금을 뿌려 석쇠에서 속이 익을 때까지 구운 후 **뼈**를 제거한다
   (머리 쪽부터 뼈를 빼면 쉽게 빠진다).
3 냄비에 A를 넣어 끓어오르면 ❷를 넣고 중간 불에서 약 5분 정도 조린다.
4 경수채를 넣어 살짝 숨이 죽으면 꺼내어 3cm 길이로 썬다.
5 ❹의 꽁치와 경수채를 그릇에 담고 조림국물을 끼얹어 가다랑어포를 올린다.

250kcal
염분 2.3g

프라이팬으로 찌듯이 구워낸
연어와 양배추구이

Ingredient
4인분

생연어 4도막, **양배추** 200g, **양파** 1개, **피망** 3개, **식용유** 2큰술
| A | **미소** 100g, **설탕** 2½큰술, **청주** 1큰술, **대파(다진 것)** ½개 분량

1 연어는 반으로 이등분한다.
2 양배추는 대충 썰고, 양파는 세로로 이등분하여 1cm 두께로 채썬다. 피망은 세로로 이등분하여 꼭지와 씨를 제거하고 한입 크기로 적당히 썬다.
3 A를 잘 섞어서 미소양념을 만든다.
4 프라이팬에 식용유 1½큰술을 두르고 중간 불에서 가열하여 ❷를 볶다가 ❸의 미소소스를 ⅓ 정도 넣어 살짝 섞어주며 볶아서 그릇에 넓게 펴 담는다.
5 ❹의 프라이팬에 식용유 ½큰술을 두르고 가열하여 ❶의 연어를 살 쪽부터 굽다가 뒤집어서 연어 위에 남은 미소소스를 바른다.
6 뚜껑을 덮고 약한 불에서 6~7분 동안 찌듯이 구운 후 ❹의 야채 위에 담는다.

🌿 연어와 야채를 철판에서 찌듯 구워낸 홋카이도 지역의 향토요리다. 일반적으로 미소로 맛을 낸다.

359kcal
염분 1.3g

향미간장을 발라 구워서 소스가 필요 없는
고등어 참깨구이

Ingredient
4인분

고등어(뼈를 바른 것) 4마리 분량, **식용유** 적당량, **풋고추** 8개, **소금** 약간, **후추** 약간, **레몬(반달썰기한 것)** 적당량
| A | **마늘(간 것)** 1개 분량, **생강** 1개 분량(15g), **간장** 3큰술, **청주** 1½큰술
| B | **밀가루** 적당량, **달걀(푼 것)** 적당량, **통깨** 적당량

1 고등어는 가운데 굵은 뼈를 제거하고 5~6cm 길이로 토막낸다. 바닥이 넓은 그릇에 A를 잘 섞어 고등어를 넣고 한 번씩 뒤집어주면서 15분 정도 둔다.
2 고등어의 수분을 제거하고 B의 밀가루, 달걀 푼 것, 통깨 순으로 옷을 입힌다.
3 프라이팬에 식용유를 조금 둘러 달군 다음 풋고추를 볶다가 소금, 후추를 뿌려 덜어 둔다.
4 ❸의 프라이팬에 식용유 1큰술을 더해 ❷를 넣는다. 중간 불에서 양면을 먹음직스럽게 구워 속까지 익힌 후 풋고추와 함께 그릇에 담아 레몬을 곁들인다.

209kcal
염분 2.4g

미소양념이 식욕을 돋우는 여름철 별미

흰살 생선
미소양념구이

Ingredient   4인분

흰살 생선(황새치 등 취향대로) 4도막(320g), **양하** 4개(50g), **차조기** 10장, **생강(다 진 것)** 1큰술, **밀가루** 적당량, **식용유** 1큰술, **청주** 2큰술, **시소 봉우리** 적당량
| A | **미소** 4큰술, **설탕** 1큰술

1 양하는 세로로 이등분하여 한입 크기로 썰고 차조기는 작게 다진다.
2 ❶과 생강, A를 잘 섞어서 미소양념을 만든다.
3 생선 사이에 칼집을 넣고 그 사이에 ❷의 미소양념을 바른 다음 전체적으로 가볍게 밀가루를 뿌린다.
4 프라이팬에 식용유를 두르고 가열하여 중간 불에서 ❸의 양면을 굽는다. 노릇하게 구워지면 청주를 붓고 뚜껑을 닫아 약한 불에서 2~3분 동안 찌듯 구워 속까지 익힌다.
5 그릇에 담아 시소 봉우리를 올려 장식한다.

🌿 사용하고 남은 차조기는 젖은 키친타월을 사이에 끼워서 랩을 씌워두면 냉장고에서 1주일 정도는 보관할 수 있다.

215kcal
염분 0.7g

시판 장어꼬치로 손쉽게 만드는

장어와 가지
스태미나구이

Ingredient   4인분

장어 꼬치구이 1꼬치(150g), **가지** 4개, **마늘** 1개, **붉은 고추** 1~2개, **참기름** 2큰술, **청주** 3큰술, **장어구이 소스(장어구이에 붙어 있는 것)** 1봉지, **산초가루(취향대로)** 1봉지

1 가지는 꼭지를 떼고 적당한 크기로 자르거나 혹은 1cm 두께로 통썰기하여 물에 담가 쓴맛을 빼고 체에 밭쳐 물기를 뺀다.
2 장어는 꼬치를 빼서 한입 크기로 자른다.
3 마늘은 찧어두고 붉은 고추는 씨를 빼서 한입 크기로 썰어둔다.
4 프라이팬에 참기름과 마늘, 붉은 고추를 넣고 약한 불에서 가열하여 향이 나면 중간 불에서 가지를 볶는다.
5 청주를 넣어 뚜껑을 덮고 1~2분 정도 끓여서 소스를 조리다가 장어를 넣고 가볍게 볶은 다음 그릇에 담는다. 취향에 따라 산초가루를 뿌린다.

🌿 장어소스가 부족할 때는 간장, 맛술을 1큰술씩 넣어 보충한다.

양념이 배면서 더 맛있어지는

열빙어 양념절임

Ingredient ━━━━━━━━━━━━━━ 4인분

열빙어 12마리, **연근** 300g, **대파** ½대, **당근** ½개, **무순** ½팩, **참기름** 2큰술
| **A** | **설탕** 1큰술, **간장**, **식초** 3큰술씩, **맛술**, **청주** 2큰술씩, **물** 4큰술, **붉은 고추(잘게 송송 썬 것)** 약간

1 연근은 껍질을 벗기고 1.5cm 두께로 반달썰기하여 물에 담가둔다.
2 대파는 얇게 어슷썰기하고, 당근은 껍질을 벗겨 가늘게 채썬다.
3 냄비에 ❷와 A를 넣어 한소끔 끓인 다음 바닥이 넓은 그릇에 옮긴다.
4 참기름 1큰술을 넣어 달군 프라이팬에 물기를 뺀 연근을 넣고 뚜껑을 덮어 약한 중불에서 양면을 7~8분 정도 구운 후 ❸에 담근다.
5 ❹의 프라이팬에 참기름 1큰술을 더해 열빙어를 넣고 뚜껑을 덮어 약한 중불에서 양면을 6~7분 동안 굽다가 ❹에 담근다.
6 자신의 입맛에 맞는 상태로 절여지면 그릇에 담아 뿌리를 제거하고 먹기 좋은 크기로 자른 무순과 함께 낸다.

겉을 살짝 구워 맛을 응축시킨 최고의 술안주

꼴뚜기 꼬치구이

Ingredient ━━━━━━━━━━━━━━ 4인분

꼴뚜기(삶은 것) 12마리, **대파** 1대(100g), **레몬(빗모양으로 썬 것)** 2조각, **소금** ½작은술, **거칠게 간 검은 후추** 약간

1 대파는 4cm 길이로 썰고, 꼴뚜기와 함께 석쇠에 올려 노릇하게 굽는다.
2 꼬치에 꼴뚜기 3마리와 대파 2조각을 교대로 끼운다. 나머지도 같은 방법으로 만든다.
3 그릇에 담고 소금, 후추, 레몬을 절반으로 잘라서 곁들인다.

볶음

오징어와 향채소 매실간장볶음

가리비와 옥수수 버터간장볶음

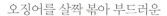

오징어를 살짝 볶아 부드러운

92kcal
염분 1.0g

오징어와 향채소
매실간장볶음

Ingredient 4인분

오징어(몸통 작은 것) 2마리 분량, **양하** 3개, **쪽파** 3뿌리, **마늘(다진 것)** 1작은술, **식용유** 1½큰술
| A | **우메보시** 1개(작은 것), **간장** 2작은술

1 오징어는 껍질을 벗겨 안쪽에 가늘게 칼집을 넣은 후 칼을 눕혀서 조금 전에 낸 칼집과 직각으로 2cm 간격을 두고 다시 칼집을 넣어 한입 크기로 자른다.
2 끓는 물에 오징어를 살짝 데쳐서 체에 밭쳐 물기를 뺀다.
3 양하는 얇게 어슷썰기하고 쪽파는 작게 썬다.
4 A의 우메보시는 씨를 제거하고 칼로 작게 다져서 간장과 섞는다.
5 프라이팬에 식용유와 마늘을 넣어 약한 불에서 볶다가 향이 나면 ❷의 오징어와 ❸의 양하를 함께 넣어 강한 불에서 볶는다.
6 ❹를 넣어 전체적으로 버무린 다음 그릇에 담아 쪽파를 뿌린다.

간장 향으로 마무리한

295kcal
염분 2.0g

가리비와 옥수수
버터간장볶음

Ingredient 4인분

가리비 관자 200g, **옥수수** 1½개(450g), **아스파라거스** 7~8개(150g), **식용유** 2큰술, **소금** ⅔작은술, **후추** 약간, **화이트 와인** 3큰술, **간장** 1큰술, **버터** 40g

1 옥수수는 칼로 알만 발라낸다. 아스파라거스는 뿌리 쪽의 딱딱한 껍질을 필러로 벗겨낸 후 1cm 길이로 썬다. 가리비는 손으로 먹기 좋은 크기만큼 뜯어둔다.
2 프라이팬에 식용유를 두르고 가열하여 중간 불에서 가리비의 표면을 살짝 익힌 후 꺼내둔다. 이어서 옥수수와 아스파라거스를 강한 불에서 볶아 소금, 후추로 간한다.
3 야채가 어느 정도 익으면 가리비를 다시 넣어 화이트 와인을 둘러준 다음 알코올을 날려 보낸다. 수분이 없어지면 간장을 넣어 볶다가 버터를 더해 잘 섞어준 후 그릇에 담아낸다.

튀김

고등어 단호박 튀김

전쟁이 향미 튀김

가다랑어 미소가스

촉촉한 방어 튀김

고등어 튀김과 간 무

붕장어 차조기 튀김

새우와 참마 고로케

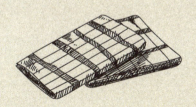

●
572kcal
염분 2.9g

밑간을 한 고등어로 요리하여 더 맛있는
고등어 단호박 튀김

Ingredient
4인분

고등어 3마리(540g)
단호박 ½개(500g)
녹말가루 적당량
튀김기름 적당량
간 무 3~4큰술
차조기 2~4장
폰즈간장 적당량
| A | **간장** 1큰술, **맛술** 1큰술, **청주** 1큰술

1 고등어는 배를 갈라서 머리와 가운데 뼈를 제거하고 먹기 좋은 크기로 잘라 A에 15분 정도 재워둔다.
2 단호박은 8mm 두께로 빗모양으로 썬다.
3 튀김기름을 160℃로 가열하여 단호박을 튀긴다.
4 고등어는 표면의 수분을 닦아내고 녹말가루를 뿌려서 175℃의 기름에서 2~3분 동안 튀긴다.
5 그릇에 ❸과 ❹를 먹음직스럽게 담고 간 무와 차조기를 곁들여 폰즈간장을 뿌린다.

🌿 단호박이 딱딱해서 썰기 힘들다면 먼저 살짝 찌거나, 전자레인지에 돌리는 방법도 있다.

323kcal
염분 0.8g

마늘과 파슬리로 향을 더한

전갱이 향미 튀김

Ingredient
4인분

전갱이 4마리(800g)
소금, 후추 각각 적당량
튀김기름 적당량
레몬(빗모양으로 자른 것) 적당량
중농소스 적당량
| A | **달걀** 1개, **밀가루** 3~4큰술
| B | **빵가루(가능하면 생 빵가루)** 3컵, **마늘(간 것)** 1개 분량, **파슬리(잘게 썬 것)** 4큰술, **후추** 약간

1 전갱이는 내장을 제거하고 뼈를 발라 손질한 후(317쪽 참조) 소금, 후추를 뿌린다.
2 볼에 A와 물 ¼컵을 넣어 잘 섞어준다.
3 바닥이 넓은 그릇 등에 B를 넣어 잘 섞은 다음 향미 빵가루를 만든다.
4 전갱이를 ❷에 담갔다가 ❸의 향미 빵가루를 묻혀서 170℃로 달군 기름에 색이 노릇하게 날 때까지 튀긴다.
5 그릇에 담아 레몬과 소스를 곁들인다.

270kcal
염분 0.9g

진한 미소양념맛과 가다랑어가 잘 어우러진

가다랑어 미소가스

Ingredient ━━━━━━━━━━━ 4인분

가다랑어(횟감용) 1덩어리(400g), **우유** 1작은술, **소금**, **후추** 각각 적당량, **밀가루** 적당량, **달걀(푼 것)** 적당량, **튀김기름** 적당량, **양배추(채썬 것)** 2장 분량(100g), **레몬(빗모양으로 썬 것)** 적당량
| **A** | **미소**, **설탕** 2작은술씩, **맛술** 1작은술, **간장** ½작은술, **마늘(간 것)** 약간, **생강즙** 약간
| **B** | **빵가루** 6큰술, **치즈가루** 1큰술

1 내열용기에 A를 넣어 잘 섞은 후 랩을 씌워 전자레인지(500W)에서 20초 동안 가열한다. 일단 꺼내어 잘 섞어준 후 다시 20초 동안 가열한다. 우유를 넣고 잘 저어준 후 소스를 만든다.
2 가다랑어는 소금, 후추를 뿌려 밑간을 한다. 밀가루, 푼 달걀 순으로 묻혀서 잘 섞어둔 B를 뿌린다.
3 튀김기름을 170℃로 가열하여 ❷를 바삭하게 튀긴다.
4 먹기 좋은 크기로 잘라 그릇에 담고 양배추와 레몬을 곁들인다. ❶의 소스는 따로 담아낸다.

407kcal
염분 1.2g

튀김옷을 입혀 즙을 가둔

촉촉한 방어 튀김

Ingredient ━━━━━━━━━━━ 4인분

방어 4도막, **튀김기름** 적당량, **레몬** 적당량
| **A** | **간장** 1큰술, **청주** 1큰술
| **B** | **달걀** 1개, **소금** ¼작은술, **후추** 약간, **참기름** 1작은술, **맛술** 1작은술, **밀가루** 8큰술

1 방어는 큼직한 한입 크기로 잘라 A에 버무려 15분 동안 재워둔다.
2 레몬은 빗모양으로 잘라 2~3등분한다.
3 B를 모두 넣어 부드러워질 때까지 잘 섞어 두고, 방어는 수분을 제거한 후 B를 묻힌다.
4 튀김기름을 170~180℃로 달구어 ❸을 바삭하게 튀겨낸다. 기름을 뺀 후 그릇에 담아 ❷의 레몬을 곁들인다.

294kcal
염분 1.7g

지방이 잘 오른 고등어와 간 무는 최고의 궁합!

고등어 튀김과 간 무

Ingredient ━━━━━━━━━━━━ 4인분

고등어(뼈를 발라내고 살을 손질한 것) 1마리 분량, **간 무** 1컵 분량, **생강** 1개(15g),
쪽파 2~3뿌리, **소금** ¼작은술, **밀가루** 적당량, **튀김기름** 적당량, **폰즈간장** 적당량

1 생강은 갈고 쪽파는 작게 썬다.
2 고등어는 2cm 두께로 썰어 소금을 뿌리고 밀가루를 얇게 뿌린다. 곧바로 170℃로
  달군 기름에서 연한 갈색이 될 때까지 바삭하게 튀겨내고 기름을 뺀다.
3 간 무는 체에 밭쳐 즙을 가볍게 빼고 ❶의 생강과 섞어둔다.
4 ❷의 고등어를 ❸에 버무려 그릇에 담고 폰즈간장을 살짝 뿌린 다음 ❶의 쪽파를
  뿌린다.

307kcal
염분 0.6g

차조기가 듬뿍 들어간 튀김옷 때문에 뒷맛이 깔끔한

붕장어 차조기 튀김

Ingredient ━━━━━━━━━━━━ 4인분

붕장어(손질된 것) 2마리, **차조기** 20장, **밀가루** 적당량, **튀김기름** 적당량
| **A** | **밀가루** 5큰술, **녹말가루** 2큰술, **소금** 한 꼬집

1 붕장어는 한입 크기로 썬다.
2 차조기는 세로로 이등분하여 가늘게 채썬다.
3 볼에 A를 넣고 물 2큰술을 조금씩 더하면서 잘 섞어준다. 차조기를 넣어 전체적으
  로 골고루 섞는다.
4 ❶의 붕장어에 밀가루를 얇게 뿌리고 ❸에 묻혀 180~200℃의 기름에서 바삭하게
  튀긴다.

259kcal
염분 0.5g

폭신폭신하면서 깔끔한 맛이 매력적인

새우와 참마 고로케

Ingredient
4인분

새우(껍질 벗긴 것) 120g

참마 400g

양파 ¼개(50g)

생표고버섯 4개

녹말가루 1작은술

식용유 ½큰술

밀가루 1작은술

튀김기름 적당량

파슬리 약간

| A | **밀가루** 적당량, **달걀(푼 것)** 적당량,
빵가루 적당량

1 참마는 껍질을 벗겨 3cm 두께로 썰어 식초물에 담가둔다. 부드러워질 때까지 15분 정도 삶다가 물을 버리고 중간 불에서 수분을 날려 포크 등으로 으깬다.

2 양파, 표고버섯은 거칠게 다진다. 새우는 등 쪽의 내장을 제거하고 녹말가루를 뿌린 다음 물에 깨끗이 씻어낸 후 물기를 빼고 1cm 두께로 썬다.

3 프라이팬에 식용유를 두르고 양파를 볶다가 숨이 죽으면 새우, 표고버섯을 넣어 볶는다. 약간의 소금과 후추를 뿌리고 밀가루를 뿌려 볶은 후 ❶을 섞어 식힌다.

4 ❸을 8등분하여 타원형으로 만든 후 A를 순서대로 묻혀 170℃로 가열한 기름에 바삭하게 튀겨 그릇에 담고 파슬리를 곁들인다.

🌿 취향에 따라 소스를 곁들여 먹이도 좋다.

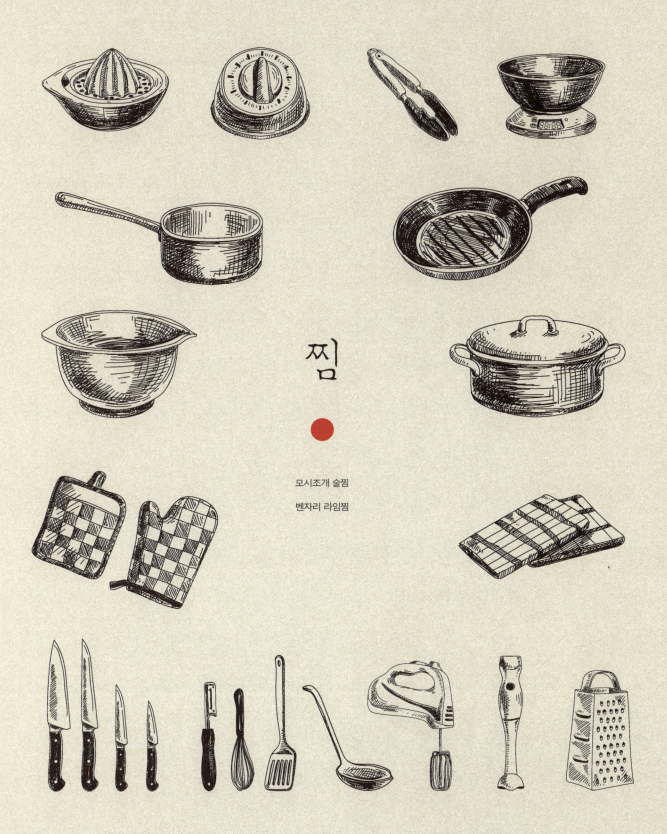

찜

모시조개 술찜

벤자리 라임찜

간편하게 만들 수 있어 더 좋은

모시조개 술찜

Ingredient ━━━━━━━━━━━━━━━ 4인분

모시조개(해감한 것) 400g, **쪽파** 적당량, **붉은 고추** 1~2개, **청주** ½컵, **간장** 약간

1 3%의 소금물을 만들어 모시조개가 잠기도록 하여 30분 이상 해감한다. 사용하기 전에 여러 번 물을 갈면서 조개껍질을 문질러 깨끗이 씻어낸다.
2 쪽파는 2cm 길이로 자른다.
3 냄비에 모시조개를 넣고 붉은 고추를 올린 다음 청주를 붓고 뚜껑을 덮어 강한 중불에서 조개가 모두 입을 열 때까지 찐다.
4 뜨거울 때 ❷의 쪽파를 올리고 한 번 섞어준 후 국물과 함께 그릇에 담는다. 간장을 뿌려서 먹는다.

🌿 모시조개는 해감한 것을 구입했더라도 다시 한 번 소금물에 담가서 모래를 빼는 것이 좋다. 간장은 열이 닿으면 맛이 달라지므로 반드시 먹기 직전에 조개에 뿌려서 먹도록 한다.

마지막에 라임을 뿌려 향을 낸

벤자리 라임찜

Ingredient ━━━━━━━━━━━━━━━ 4인분

벤자리 4도막, **크레송(물냉이)** 5단(200g), **샐러리(작은 것)** 1½대(200g), **대파** 1½대(150g), **양하** 10개(100g), **소금** 1작은술, **청주** 2큰술, **라임** 2개
| A | **올리브유** 약간, **소금** 약간

1 벤자리는 소금을 뿌려 20분 동안 재운다. 끓는 물에 살짝 데친 후 차가운 물에 담가 불순물을 제거하고 물기를 뺀다.
2 크레송은 4cm 길이로 썰고, 샐러리도 4cm 길이로 채썬다. 대파는 얇게 어슷썰기한다. 손질한 재료들은 모두 볼에 담아 차가운 물에 잠깐 담갔다가 물기를 뺀다.
3 바닥이 넓은 그릇에 ❷를 깔고 ❶의 벤자리를 올린 후 청주를 뿌린다. 증기가 오르면 찜기에 넣고 강한 불에서 6분 동안 찐다.
4 그릇에 담아 A를 뿌린다. 이등분한 라임을 군데군데 올려 장식하고 먹기 직전에 뿌린다.

회

가다랑어와 구운 가지 겨자폰즈

문어와 오징어 카르파초

175kcal
염분 1.6g

겨자 향으로 가다랑어의 깊은 맛을 살린

가다랑어와 구운 가지 겨자폰즈

Ingredient
4인분

가다랑어(횟감용) 1덩어리(300g)

가지 4개(320g)

소금, 후추 약간씩

양파 1개(200g)

쪽파 5뿌리

겨자 페이스트 적당량

폰즈간장 적당량

1 가다랑어는 소금과 후추를 살짝 뿌린 후 달군 프라이팬에서 살짝 구워 표면에 그릴자국을 내고 1cm 두께로 자른다.

2 가지는 꼭지를 떼고 세로로 이등분하여 달군 석쇠에 구워서 그릴자국을 낸다.

3 양파는 얇게 채썰어 물에 담갔다가 체에 밭쳐 물기를 뺀다.

4 쪽파를 작게 썬다.

5 그릇에 ❶, ❷, ❸을 먹음직스럽게 담아 ❹를 뿌리고, 겨자를 곁들여 폰즈간장을 뿌려 먹는다.

● 125kcal
염분 1.7g

와사비 드레싱이 식욕을 자극하는 회 샐러드

문어와 오징어 카르파초

1 문어는 얇게 썰어 그릇에 담는다. 오징어는 가늘게 채썰어 약간의 소금을 뿌린다.

2 무순은 뿌리를 떼어 이등분하고 양하는 세로로 이등분하여 얇게 어슷썰기한 후 함께 물에 담갔다고 물기를 빼서 ❶의 오징어와 섞는다.

3 ❶의 그릇에 ❷를 올려 A를 잘 섞어 만든 드레싱을 뿌린다.

🌿 카르파초는 이탈리아풍 해산물 전채요리로 간장을 넣어 일본풍으로 응용하면 밥반찬으로도 잘 어울린다.

Ingredient
4인분

삶은 문어(횟감용) 250g
오징어(횟감용) 100g
무순 1팩
양하 5개
| A | **레몬즙(또는 식초)** 1큰술, **올리브유**
1큰술, **와사비 페이스트** 1작은술, **간장** 1½
큰술

달걀,
대두제품이
주반찬

달걀

대두제품

달걀

폭신폭신 부추 달걀볶음

장어와 양하 달걀구이

버섯소스를 올린 토란 오믈렛

91kcal
염분 0.7g

달걀에 다시 육수를 넣어 더 부드러운

폭신폭신 부추 달걀볶음

1 부추는 3cm 크기로 썬다.

2 볼에 달걀을 깨서 넣고 거품이 생기지 않도록 살살 풀어준다. 다시 육수, 엷은 맛 간
   장을 넣어 잘 섞은 다음(사진 ①), ❶의 부추도 섞는다.

3 프라이팬을 강한 중불에 올려 달궈지면 참기름을 두르고 ❷를 한꺼번에 넣어 뒤집
   개로 휘휘 저어서 완성(사진 ②)한다. 불을 끄고 그릇에 담는다.

🌿 달걀은 요리하기 직전에 풀면 탱글탱글한 맛이 살아있다. 거품이 생기지 않도록 살
   살 저어주는 것도 달걀의 탱탱한 식감을 살리는 비법이다.

Ingredient

4인분

달걀 3개
부추 1단
다시 육수(차게 식힌 것) ½컵
엷은 맛 간장 2작은술
참기름 1큰술

사진 ❶ 달걀에 다시마 육수를
더하면 향과 식감 모두 좋아
진다.

사진 ❷ 공기를 넣는다고 생각
하고 크게 섞어주면 부드러운
달걀 요리가 완성된다.

252kcal
염분 1.7g

Ingredient
4인분

달걀 3~4개
장어 꼬치구이 2꼬치(200g)
양하 6~7개(100g)
산초가루 적당량
| A | **다시 육수** 1컵, **소금** ¼~⅓작은술,
맛술 3큰술, **간장** 2작은술

양하의 풍미와 식감이 맛의 핵심인
장어와 양하 달걀구이

1 장어는 꼬치를 빼서 2~3cm 폭으로 자른다. 양하는 세로로 이등분하여 5mm 두께로 얇게 어슷썰기한다.
2 프라이팬에 A를 넣고 끓어오르면 장어와 양하를 넣어 중간 불에서 살짝 조린다.
3 달걀을 잘 섞은 후 둘러서 붓고 뚜껑을 덮어 반숙이 될 때까지 익힌다. 불을 끄고 뚜껑을 덮은 상태에서 1~2분 정도 증기로 찐다.
4 그릇에 담아 산초가루를 뿌린다.

 꼬치에 서비스로 붙어 나오는 소스를 사용할 때는 A의 맛술과 간장의 양을 줄인다.

넉넉한 버섯소스의 부드러운 식감이 매력적인

버섯소스를 올린 토란 오믈렛

● 209kcal
염분 1.1g

Ingredient
4인분

달걀 4개
토란 150g
잎새버섯 100g
은행(삶은 것) 12개
소금 조금
식용유 2작은술
| A | **다시 육수** ½컵, **맛술** 1큰술, **간장** 1
큰술, **설탕, 소금** 약간씩
| B | **녹말가루** 1½작은술, **물** 1큰술

1 토란은 껍질을 벗겨 간다. 잎새버섯은 밑동을 잘라 작게 나눈다.

2 작은 냄비에 A, 잎새버섯, 은행을 넣어 끓이다가 B의 물에 갠 녹말가루로 농도를 준다.

3 볼에 달걀을 풀고 소금을 넣어 간을 한다.

4 프라이팬에 식용유를 두르고 중간 불에 올린 후 ❸의 풀어둔 달걀을 부어서 3~4번 정도 휘휘 저어준다. 그 다음에는 ❶의
   토란을 살짝 올린 후 4~5회 저어 반숙상태가 되면 그릇에 담는다. ❷의 버섯소스를 부어준다.

🌿 참마가 아니라 점성이 강한 토란으로 만드는 것이 맛의 핵심이다.

대두제품

여주 두부볶음

말린 두부 고기조림

수제 두부고로케

오코노미야키 양념 두부구이

두부소스를 올린 소송채

두부 야채 튀김

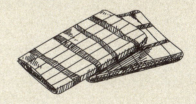

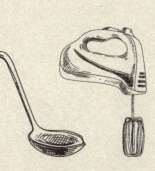

여주를 살짝 익힌 후 볶으면 쓴맛이 덜하다

여주 두부볶음

220kcal
염분 1.8g

Ingredient

4인분

여주 1개
두부(구이용) 1모
돼지고기(얇게 썬 것) 100g
달걀(푼 것) 1개 분량
소금 적당량
생강(다진 것) 1개 분량(15g)
식용유 1큰술
| **A** | **소금** ½작은술, **간장** 1큰술, **맛술** 1
큰술, **후추** 약간

1 두부는 접시 등을 2~3장 겹쳐 올리고 30분 정도 두어 물기를 뺀다(사진 ①). 세로로 이등분한 후 가로 1cm 두께로 썬다.
2 여주는 세로로 이등분하여 씨와 속을 숟가락 등으로 파내고, 2~3mm 두께로 어슷썰기한다. 소금 1작은술을 넣어 팔팔 끓인 물에 데쳐 체에 건져둔다(사진 ②).
3 돼지고기는 먹기 좋은 크기로 자른다.
4 프라이팬을 중간 불에 올려 달궈지면 식용유를 두른다. 그런 다음 돼지고기를 넣고 곧바로 소금 한 꼬집과 생강, 두부 순으로 넣어 강한 중불에서 겉이 살짝 눌러붙을 정도로 볶아준다.
5 고기가 완전히 익고, 두부가 속까지 따뜻해지면 여주를 더해 강한 불에서 볶는다. 기름을 두르고 A를 넣어 전체적으로 따뜻해지면 풀어둔 달걀을 두르듯 넣어 수분이 거의 없어질 때까지 볶은 후 불을 끈다.

사진 ❶ 두부는 키친타월로 감싸서 접시를 받쳐둔 체에 올린다. 그런 다음 접시 등 가벼운 누름판을 올린다.

사진 ❷ 소금을 넣은 끓는 물에서 데치면 식감이 더 좋아진다. 여주를 넣고 물이 다시 끓어오르면 곧바로 건져낸다.

맛있는 국물이 입 안 가득 퍼지는

말린 두부 고기조림

Ingredient

4인분

두부(말린 것) 4개
닭고기(간 것) 100g
당근 4cm(40g)
생표고버섯 2개
껍질강낭콩 4개
| A | **청주** 2작은술, **설탕** 1작은술, **녹말가루** 1작은술, **소금** 약간
| B | **다시 육수** 2컵, **청주** 2큰술, **맛술** 2큰술, **설탕** 2큰술, **간장** 1큰술, **소금** ½작은술

1 말린 두부는 포장지에 표기된 대로 물에 불린 후 물기를 꼭 짠다.
2 ❶의 짧은 변의 두꺼운 부분 중간 지점에 칼집을 넣어 긴 쪽의 양변이 끊어지지 않도록 조심하면서 반대편까지 잘라 열린 주머니 모양을 만든다.
3 당근은 껍질을 벗겨 잘게 다지고, 표고버섯은 기둥을 떼어 잘게 다져둔다. 껍질강낭콩도 잘게 송송 썬다.
4 볼에 간 닭고기, A, ❸을 넣고 점성이 생길 때까지 치댄다. 4등분하여 ❷의 말린 두부에 채워 넣는다.
5 냄비에 B를 넣어 끓이다가 ❹를 가지런히 넣는다. 알루미늄 호일 등으로 조림뚜껑을 만들어 약한 중불에서 20분 동안 조린다.
6 ❺를 세로로 반을 잘라 그릇에 담는다.

🌿 한 번 식힌 후에 다시 데워 먹으면 간이 깊이 배서 더 맛있어진다.

171kcal
염분 0.5g

두부의 물기를 완전히 빼는 것이 관건이다!

수제 두부고로케

Ingredient

4인분

두부(구이용) 1모(300g)
브로콜리 ½개(80g)
당근 20g
톳(건조) 5g
단호박 100g
달걀 흰자 ½개 분량
튀김기름 적당량
생강(간 것) 적당량
간장 적당량
| A | **녹말가루** 1작은술, **간장** 1작은술, **소금** 약간

1 두부는 무거운 것으로 2시간 정도 눌러두고, ⅔ 정도로 두께가 줄 때까지 물기를 뺀다. 전자레인지(500W)를 이용한다면 내열용기에 두부를 담아 4분 동안 돌린 후 접시를 한 장 올려 식을 때까지 두었다가 두부에서 빠져나온 물을 버린다.
2 브로콜리와 당근은 삶아서 거칠게 다진다. 톳을 씻어 물에 불린 후 물기를 꽉 짜서 다진다.
3 단호박은 속과 씨를 파내고 1cm 두께로 썬다.
4 ❶의 두부를 으깨어 ❷, 달걀 흰자, A를 넣어 치대듯 섞는다.
5 기름을 170℃로 가열하여 ❹를 한입 크기로 둥글려 튀긴다. 단호박도 살짝 튀긴다.
6 그릇에 ❺를 함께 담아 생강과 간장을 곁들인다.

● 119kcal
염분 1.8g

간식과 술안주로 좋은 오코노미야키풍 양념을 더한

오코노미야키 양념 두부구이

1 두부는 키친타월에 감싸서 10~15분 정도 두어 물기를 뺀다. 먹기 좋은 크기로 잘라 얇게 밀가루를 뿌린다.

2 프라이팬에 식용유를 두르고 가열하여 ❶의 두부를 약한 중불에서 바삭하게 굽는다.

3 A를 잘 섞어 프라이팬 가장자리로 두르듯 넣고, 프라이팬을 흔들어주면서 조린다.

4 그릇에 담아 파래와 붉은 초생강을 올린다.

Ingredient ▬▬▬

4인분

두부(말린 것) 1모(300g)
밀가루 적당량
식용유 1큰술
파래 적당량
붉은 초생강(거칠게 다진 것) 2큰술
| A | **중농소스** 4큰술, **물** 4큰술, **간장** 2작은술

걸쭉한 식감과 참기름 향이 입맛을 돋우는

두부소스를 올린 소송채

Ingredient
4인분

두부(구이용) ⅔모(200g)

소송채 1단(250g)

말린 작은 새우 10g

참기름 1큰술

소금 적당량

식용유 ½큰술

청주 1큰술

| A | **녹말가루** 1작은술, **물** 2작은술

1 소송채는 뿌리를 떼고 4cm 길이로 썰어 줄기와 잎으로 분리한다. 말린 작은 새우는 거칠게 다지고, 두부는 체에 넣고 가볍게 물기를 짠다.

2 프라이팬에 참기름과 약간의 소금을 넣어 불에 올린다. ❶의 소송채 줄기를 넣고 강한 불에 볶다가 숨이 죽으면 잎도 넣어 볶은 후 그릇에 담는다.

3 프라이팬에 식용유를 두르고 가열하여 ❶의 새우를 볶고 두부를 더해 으깨면서 볶는다. 물 ½컵, 청주, 약간의 소금을 넣고, A의 물에 갠 녹말가루를 넣어 농도를 맞춘다.

4 ❷에 ❸을 붓는다.

갓 튀겨낸 튀김의 폭신폭신한 느낌이 살아 있는

두부 야채 튀김

Ingredient

4인분

두부(구이용 큰 것) 1모(400g)

새우(껍질 깐 것) 100g

참마 100g

그린피스 35g

달걀(푼 것) ½개 분량

소금 ⅓작은술

밀가루 적당량

튀김기름 적당량

1 두부는 면보 등으로 싸서 전자레인지(500W)에 1분 30초~2분 정도 돌려 수분을 완전히 제거한다.

2 그린피스는 뜨거운 물에 삶고, 참마는 껍질을 벗긴다. 새우는 등 쪽의 내장을 제거하고 작게 다진다.

3 절구에 ❶의 두부가 부드러워질 때까지 찧다가 ❷의 참마, 달걀 푼 것, 소금을 넣어 다시 찧는다.

4 ❸에 ❷의 그린피스와 새우를 넣어 대충 섞어준 다음 동글납작하게 만들어 밀가루를 묻힌다.

5 기름을 170℃로 달군 다음 ❹를 색이 날 때까지 가볍게 튀긴다.

부반찬

- 찜/조림
- 구이
- 볶음
- 튀김
- 절임
- 샐러드
- 무침
- 초무침
- 밑반찬

찜/조림

껍질완두콩과 가다랑어포찜

단호박찜

햇감자조림

고구마 삼겹살조림

소송채와 유부 국물찜

양념미소 무찜

가지와 잎새버섯찜

고명 두부

43kcal
염분 0.7g

살짝 볶아서 깊은 맛을 낸

껍질완두콩과 가다랑어포찜

Ingredient ━━━━━━━━━━━━━━ 4인분

껍질완두콩 200g, **가다랑어포** 적당량, **참기름** 2작은술
| **A** | **청주** 1큰술, **간장** 1큰술, **설탕** ½작은술, **물** ½컵

1 껍질완두콩은 억센 부분을 제거한다. 냄비에 참기름을 두르고 중간 불에 달구어 껍질완두콩을 살짝 볶는다.
2 A를 넣고 가다랑어포 3큰술을 뿌린 후 뚜껑을 덮어 약한 중불에서 끓이다가 도중에 뚜껑을 열고 저어주면서 8분 동안 조린다. 껍질완두콩이 부드러워지고 조림국물이 자작한 정도가 되면 불을 끈다. 그릇에 담아 적당한 양의 가다랑어포를 뿌린다.

104kcal
염분 1.0g

마른 멸치를 넣어 감칠맛을 더한

단호박찜

Ingredient ━━━━━━━━━━━━━━ 4인분

단호박 ⅛개(250g), **마른 멸치** 10마리, **간장** 1작은술
| **A** | **설탕** 2큰술, **맛술** 2큰술, **소금** ⅓작은술, **다시 육수** 1컵

1 단호박은 씨와 속을 파내고 한입 크기로 잘라 군데군데 껍질을 벗긴다. 마른 멸치는 머리와 내장을 제거한다.
2 냄비에 단호박을 껍질이 아래쪽으로 가게 올리고, A와 마른 멸치를 넣어 중간 불에서 가열한다. 끓기 시작하면 거품을 걷어내고 뚜껑을 덮어 중간 불에서 10분간 조린다.
3 거품이 커지고, 조림국물이 졸아들면 뚜껑을 열어 간장을 첨가한 후 한소끔 끓으면 불을 끈다.

기름에 볶은 후 조림을 해서 더 맛있는

햇감자조림

93kcal
염분 0.9g

Ingredient　4인분

햇감자(작은 것) 10~12개(250~300g), **식용유** 1큰술, **맛술** 1작은술, **소금** 한 꼬집
| **A** | **설탕** 1½큰술, **간장** 1큰술, **다시 육수** 1½컵

1　감자는 껍질째 깨끗이 씻어서 체에 밭쳐 건조시킨다. 감자가 크면 이등분한다.
2　냄비에 식용유를 두르고 중간 불로 가열하여 감자를 볶는다. 감자가 어느 정도 익
　　었을 때 A를 넣어 뚜껑을 덮고 중간 불에서 10분 동안 조린다.
3　꼬치로 찔러서 감자가 쑥 들어갈 정도가 되면 뚜껑을 열고 강한 불로 높인다. 냄비
　　를 흔들면서 조림국물이 자작해질 때까지 조린다. 맛술과 소금을 첨가한 후 가볍게
　　섞어주고 불을 끈다.

🌿 이 상태에서 여열이 다 없어질 때까지 놓아두면 맛이 속까지 깊이 밴다.

돼지고기의 맛이 살아 있는 초간단 레시피

고구마 삼겹살조림

230kcal
염분 0.7g

Ingredient　4인분

돼지고기(삼겹살, 얇게 썬 것) 150g, **고구마** ⅔개(200g), **대파** 1대(100g), **시치미** 약간
| **A** | **간장** 1큰술, **청주** 1큰술, **설탕** 1큰술

1　삼겹살은 먹기 좋은 크기로 썰어 A에 10분 동안 재워둔다.
2　고구마는 3cm 두께로 썰어 군데군데 껍질을 벗긴다. 물에 3~5분간 담갔다가 물기
　　를 뺀다. 대파는 어슷썰기한다.
3　내열그릇에 대파를 깔고 중앙에 고구마를 올린다. 그 주위에 ❶의 삼겹살을 도넛
　　모양으로 두르고 랩을 씌워 전자레인지(600W)에 7분 동안 돌린다.
4　그릇을 전자레인지에서 꺼내 고구마가 부서지지 않도록 섞어준 후 다시 한 번 랩을
　　씌워 2분 동안 돌린 후 그 상태로 10분 동안 두어 여열에서 익도록 한다. 그릇에
　　담아 시치미를 살짝 뿌린다.

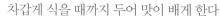

차갑게 식을 때까지 두어 맛이 배게 한다

67kcal
염분 1.0g

소송채와 유부 국물찜

Ingredient
4인분

소송채 1단(300~400g), **유부** 1장, **멸치** 7~8마리
| A | **물** 1½컵, **엷은 맛 간장** 1큰술, **맛술** 1큰술, **소금** 약간

1 소송채는 4~5cm 길이로 썬다. 유부는 끓는 물에 살짝 데쳐 1cm 두께로 썬다. 멸치는 머리와 내장을 제거한다.
2 냄비에 소송채와 유부, 멸치를 넣고 A를 넣는다.
3 냄비 뚜껑을 덮고 강한 불에 올려서 5분 동안 찐다. 불을 끄고 뚜껑을 덮은 채 여열로 익힌 후 식을 때까지 그대로 둔다.
4 국물이 자작한 상태에서 멸치도 함께 그릇에 담아낸다.

🌿 전날 만들어서 하룻밤 재워두었다가 다음 날 차갑게 먹으면 적당히 양념이 배어 더 맛있다. 소송채 외에 다른 청록색 야채나 흰색 야채를 활용해도 좋다.

양념미소는 적당한 분량으로 나누어 보관한다

55kcal
염분 1.3g

양념미소 무찜

Ingredient
4인분

무(3cm 두께로 통썰기한 것) 8개, **다시마(10cm 길이로 자른 것)** 1장, **쌀뜨물** 적당량, **유자껍질(다진 것)** ½작은술
| A | **흰 미소** ¼컵, **설탕** ½작은술, **유자즙** ½작은술
| B | **미소** ¼컵, **생강(간 것)** 1개 분량(10g), **대파(다진 것)** 1큰술

1 무는 껍질을 벗긴 후 접시에 담을 때 위로 오는 부분의 모서리를 둥글게 깎고 반대쪽에는 +자로 칼집을 낸다.
2 냄비에 ❶의 무를 넣고 쌀뜨물을 무가 잠길 정도로 충분히 부어 준다. 뚜껑을 덮어 끓기 시작하면 약한 불로 낮추어 15분 정도 삶는다.
3 직경 20cm 크기의 냄비에 다시마와 물 3컵을 넣어 끓이다가 무를 살짝 헹궈 다시마 위에 올리고 뚜껑을 덮어 약한 불에서 25~30분 정도 조린다.
4 A, B를 각각 잘 섞어 두 종류의 양념미소 고명을 만들어둔다.
5 ❸의 다시마를 8등분하여 그릇 아래쪽에 깔고 무를 올려 ❹의 양념미소를 각각 올리고, A의 흰미소 양념에는 유자껍질을 올린다.

🌿 무는 쌀뜨물로 조리면 특유의 매운맛과 쓴맛 등이 제거되고 단맛이 강해진다. 쌀뜨물이 없을 때는 뜨거운 물에 생쌀을 한 꼬집 넣어 대신해도 된다.

따뜻한 밥에 잘 어울리는 맛있는 찜요리

가지와 잎새버섯찜

Ingredient

4인분

가지 6개
잎새버섯 1팩
| A | **다시 육수** 2컵, **간장** 2큰술, **맛술** 2
큰술, **식용유** 넉넉히 2큰술

1. 가지는 꼭지를 떼고 세로로 이등분하여 껍질에 비스듬히 2mm 간격으로 칼집을 낸 후 물에 씻어 물기를 제거한다.
2. 잎새버섯은 큼직큼직하게 떼어둔다.
3. 냄비에 A를 넣어 끓이고 가지의 살 쪽이 아래로 가도록 한 다음 호일 등으로 조림뚜껑을 만들어 약한 중불에서 7분 동안 조린다. 뒤집어서 잎새버섯을 올려 마찬가지로 7분 동안 조린다.
4. 불을 끄고 그대로 두어 식히면서 양념이 속까지 배게 한다.

181kcal
염분 1.5g

다양한 재료의 식감을 즐기는

고명 두부

Ingredient

4인분

두부(구이용 큰 것) 1모(400g)

생표고버섯 4개(60g)

목이버섯(불린 것) 20g

우엉 10cm(25g)

당근 3cm(30g)

껍질강낭콩 5개(40g)

달걀 1개

참기름 2큰술

| **A** | **맛술** 3큰술, **엷은 맛 간장** 2큰술, **청주** 1큰술

1 두부는 키친타월에 싸서 30분간 누름돌로 눌러 수분을 뺀다.

2 표고버섯은 기둥을 제거하고 얇게 썬다. 목이버섯은 적당한 크기로 찢어둔다. 당근은 껍질을 벗겨 직사각형 모양으로 썰고 껍질강낭콩은 작게 썰어둔다.

3 냄비에 참기름을 두르고 중간 불로 가열하여 ❷를 볶는다. 어느 정도 재료가 익으면 ❶의 두부와 A를 넣어 볶으며 조린다.

4 조림국물이 없어지면 달걀을 풀어 두르듯 넣고 달걀이 익을 때까지 볶아준다.

구이

구운 가지와 달콤한 식초소스

간 무를 올린 구운 토란

어묵과 아스파라거스 데리야키

구운 무 샐러드

아스파라거스와 당근구이

가지와 돼지고기의 찰떡 궁합

구운 가지와 달콤한 식초소스

●
289kcal
염분 2.5g

Ingredient ▬▬▬▬
4인분

가지(작은 것) 8개(600~700g)
돼지고기(얇게 저민 것) 150g
양파 ½개
양하 2개
참기름 적당량
| A | **간장** 4큰술, **맛술** 4큰술, **식초** 2큰술, **설탕** 1작은술

1 가지는 꼭지를 떼고 세로로 이등분한 다음 껍질에 비스듬한 격자로 칼집을 넣는다. 돼지고기는 2cm 두께로 썬다. 양파는 결대로 얇게 저민다. 양하는 2mm 두께로 잘게 썰어 차가운 물에 담갔다가 체에 밭쳐 물기를 뺀다.
2 프라이팬에 참기름 1큰술을 두르고 ❶의 가지를 넣어 양면을 노릇하게 굽는다. 가지가 부드러워지면 그릇에 담는다.
3 ❷의 프라이팬을 살짝 닦아내고 참기름 1작은술을 넣어 달군 다음 돼지고기를 볶는다. 돼지고기가 익으면 ❶의 양파를 넣어 조금 더 볶는다. 양파의 숨이 죽으면 A를 넣어 살짝 볶다가 가볍게 조린다.
4 ❸을 ❷의 가지에 붓고 ❶의 양하를 올린다.

109kcal
염분 1.3g

전자레인지로 살짝 익힌 후 조리하는

간 무를 올린 구운 토란

Ingredient

4인분

토란(큰 것) 4개(320g)
무 ⅓개(300g)
녹말가루 적당량
식용유 1큰술
간장 2큰술
검은깨 1작은술

1 토란은 깨끗하게 씻어 내열용기에 담아 랩을 씌운 후 전자레인지(600W)에서 10분 동안 가열한다. 무는 껍질을 벗겨 간다.
2 ❶의 토란은 뜨거울 때 껍질을 벗겨 랩에 감싸서 둥글게 모양을 만든다.
3 토란을 감싼 랩을 벗기고 전체적으로 녹말가루를 묻힌다. 프라이팬에 식용유를 두르고 양면을 노릇하게 구워 그릇에 담는다.
4 ❶의 간 무는 물기를 빼고 간장과 섞어서 ❸에 봉긋하게 올려 검은깨를 뿌린다.

94kcal
염분 1.7g

원통형 어묵에 작은 칼집을 내어 양념이 잘 배게 한
어묵과 아스파라거스 데리야키

Ingredient
4인분

원통형 어묵(치쿠와) 4개(200g)
아스파라거스 1단
식용유 1큰술
산초가루 적당량
| A | **설탕** 1큰술, **청주** ½큰술, **간장** 1½
큰술, **맛술** 1큰술

1 원통형 어묵은 세로로 이등분하여 안쪽에 사선으로 칼집을 낸다. 너무 길면 길이를 반으로 나눈다.
2 아스파라거스는 아래쪽 딱딱한 부분의 껍질을 벗기고 길이를 3~4등분한다.
3 프라이팬에 식용유를 두르고 가열하여 ❶과 ❷를 넣은 후 연하게 색이 날 때까지 굽다가 A를 넣어 조린다.
4 그릇에 담아 산초가루를 뿌린다.

●
26kcal
염분 1.2g

겨울 야채를 즐길 수 있는 따뜻한 샐러드

구운 무 샐러드

Ingredient
4인분

무 ⅓개(300g)
배추(줄기 부분) 3장 분량(150g)
치킨 파우더 2작은술
유자껍질(잘게 썬 것) 적당량
| A | **폰즈간장** 2~3큰술, **유자 후추** ½작은술

1 A를 잘 섞어 소스를 만든다.
2 무는 껍질을 벗겨 1cm 두께로 통썰기를 하고 배추 줄기는 세로로 2~3등분하여 7cm 길이로 썬다.
3 냄비에 물과 ❷의 무를 넣어 가열하다가 치킨 파우더를 더해 15분 동안 끓인다. 불을 끄고 그대로 식힌다.
4 프라이팬을 가열하여 ❷의 배추 줄기와 물을 뺀 ❸의 무를 굽는다.
5 그릇에 함께 담아 ❶의 소스를 붓고 유자껍질을 뿌린다.

26kcal
염분 0.8g

야채에 난 그릴자국이 식욕을 돋우는

아스파라거스와 당근구이

1 아스파라거스는 딱딱한 뿌리 부분의 껍질을 벗기고 당근은 껍질을 벗겨 길쭉하게 썬다.
2 바닥이 넓은 그릇에 A를 담는다.
3 석쇠에서 ❶의 아스파라거스와 당근을 알맞게 구워 ❷에 담는다.
4 맛이 배면 아스파라거스는 먹기 좋게 자르고 당근과 함께 그릇에 담아 가다랑어포를 뿌린다.

Ingredient
4인분

아스파라거스 6개(150g)
당근 1개(150g)
가다랑어포 적당량
| A | **다시 육수** ½컵, **간장** 1½큰술

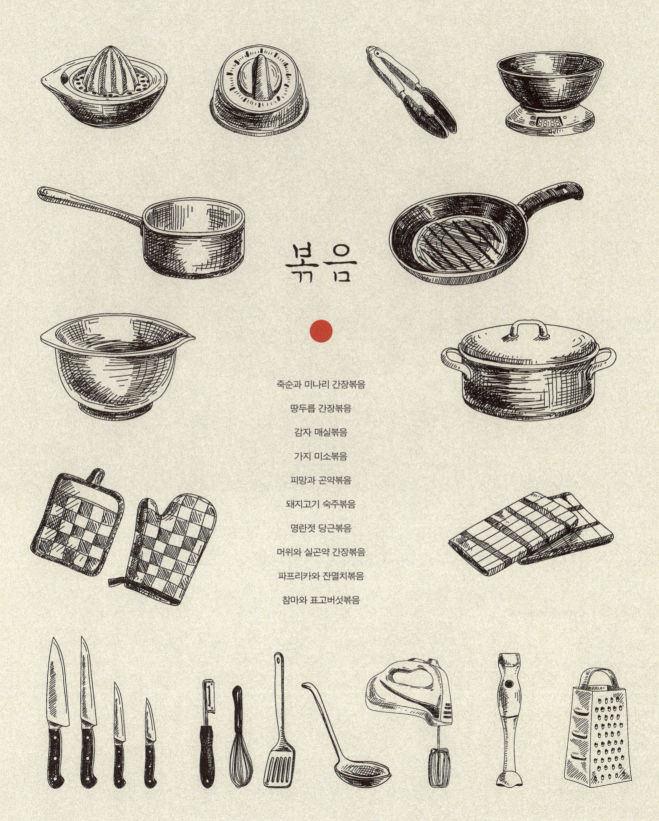

볶음

죽순과 미나리 간장볶음

땅두릅 간장볶음

감자 매실볶음

가지 미소볶음

피망과 곤약볶음

돼지고기 숙주볶음

명란젓 당근볶음

머위와 실곤약 간장볶음

파프리카와 잔멸치볶음

참마와 표고버섯볶음

● 191kcal
염분 1.4g

Ingredient ━━━━

4인분

삶은 죽순 120g

미나리 2단

쪽파 20g

돼지고기(우둔살, 얇게 저민 것) 120g

식용유 2큰술

붉은 고추 1개

참기름 1큰술

| A | **간장** ½작은술, **청주** 1작은술, **녹말**
가루 1작은술, **소금** 약간, **후추** 약간

| B | **간장** 1⅔큰술, **설탕** 1작은술, **식초**
½작은술

참기름을 넣어 고소하면서도 식이섬유가 풍부한

죽순과 미나리 간장볶음

1 죽순은 가늘게 채썬다. 미나리는 삶아서 물기를 꽉 짠 후 5cm 길이로 썬다. 쪽파는 5cm 길이로 썰어둔다.

2 돼지고기는 얇게 채썰어 A로 밑간을 한다.

3 프라이팬에 식용유와 이등분한 붉은 고추를 넣고 가열하다가 ❷를 넣어 볶는다. 죽순, 미나리, 쪽파 순으로 넣어 볶다가 B로
간을 한다. 완성되면 마지막으로 참기름을 둘러서 그릇에 담는다.

110kcal
염분 2.1g

참기름의 고소한 뒷맛이 여운을 남기는

땅두릅 간장볶음

Ingredient

4인분

땅두릅 300g
붉은 고추 1~2개
참기름 2~3큰술
통깨 적당량
| A | **청주** 3큰술, **맛술** 1½큰술, **간장** 1½
큰술, **엷은 맛 간장** 1½큰술

1 땅두릅은 3cm 길이로 가늘게 채썰어 곧바로 식초물에 담근다. 채썰기가 끝나면 식초물을 갈아 약 5분 정도 담갔다가 체에 받쳐 물기를 뺀다.

2 붉은 고추는 미지근한 물에 담가 부드럽게 한 후 꼭지와 씨를 제거하여 작게 썬다.

3 A는 잘 섞어둔다.

4 냄비에 참기름을 두르고 중간 불로 가열하여 땅두릅과 붉은 고추를 넣어 볶아 어느 정도 익으면 ❸을 넣어 강한 불에서 볶은 후 재빨리 바닥이 넓은 그릇 등에 펼쳐서 열기를 뺀다.

5 그릇에 담고 통깨를 위에 살짝 뿌린다.

🌿 땅두릅은 통째로 사용해도 좋고, 다른 요리를 하고 남은 껍질을 사용해서 만들어도 맛있다.

94kcal
염분 0.5g

감자의 아삭함이 살아있는

감자 매실볶음

Ingredient
4인분

감자 2개, **우메보시(큰 것)** 1개(16g), **식용유** 적당량, **통깨** 1작은술
| A | **청주** 1큰술, **간장** ⅔작은술, **참기름** 2작은술

1 감자는 껍질을 벗겨 5mm 두께로 채썰어 물에 30분 정도 담갔다가 물기를 뺀다.
2 우메보시는 씨를 제거하고 가늘게 다져서 A와 섞는다.
3 프라이팬에 식용유를 두르고 가열한 후 감자를 넣어 볶다가 어느 정도 익으면 ❷를 넣어 함께 볶는다.
4 그릇에 담아 통깨를 뿌린다.

🌿 염분이 많은 우메보시를 사용할 때는 간장의 양을 줄이도록 한다. 단맛이 부족할 때는 청주 대신 같은 양의 맛술을 사용한다.

107kcal
염분 0.7g

가지를 바삭하게 구워서 향을 낸

가지 미소볶음

Ingredient
4인분

가지 4~5개, **피망** 3개, **차조기** 5장, **참기름** 2큰술, **산초가루** 조금
| A | **붉은 미소, 설탕, 청주** 1큰술씩, **간장, 참기름** ½작은술씩

1 가지는 꼭지를 떼고 세로로 이등분하여 2cm 두께로 어슷하게 썬 후 3%의 소금물에 5분 정도 담가서 물기를 뺀다.
2 피망은 세로로 이등분하고 꼭지와 씨를 제거하여 가로 2cm 두께로 썬다. 차조기는 세로로 이등분하여 채썬다.
3 A는 잘 섞어둔다.
4 프라이팬을 달궈 참기름을 두르고 가지를 강한 불에서 구운 자국이 나도록 볶다가 피망을 넣어 살짝 더 볶는다.
5 야채를 냄비 한쪽으로 몰아두고 불을 끈 다음 빈 곳에 ❸을 넓게 펴서 냄비의 남은 열로 끓인다.
6 다시 강한 불로 올려 야채에 미소양념을 코팅하듯 볶다가 차조기를 더해 재빨리 버무리듯 볶아서 그릇에 담아 산초가루를 뿌린다.

53kcal
염분 0.7g

간장을 두 번 나눠 넣어 양념이 쏙 밴

피망과 곤약볶음

Ingredient ▬▬▬▬▬▬▬▬ 4인분

피망 3개(120g), **곤약** 1개, **붉은 고추** 2개, **참기름** 1큰술, **간 통깨** 2작은술
| A | **맛술** 1작은술, **간장** 1큰술

1 피망은 세로로 이등분해 꼭지와 씨를 제거하고 길이대로 각각 네 조각으로 자른다.
   곤약은 살짝 데쳐서 3~4cm 크기로 자른다.
2 붉은 고추는 손으로 잘라서 씨를 뺀다.
3 프라이팬에 참기름, ❷를 넣고 가열한 후 ❶의 곤약을 첨가해 약한 불에서 1분 정
   도 볶는다. A의 맛술, 간장을 절반만 넣어 약 40초 동안 볶은 후에 나머지 간장을
   넣어 조금 더 볶아 맛이 배게 한다.
4 ❶의 피망을 넣어 중간 불에서 살짝 볶아 그릇에 담고 간 통깨를 뿌린다.

181kcal
염분 2.0g

담백한 숙주와 면마의 맛이 잘 어우러진

돼지고기 숙주볶음

Ingredient ▬▬▬▬▬▬▬▬ 4인분

숙주 2봉지(500g), **돼지고기(간 것)** 200g, **식용유** 1큰술, **마늘** 1개, **면마(양념된
것)** *120g
| A | **녹말가루** 1큰술, **청주** 2큰술
| B | **간장** 1작은술, **소금** 1작은술, **후추** 약간
＊중국산 마죽(麻竹)의 죽순을 데쳐서 발효시킨 다음, 건조시키거나 염장한 식품-옮긴이

1 숙주는 뿌리를 정리한다. 마늘은 곱게 다지고, 간 돼지고기에 A를 뿌려 젓가락으로
   섞는다.
2 프라이팬에 식용유를 두르고 마늘을 볶아 충분히 향이 나면 ❶의 돼지고기를 넣어
   볶는다.
3 면마, 숙주를 넣어 강한 불에서 볶는다. B를 순서대로 넣어 재빨리 볶아 그릇에 담
   아낸다.

명란젓의 염분으로 당근의 단맛을 증대시킨

명란젓 당근볶음

75kcal
염분 1.0g

Ingredient ━━━━━━━━━━ 4인분

당근(작은 것) 2개(300g), **명란젓** ½개(50g), **식용유** 1큰술, **청주** ½큰술, **간장** ½작은술, **소금** 약간

1 당근은 껍질을 벗기고 두껍게 채썬다.
2 명란젓은 얇은 막에 칼집을 내어 알만 꺼내둔다.
3 프라이팬에 식용유를 두르고 중간 불에서 당근을 볶는다. 숨이 죽으면 명란젓을 넣어 알을 풀어주며 볶는다.
4 명란젓이 어느 정도 익으면 청주를 붓고, 간장, 소금을 넣어 함께 볶는다.

봄의 향기를 만끽할 수 있는

머위와 실곤약 간장볶음

60kcal
염분 1.4g

Ingredient ━━━━━━━━━━ 4인분

머위대(삶은 것) 3줄기(300g), **머위잎** 1장(50g), **실곤약** 1봉지(100g), **참기름** 1큰술, **붉은 고추** 1개
| A | **설탕** 1½큰술, **청주** ½큰술, **간장** 2큰술

1 머위대는 껍질을 벗겨 4cm 길이로 자른다. 잎은 약간의 소금을 넣은 물에 삶아 1시간 정도 물에 담가두었다가 거칠게 다진다.
2 실곤약은 끓는 물에 살짝 데쳐 먹기 좋은 길이로 자른다.
3 프라이팬에 참기름을 두르고 이등분한 붉은 고추를 넣어 볶다가 향이 나면 중간 불에서 ❶, ❷를 볶고, A로 간을 하여 그릇에 담는다.

칼슘이 풍부한
파프리카와 잔멸치볶음

●
45kcal
염분 0.8g

Ingredient
4인분

파프리카 1개(200g)
잔멸치 20g
참기름 2작은술
간장 2작은술
맛술 2작은술
통깨 약간

1 파프리카는 씨와 속을 제거하고 가로로 가늘게 채썬다.
2 프라이팬에 참기름을 두르고 중간 불로 가열하여 파프리카와 잔멸치를 볶는다.
3 숨이 죽으면 간장, 맛술을 넣고 국물이 없어질 때까지 볶아 통깨를 뿌린다.

90kcal
염분 0.7g

차조기를 손으로 찢어 넣어 향이 더 진한
참마와 표고버섯볶음

1 참마는 껍질째 잘 씻어서 1cm 두께로 반달썰기하고 표고버섯은 기둥을 잘라 4등분한다.
2 프라이팬에 참기름을 두르고 가열하여 ❶의 참마를 노릇하게 굽는다.
3 표고버섯을 넣어 볶다가 A를 넣어 수분을 날리듯 볶아서 그릇에 담는다.
4 위에 차조기를 손으로 작게 찢어서 뿌린다.

Ingredient
4인분

참마 300g
생표고버섯 4개
참기름 1큰술
차조기 5~6장
| A | **치킨분말** 1½작은술, **청주** 2큰술, **소
금** 약간, **후추** 약간

176

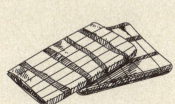

튀김

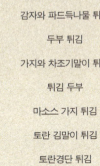

양배추와 잔멸치 튀김

감자와 파드득나물 튀김

두부 튀김

가지와 차조기말이 튀김

튀김 두부

마소스 가지 튀김

토란 김말이 튀김

토란경단 튀김

236kcal
염분 0.6g

양배추 겉잎과 심까지 다 먹는

양배추와 잔멸치 튀김

1 양배추는 5mm 폭의 먹기 좋은 크기로 썰어 볼에 넣고 잔멸치와 섞은 후 밀가루를 뿌려서 섞어준다.
2 A를 대충 섞은 후 ❶을 넣어 버무린다.
3 프라이팬에 기름을 2cm 깊이로 붓고 180℃로 가열하다 ❷의 반죽을 적당한 크기로 넣어 양면을 3~4분 정도씩 튀긴다.
4 기름을 빼고 그릇에 담아 B를 잘 섞은 카레소금을 곁들여 뜨거울 때 뿌려 먹는다.

Ingredient
4인분

양배추 3~4장
잔멸치 3큰술(15g)
밀가루 3큰술
튀김기름 적당량
| A | **밀가루** ⅔컵, **녹말가루** 2큰술, **찬물** ½컵
| B | **소금** 적당량, **카레가루** 적당량

367kcal
염분 0.1g

갓 튀겨낸 폭신폭신한 맛이 일품인

감자와 파드득나물 튀김

Ingredient
4인분

감자(큰 것) 2개(300g)
파드득나물 1단(80g)
말린 새우 8g
밀가루 1큰술
튀김기름 적당량
소금(취향대로) 적당량
| A | **밀가루** ½컵, **달걀** 1개, **찬물(달걀과 합해서)** ¾컵 분량

1. 감자는 껍질을 벗겨 두껍게 채썰고, 파드득나물은 큼직하게 썰어 볼에 넣고 말린 새우를 넣은 다음 밀가루를 뿌려 전체적으로 잘 섞어준다.

2. A를 밀가루가 보이지 않을 정도만 살짝 섞어서 ❶에 부어준다.

3. 튀김기름을 중간 온도(170℃)로 가열하여 ❷를 나무주걱 등으로 떠넣고 2분 정도 튀긴다. 튀김이 위로 떠오르면 뒤집어서 반대쪽도 튀긴 후 다시 뒤집어서 20초 정도 두었다가 건져낸다. 기름을 빼고 그릇에 담되 취향에 따라 소금을 곁들인다.

🌿 튀김옷에 군데군데 구멍을 내면 튀김이 바삭해진다.

식물성 단백질이 풍부한

두부 튀김

247kcal
염분 0.8g

Ingredient ■■■■■■■■■■■■■■■■■■■■■■■■■ 4인분

삶은 두부 ⅔컵, **생표고버섯** 2개, **당근** 4cm, **소송채** 2송이, **녹말가루** 적당량, **튀김기름** 적당량
| A | **달걀물(달걀** 1개 + **물)** ⅔컵, **밀가루** ⅔컵
| B | **녹차가루(있으면)** 적당량, **소금** 적당량

1 삶은 두부는 도마에 올려 손바닥으로 눌러서 가볍게 으깬다.
2 표고버섯은 기둥을 떼어 얇게 썰고, 당근은 반달모양으로 얇게 썰어둔다. 소송채는 4cm 길이로 썬 다음 각 재료에 녹말가루를 뿌린다.
3 볼에 A를 넣어 살짝 섞고 ❶, ❷를 넣어 섞는다.
4 튀김기름을 165℃로 하여 ❸을 숟가락으로 떠서 기름에 넣어 바삭하게 튀긴다.
5 기름을 뺀 후 그릇에 담아내고, B를 잘 섞은 녹차소금을 곁들인다.

차조기의 향을 즐길 수 있는 야채 튀김

가지와
차조기말이 튀김

105kcal
염분 1.3g

Ingredient ■■■■■■■■■■■■■■■■■■■■■■■■■ 4인분

가지 3개, **차조기** 12장, **녹말가루** 적당량, **튀김기름** 적당량, **폰즈간장** 4큰술
| A | **밀가루** 2큰술, **물** 2큰술

1 가지는 꼭지를 떼고 세로로 4등분한다.
2 A를 잘 섞어 차조기의 표면에 묻혀서 ❶의 가지를 감싼 후 전체적으로 녹말가루를 입힌다.
3 튀김기름을 175~180℃로 가열하여 ❷의 가지가 부드러워지고 튀김옷이 바삭해질 때까지 2~3분 정도 튀긴다.
4 ❸을 그릇에 담아 폰즈간장을 곁들인다.

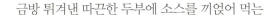

금방 튀겨낸 따끈한 두부에 소스를 끼얹어 먹는

튀김 두부

229kcal
염분 2.2g

Ingredient ▬▬▬▬▬ 4인분

두부(부침용) 2모, **풋고추** 8개, **튀김기름** 적당량, **겨자 페이스트** 적당량
| A | **청주** 2큰술, **맛술** 2큰술, **다시 육수** 1컵, **간장** ¼컵
| B | **녹말가루** 1큰술, **물** 2큰술

1 두부는 한 모를 4등분하여 키친타월로 감싸 잠시 두어 물기를 뺀다.
2 풋고추는 뾰족한 것으로 찔러서 몇 군데 구멍을 낸다.
3 냄비에 A의 청주와 맛술을 함께 넣어 끓이다가 다시 육수를 넣어 끓기 시작하면 간장을 넣고 불을 끈다.
4 기름을 고온(180℃)으로 가열하여 고추를 넣어 살짝 튀긴다. 이어서 두부를 넣어 전체적으로 연한 갈색이 될 때까지 튀겨낸 후 기름을 뺀다.
5 ❸의 소스가 바글바글 끓으면 B의 물에 갠 녹말가루를 넣어 적당한 농도가 될 때까지 잘 저어준다.
6 그릇에 두부와 풋고추를 담고, ❺의 소스를 뿌린 후 겨자를 올린다.

차게 해서 먹으면 더 맛있는

마소스 가지 튀김

147kcal
염분 1.4g

Ingredient ▬▬▬▬▬ 4인분

가지 4개(320g), **참마** 200g, **튀김기름** 적당량, **소금** ¼작은술, **와사비(간 것)** 적당량
| A | **맛술** 1⅓큰술, **다시 육수** ½컵, **간장** 1⅓큰술

1 냄비에 A의 맛술을 넣어 끓이다가 다시 육수와 간장을 넣어 한소끔 끓인다.
2 가지는 꼭지를 떼고 세로로 이등분한 다음 껍질에 비스듬히 칼집을 넣는다.
3 튀김기름을 170℃로 가열한 후 가지의 껍질이 아래쪽으로 가게 하여 튀겨낸 후 키친타월로 가볍게 감싸 기름을 뺀다.
4 ❶에 ❸을 넣어 한 번씩 아래위로 뒤집어주면서 식히다가 냉장고에 넣어 차갑게 한다.
5 참마는 껍질을 벗겨 식초물에 담가서 끈끈한 점액을 제거한 후 갈아서 소금을 섞어 준다.
6 그릇에 ❹를 담아 ❺를 붓고 그 위에 와사비를 올린다.

169kcal
염분 0.3g

갓 튀겨낸 쫄깃쫄깃한 식감에 자꾸 손이 가는
토란 김말이 튀김

Ingredient ──────────────────────────────── **4인분**

토란 400g, **쪽파** 2~3뿌리, **말린 새우** 10g, **구운 김(9×4cm)** 20장, **소금** 한 꼬집,
튀김기름 적당량

1 쪽파는 곱게 썰고 말린 새우는 프라이팬에 살짝 볶는다.
2 토란은 껍질을 벗기고 갈아서 ❶, 소금을 넣어 섞는다.
3 김 위에 ❷를 숟가락에 가득 떠서 올려 감싸준다.
4 튀김기름을 중간 온도(170℃)로 가열하여 ❸을 넣고 뒤집어주면서 3~4분 정도
  튀겨 그릇에 담는다.

149kcal
염분 0.8g

목 넘김이 좋은 버섯소스를 올린
토란경단 튀김

Ingredient ──────────────────────────────── **4인분**

토란 300g, **나메코 버섯** ½팩(50g), **간 무** 약 ⅔컵, **튀김기름** 적당량, **생강(간 것)** 1개
분량(15g), **쪽파(잘게 송송 썬 것)** 2뿌리 분량
| A | **다시 육수** 1½컵, **간장** 1큰술, **맛술** 2큰술, **소금** 약간

1 토란은 껍질을 벗기고 갈아서 젓가락으로 잘 섞어 부드럽게 만든다.
2 튀김기름을 170℃로 가열한 후 ❶을 큰 한입 크기로 떼어내어 넣는다. 기름 위로
  떠오르면 색이 날 때까지 튀긴다.
3 나메코는 물에 깨끗이 씻는다. 간 무는 가볍게 물기를 뺀다.
4 냄비에 A를 모두 넣고 불에 올려 끓기 시작하면 ❸과 생강을 넣어 한소끔 더 끓여
  불을 끈다.
5 그릇에 ❷를 담고 ❹를 끼얹은 후 쪽파를 올린다.

절임

피망과 숙주 절임

아스파라거스 다시마 절임

미끌미끌한 신선초 절임

국화와 만가닥버섯과 유부 절임

45kcal
염분 2.1g

Ingredient

4인분

피망 5개(150g)
숙주 ⅔봉지(100g)
감자(작은 것) 1개(100g)
가다랑어포 1팩(5g)
| A | **다시 육수** 2¼컵, **엷은 맛 간장** 2⅔
큰술, **청주** 2큰술, **맛술** 2작은술

감자를 더해 식감을 살린

피망과 숙주 절임

1 냄비에 A를 모두 넣어 팔팔 끓인 후 가다랑어포를 넣는다. 불을 끄고 그 상태에서 10초 정도 그대로 두었다가 볼에 옮겨 식힌다.

2 피망은 세로로 이등분한 다음 꼭지와 씨를 빼서 세로로 채썬다. 감자는 껍질을 벗겨 4cm 길이로 채썰어 물에 살짝 씻는다. 숙주는 뿌리를 떼낸다.

3 물을 팔팔 끓여 피망과 숙주를 20초 정도 삶아 건져내어 물기를 뺀다(뜨거운 물은 그대로 남겨 둔다).

4 ❸의 끓는 물에 감자를 넣어 1분 정도 삶은 후 차가운 물에 담갔다가 물기를 뺀다.

5 ❶에 ❸, ❹를 넣어 2시간 정도 재워서 맛이 배도록 한다.

11kcal
염분 1.5g

다시마로 감싸서 감칠맛을 낸
아스파라거스 다시마 절임

Ingredient ━━━━━━━━━━━━━━ 4인분

아스파라거스 2단(200g), **다시마(20cm 길이)** 2장, **소금** 1작은술

1 다시마는 물기를 꽉 짠 행주로 표면을 닦는다.
2 아스파라거스는 아래쪽 딱딱한 부분의 껍질을 벗겨 끓는 물에 30초 정도 삶아 찬 물에 담근다.
3 ❷의 아스파라거스는 물기를 빼고 소금을 뿌린 다음 다시마 위에 나란히 올리고 그 위에 다시 다시마를 덮어 랩으로 단단히 싼 후 냉장고에서 식혀 맛이 배도록 한다.
4 2시간 정도 재워서 맛이 충분히 배면 먹기 좋은 크기로 썬다.

22kcal
염분 0.4g

점성이 있는 식재료를 조합한
미끌미끌한 신선초 절임

Ingredient ━━━━━━━━━━━━━━ 4인분

신선초 1단(200g)
| A | **미역귀** 1팩(60g), **뱅어포** 1큰술, **간장** ½작은술, **와사비 페이스트** ¼작은술

1 신선초는 약간의 소금을 넣어 끓인 물에 살짝 데친 후 차가운 물에 담갔다가 물기를 꼭 짜서 2cm 길이로 썬다.
2 볼에 ❶의 신선초와 A를 넣고 점성이 생기도록 잘 섞어준다.

185

가을 재료의 조합으로 계절을 담은

국화와 만가닥버섯과 유부 절임

Ingredient
4인분

식용 국화 1팩
만가닥버섯 ½팩(100g)
유부 ½장
다시 육수 1컵
엷은 맛 간장 ½큰술

1 국화는 꽃잎만 따둔다. 냄비에 물과 약간의 식초를 넣어 팔팔 끓어오르면 국화를 넣고 살짝 삶아 차가운 물에 담갔다가 물기를 빼서 꼭 짠다. 만가닥버섯은 밑동을 잘라 갈라두고 약간의 소금을 넣은 물에 살짝 데친다.
2 유부는 석쇠나 오븐토스터에서 색이 날 때까지 구워 채썬다.
3 다시 육수에 엷은 맛 간장을 넣어 한소끔 끓인 후 식혀서 국화, 만가닥버섯, 유부를 함께 넣어 담아낸다.

샐러드

고구마와 비지 샐러드

토란과 대파 샐러드

삶은 양배추 매실 샐러드

무채 매실 샐러드

🔴
189kcal
염분 0.5g

완두콩의 식감과 건포도의 단맛이 포인트를 주는
고구마와 비지 샐러드

Ingredient
4인분

고구마(작은 것) 1개(250g)
비지 80g
완두콩(꼬투리째) 100g
건포도 30g
| A | **마요네즈** 80g, **다시 육수** 1큰술, **소
금**, **후추** 약간씩

1 비지는 프라이팬에 볶으며 수분을 날려준다. 완두콩은 약간의 소금을 넣은 물에 삶아 꼬투리를 까고 완두콩만 뺀다. 건포도
  는 물에 담가 불린 후 물기를 뺀다.

2 고구마는 껍질째 20~25분 정도 찐다. 여열을 뺀 후 작게 깍둑썰기한다.

3 볼에 ❶, ❷를 담고 A를 넣어 버무린다.

154kcal
염분 0.5g

튀긴 대파 향으로 고급스러운 느낌을 낸

토란과 대파 샐러드

1 대파는 곱게 썰어 대파가 잠길 정도의 기름에서 바삭하게 튀겨낸 후 기름을 뺀다.

2 토란은 껍질을 벗겨 부드러워질 때까지 삶은 다음 거칠게 으깨면서 A와 버무린다.

3 그릇에 ❷를 담아 ❶과 무순을 먹기 좋은 크기로 잘라서 올린다. 먹을 때 재료를 잘 섞어준다.

Ingredient

4인분

토란(작은 것) 8개(400g)

대파 ½대(60g)

무순 적당량

튀김기름 적당량

| A | **마요네즈** 4큰술, **유자 후추** ⅓작은
술, **엷은 맛 간장** ⅓작은술

112kcal
염분 1.6g

식초를 싫어하는 사람을 위해 매실로 산미를 더한

삶은 양배추 매실 샐러드

Ingredient
4인분

양배추 6장(300g), **쑥갓** ⅓단(100g), **대파(흰 부분)** ⅓대(60g), **유부** 1장, **우메보시** 1~2개, **가다랑어포** 1팩(5g), **참기름** 1큰술
| A | **벌꿀** 1큰술, **간장** 2~2½큰술, **물** 2~2½큰술

1 양배추는 끓는 물에 살짝 데친 후 넓게 펴서 식힌다. 쑥갓도 끓는 물에 데쳐서 찬물에 담갔다가 물기를 꼭 짠다. 각각 먹기 좋은 크기로 썬다.
2 대파는 3~4cm 길이로 가늘게 채썰어 물에 담갔다가 물기를 빼준다.
3 유부는 석쇠에 올려 바삭하게 구워 채썬다.
4 우메보시는 씨를 제거하여 다진다. 볼에 A를 넣어 섞어준다.
5 가다랑어포는 기름기 없는 프라이팬에 살짝 볶아 식힌 후 손으로 작게 부셔 ❹와 섞은 다음 참기름을 넣어 골고루 섞어준다.
6 그릇에 ❶, ❸을 담고 ❷를 올린 후 ❺를 뿌린다.

🌿 우메보시의 염분과 산미에 따라 A의 조미료 양을 조절한다.

25kcal
염분 0.6g

아삭아삭한 식감이 재미있는

무채 매실 샐러드

Ingredient
4인분

무 ⅓개(400g), **우메보시(큰 것)** 1개, **식초** 3큰술, **설탕** 1작은술, **구운 김** ¼장

1 무는 껍질을 벗겨 세로 4cm 길이로 채썬다.
2 우메보시는 씨를 제거하고 가볍게 다진다. 큼직한 볼에 우메보시, 식초, 설탕을 넣어 잘 섞어준다.
3 ❷에 무를 넣어 버무려 그릇에 담는다. 김을 작게 찢어 올린다.

무침

당근과 브로콜리 두부 무침

팽이버섯과 미역 무침

브로콜리와 참마 멸치 무침

참치 쪽파 무침

시금치 통깨 무침

우엉 깨 무침

미역귀 낫토 무침

오이와 명주다시마 무침

가지찜과 누에콩 무침

콜리플라워 노른자 무침

두 가지 야채로 만드는 간단한 두부 무침

당근과 브로콜리 두부 무침

Ingredient

4인분

두부(부침용 두부로 큰 것) 1모(400g)

당근 ⅔개(120g)

브로콜리 1개(250g)

통깨 4큰술

설탕 2큰술

소금 1작은술

다시 육수 2~3큰술

| **A** | **설탕** 1큰술, **간장** 2작은술, **다시 육수** 1컵

1 두부는 키친타월로 싸서 40분 정도 누름돌로 눌러 수분을 완전히 뺀다.

2 당근은 껍질을 벗겨 3cm 길이로 채썬다. 브로콜리는 꽃송이별로 나누어 끓는 물에 데친다.

3 냄비에 A를 모두 넣고 삶다가 당근이 부드러워지면 브로콜리를 넣어 살짝 익히고 체에 건져서 식힌다.

4 절구에 통깨를 넣어 찧은 다음 ❶의 두부를 넣어 부드러워질 때까지 잘 섞는다. 설탕과 소금을 넣고 뻑뻑하다 싶으면 육수를 넣어 섞는다. ❸을 넣어 잘 버무려 그릇에 담아 낸다.

26kcal
염분 0.6g

Ingredient

4인분

미역(염장) 20g
팽이버섯 1봉지(100g)
무 ⅙개(250g)
말린 새우 5g
| A | **청주** 1큰술, **소금** 약간
| B | **식초** 1½큰술, **간장(있으면 얇은 맛 간장)** 1작은술, **설탕** ½작은술

매끈한 식감 때문에 먹기 편한

팽이버섯과 미역 무침

1 미역은 물에 담가서 충분히 불린 후 2~3cm 크기로 썰어 물기를 꼭 짠다.

2 팽이버섯은 밑동을 잘라내고 길이를 3등분하여 냄비에 넣은 후 A를 뿌려 뚜껑을 닫고 약한 불에서 3분 정도 찌듯이 익혀 체에 올린다.

3 무는 껍질을 벗기고 갈아서 체 등에 올려 적당히 물기를 뺀다.

4 볼에 B와 간 무를 넣고 섞다가 ❶, ❷, 말린 새우를 넣어 버무린 다음 그릇에 담는다.

참마의 식감을 즐길 수 있게 거칠게 다져 넣은

브로콜리와 참마 멸치 무침

Ingredient

4인분

브로콜리(작은 것) 1개(200g)
참마 10cm(200g)
말린 잔멸치 30g
| A | **간장** 2작은술, **맛술** 1작은술

1 브로콜리는 꽃송이대로 나누어서 약간의 소금을 넣은 물에 삶아 체에 밭친다. 크면 적당한 크기로 자른다.

2 참마는 4~5cm 크기로 썰어 껍질을 벗긴 다음, 세로로 이등분하여 약간의 식초를 넣은 물에 10분 정도 담근다. 물에 헹군 후 물기를 제거하여 위생백에 넣는다. 봉지 입구를 열어둔 상태에서 방망이로 두드려 살짝 알갱이가 씹히는 정도로 만든다.

3 볼에 ❶, ❷, 잔멸치를 넣고 A를 넣어 버무려 그릇에 담는다. 취향에 따라 약간의 간장을 뿌려도 좋다.

129kcal
염분 2.0g

Ingredient

4인분

쪽파 1단
참치(깍둑썰기) 300g
간장 1작은술
식초 ½작은술
| A | **미소** 3큰술, **설탕** 1작은술, **맛술** 1큰
술, **식초** 1큰술, **겨자 페이스트** ½~1작은술

각 재료마다 밑간을 한 후에 버무리는 것이 핵심이다

참치 쪽파 무침

1 쪽파는 냄비에 들어갈 수 있는 길이로 자르고 넉넉한 양의 끓는 물에 뿌리부터 넣어 적당히 익으면 체에 올린 후 넓게 펴서
   식힌다.
2 쪽파를 3cm 길이로 썰어 간장으로 밑간한다.
3 참치는 키친타월에 올려서 여분의 수분을 제거하고 식초에 버무려 밑간을 한다.
4 볼에 A의 미소양념 재료를 모두 넣어 잘 섞어주고 먹기 직전에 참치와 쪽파 순으로 넣어 살짝 버무려 그릇에 담는다.

🌿 쪽파는 물에 담그면 잎의 빈 부분에 물이 차므로 체에 건져서 식힌다.

86kcal
염분 1.0g

시금치를 줄기부터 넣어 아삭하게 삶아낸

시금치 통깨 무침

Ingredient ━━━━━━━━━━━━━━━━━━ **4인분**

시금치 1단(300g), **간장** ½큰술, **다시 육수** 적당량
| A | **통깨** 4큰술, **설탕** 1½큰술, **간장** 1큰술

1 시금치는 넉넉한 양의 끓는 물에 넣어 아삭하게 데쳐서 찬물에 담근다. 물기를 가볍게 짜서 간장에 버무린 후 다시 물기를 짜내고 3~4cm 길이로 썬다.
2 볼에 A를 넣어 잘 섞은 후 다시 육수로 수분을 조절하면서 무침양념을 만든 후 시금치를 넣어 무친다.

130kcal
염분 0.7g

우엉을 방망이 등으로 두드리면 양념이 더욱 잘 밴다

우엉 깨 무침

Ingredient ━━━━━━━━━━━━━━━━━━ **4인분**

우엉 2개(250g), **식초** 1큰술
| A | **통깨** 5큰술, **설탕** 2큰술, **식초** 2큰술, **간장** 1큰술, **다시 육수** 2~3작은술, **소금** 약간

1 우엉은 잘 씻어서 방망이 등으로 두드린 후 4~5cm 길이로 잘라 세로로 2~4등분하고 물에 담가서 쓴맛을 뺀다.
2 끓는 물에 식초를 넣고 우엉이 부드러워질 때까지 삶는다.
3 볼에 A를 모두 넣어 무침양념을 만든 다음 우엉의 물기를 뺀 후 한데 섞어준다.

70kcal
염분 0.5g

끈적끈적한 식감 때문에 아침식사로도 좋은

미역귀 낫토 무침

Ingredient

4인분

미역귀 2팩(100g)
낫토(소스가 붙은 것) 2팩
참마 100g
와사비 페이스트 약간

1　낫토는 같이 들어 있는 소스를 넣어 잘 섞는다.
2　참마는 껍질을 벗겨 칼로 작게 다진다.
3　❶.❷와 미역귀를 잘 섞어 그릇에 담고 와사비를 올린다.

●
15kcal
염분 0.9g

Ingredient ▬▬▬▬
4인분

오이 2개
명주다시마 적당량
붉은 고추 ½개
간장 1큰술

먹기 직전에 무치면 더 맛있는
오이와 명주다시마 무침

1 오이는 양끝을 잘라내고 방망이 등으로 살짝 두드려준 다음 썬다. 붉은 고추는 곱게 썰어둔다.

2 오이를 간장으로 버무린 다음 썰어둔 붉은 고추를 넣어 냉장고에서 10분 정도 차갑게 한다.

3 먹기 직전에 ❷에 적당한 크기로 뜯어둔 명주다시마를 넣고 잘 섞어 그릇에 담는다.

Ingredient
4인분

가지 4개(320g)
누에콩 6~7꼬투리(100g)
| **A** | **설탕** 1큰술, **소금** 약간, **엷은 맛 간장**
1작은술, **다시 육수** 1큰술

으깬 누에콩의 향이 구수한

가지찜과 누에콩 무침

1 가지는 꼭지를 떼고 세로로 이등분하여 반달썰기하고, 내열그릇에 담아 랩을 씌운 후 전자레인지(500W)에서 5분 동안 익힌 다음 식힌다.

2 누에콩은 꼬투리를 까서 뜨거운 물에 푹 익힌 후 얇은 껍질을 제거한다.

3 절구에 ❷의 누에콩을 넣어 거칠게 으깨고 A를 넣어 간을 한 후 ❶의 가지를 버무려 그릇에 담는다.

119kcal
염분 0.8g

Ingredient ━━━━━
4인분

콜리플라워 1개(300g)
삶은 달걀 3개
소금 약간
| A | **식초** 2큰술, **설탕** 1큰술, **통깨** 1큰
술, **간장** ½큰술, **겨자 페이스트** ½작은술

삶은 달걀 노른자로 만든 무침양념이 환상적인

콜리플라워 노른자 무침

1 콜리플라워는 먹기 좋은 크기로 썰어 끓는 물에 30~40초 동안 데친 후 체에 밭쳐 소금을 뿌리고 식혀서 수분을 뺀다.
2 삶은 달걀은 껍질을 까서 노른자와 흰자로 분리한다. 노른자는 볼에 담아 A를 넣어 부드러운 상태가 될 때까지 으깨어 무침
  양념을 만든다. 흰자는 거칠게 다진다.
3 ❷의 볼에 달걀 흰자와 ❶의 콜리플라워를 넣어 버무린다.

초무침

여주 생강 초무침

오이 장어 초무침

피망과 잔멸치 초무침

톳과 어묵 초무침

오쿠라와 참마 모즈쿠 초무침

연근과 명주다시마 초무침

잔멸치의 짭짤한 맛과 향이 맛의 비결이다

여주 생강 초무침

72kcal
염분 1.3g

Ingredient
4인분

여주 1개
양파 1개
잔멸치 20g
생강(다진 것) 1개 분량(10g)
식용유 1큰술
| A | **간장** 1½큰술, **식초** 1큰술, **물** 1큰술

1 여주는 세로로 이등분하여 씨와 속을 제거하고 가로로 얇게 썬다. 양파는 결대로 얇게 썬다.
2 냄비에 물이 팔팔 끓으면 약간의 소금을 넣어 여주와 양파를 1분 정도 삶아 체에 밭쳐 물기를 뺀다.
3 작은 프라이팬에 식용유를 둘러 달군 다음 생강을 넣어 볶다가 잔멸치도 함께 볶아준다. 바삭해지면 A를 넣어 한소끔 끓인 후 불을 끈다.
4 볼에 ❷, ❸을 넣어 버무린다.

여름철 입맛 없을 때 좋은

오이 장어 초무침

78kcal
염분 1.4g

Ingredient
4인분

오이 3개, **차조기** 10장, **장어 꼬치구이(작은 것)** 1꼬치
| A | **물** 3컵, **소금** 1큰술
| B | **식초** 2큰술, **설탕** ½큰술

1 오이는 얇게 한입 크기로 썰어 A의 소금물에 10~15분 정도 담갔다가 가볍게 물기를 짠다. 차조기는 채썬다.
2 장어는 꼬치를 빼고 오븐토스터에 살짝 구워 여열이 빠지면 7~8mm로 썬다.
3 볼에 B를 넣어 양념초를 만들고 ❶의 오이를 넣어 무친다. 여기에 장어를 넣어 살짝 버무린 다음 그릇에 담고 차조기를 위에 올린다.

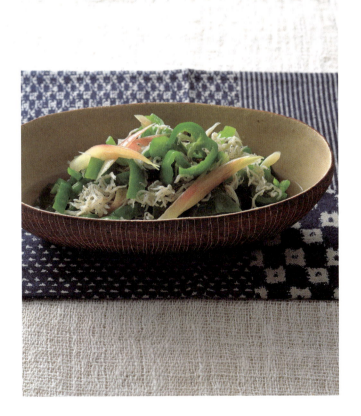

냉장고에 있으면 든든한

피망과 잔멸치 초무침

18kcal
염분 0.5g

Ingredient
4인분

피망 3개(120g), **양하** 2개, **잔멸치** 3큰술
| A | **다시 육수** ½컵, **식초** 1큰술, **간장** 1작은술

1 피망은 세로로 이등분하여 꼭지와 씨를 제거하고 5mm 두께로 썰고, 양하는 세로로 채썬다. 피망과 양하 모두 약간의 소금을 넣은 끓는 물에 살짝 데친 후 물기를 뺀다.
2 볼에 A를 잘 섞어두고 ❶이 뜨거울 때 넣어서 잔멸치와 함께 잘 섞어준다. 30분 정도 두어 맛이 배면 그릇에 담는다.

🌿 냉장고에서 2~3일 정도 보관할 수 있다.

41kcal
염분 0.5g

Ingredient

4인분

톳(건조된 것) 15g
원통형 어묵 1개
완두콩(꼬투리째) 100g
대파 5cm(10g)
| A | **식초** 3큰술, **간장** ½큰술, **설탕** ½큰술

산뜻한 맛의 톳을 즐길 수 있는

톳과 어묵 초무침

1 톳은 잘 씻어서 넉넉한 물에 담가 불린다. 물기를 제거하고 끓는 물에 살짝 데쳐 체에 받쳐서 남은 여열을 뺀다. 완두콩도 삶은 다음 꼬투리에서 콩을 빼낸다.

2 원통형 어묵은 끓는 물에 살짝 데쳐 얇게 썰고, 대파는 곱게 다진다.

3 볼에 A를 모두 넣어 섞고 ❶, ❷를 넣어 버무린다.

●
58kcal
염분 0.4g

모즈쿠 식초 하나만으로 간을 하여 더 간편한

오쿠라와 참마 모즈쿠 초무침

Ingredient

4인분

오쿠라 4개
참마 300g
모즈쿠(큰실말 해초류-옮긴이) **초절임(시**
판) 2팩(100g)
생강(간 것) ⅓작은술

1 오쿠라는 약간의 소금을 넣은 물에 삶아서 5mm 두께로 썬다.
2 참마는 껍질을 벗겨 위생백에 넣은 후 방망이로 두드려서 대충 부순다.
3 그릇에 ❶, ❷, 모즈쿠 초절임을 한데 담고 생강을 올린다.

59kcal
염분 0.3g

Ingredient
4인분

연근 150g
명주다시마 2팩(70~80g)
| A | **맛술** 약 2큰술, **설탕** ⅔큰술, **식초** 3
큰술, **간장** 1작은술

얇게 저민 연근에 명주다시마가 어우러진

연근과 명주다시마 초무침

1 연근은 껍질을 벗겨 2~3mm 두께로 반달썰기하여 식초물에 담가둔다. 그런 다음 끓는 물에 살짝 데쳐서 체에 받쳐 물기를 뺀다.

2 A의 맛술을 랩을 씌우지 않은 상태에서 전자레인지(600W)에 20초 동안 익혀 다른 조미료와 함께 볼에 넣어 버무린다.

3 먹기 직전에 ❶의 연근과 명주다시마를 ❷에 넣어 버무려 그릇에 담는다.

밑반찬

무말랭이찜

비지

호두 까나리조림

타래모양 곤약과 우엉조림

단호박 미소조림

고구마 레몬찜

달콤한 강낭콩찜

껍질강낭콩조림

다시마와 당근 매실찜

고추를 넣은 간편 미소

순무 국화

벌꿀 유자양념 배추

일본풍 피클

양하 초절임

유자와 무 초절임

당근과 잔멸치 절임

참마 와사비간장 절임

무와 당근 초절임

오이 다시마차 절임

양하와 오쿠라 초절임

● 412kcal
염분 8.3g(총량)

평범한 밑반찬에 곤약을 추가한

무말랭이찜

Ingredient
만들기 적당한 분량

무말랭이 40g

곤약 ¼개(70g)

당근(큰 것) ¼개(50g)

유부 1장

말린 새우 15g

다시 육수 2½컵

| A | **엷은 맛 간장** 2큰술, **설탕** 2큰술, **맛술** ½큰술, **간장** ½큰술

1 볼에 무말랭이를 넣고 뜨거운 물을 부어 불린 다음 물기를 뺀다.

2 당근은 껍질을 벗기고, 곤약과 함께 2cm 길이로 사각기둥 썰기를 한다. 곤약은 살짝 데쳐두고 유부는 뜨거운 물을 끼얹어 기름기를 뺀 다음 같은 방법으로 썬다.

3 냄비에 ❶의 무말랭이, ❷, 다시 육수를 넣어 5분 정도 재워둔 후에 강한 불에 끓인다. 끓기 시작하면 거품을 걷어내고 A를 넣어 뚜껑을 덮은 후 중간 불에서 12분 정도 조린다.

4 조림국물이 자작해지면 말린 새우를 넣어 조리면서 국물이 거의 사라질 때까지 끓인다.

125kcal
염분 1.6g

오래 두고 먹는 밑반찬은 조금 간을 강하게 한다

비지

Ingredient
6인분

비지 200g, **바지락(해감한 것)** 400g, **당근**
⅙개(30g), **삶은 죽순** ⅓개(30g), **우엉** ⅙
개(30g), **생표고버섯** 4개(60g), **곤약** ⅛개
(30g), **대파** ½대(50g), **유부** ½장, **달걀(푼**
것) 1개 분량, **참기름** 2큰술
| A | **간장(있으면 엷은 맛 간장)** 2큰술,
설탕 1큰술, **청주** 1큰술

1 냄비에 바지락과 물 2컵을 넣어 중간 불에 끓인다. 바지락이 입을 벌리면 볼에 체를 얹어 국물과 바지락을 분리한다. 바지락
은 살만 발라둔다.

2 당근은 껍질을 벗겨 죽순과 함께 거칠게 다진다. 우엉은 껍질을 긁어내고 어슷썰기하여 물에 담갔다가 물기를 뺀다. 표고버
섯은 밑동을 떼서 얇게 썰어두고 곤약은 사각기둥 썰기하여 끓는 물에 데쳐둔다.

3 대파는 곱게 다진다. 유부는 뜨거운 물을 부어 기름기를 빼고 거칠게 다진다.

4 냄비에 참기름을 두르고 중간 불에서 ❷를 볶는다. 야채가 투명해지면 비지를 넣어 살짝 볶다가 ❶의 바지락 국물을 넣어
끓인다.

5 A를 넣어 조리다가 국자로 저어주면서 골고루 간이 배게 한다. 조림국물이 거의 없어지면 바지락과 ❸을 넣어 섞는다. 대파
가 어느 정도 익으면 달걀 푼 것을 둘러 섞어준다.

1755kcal
염분 18.3g(총량)

벌꿀로 부드러운 맛과 윤기를 준
호두 까나리조림

Ingredient ▬▬▬▬▬▬ 만들기 적당한 분량

까나리(건조) 150g, **생호두** 150g, **벌꿀** 1½큰술
| A | **설탕** 5큰술, **맛술** ¾컵, **청주** ¾컵, **간장** ½컵

1 까나리는 15분 정도 물에 담가서 염분을 빼고 물기를 뺀다.
2 프라이팬에 ❶의 까나리를 넣어 약한 중불에서 10분 정도 볶아낸다. 호두도 마찬가지로 5~6분 정도 볶아준다.
3 냄비에 A를 끓이다가 ❷를 넣어 끓기 시작하면 거품을 제거하고 약한 불에서 한 번씩 저어주면서 조린다. 조림국물의 양이 ⅓로 줄면 벌꿀을 넣고 다시 국물이 ¼이 될 때까지 조린다.
4 마지막으로 강한 불에 올려 부글부글 끓인 후, 곧바로 바닥이 넓은 그릇에 옮겨 부채를 부쳐서 재빨리 식힌다.

55kcal
염분 1.0g

설날 명절음식으로 활용할 수 있는
타래모양 곤약과
우엉조림

Ingredient ▬▬▬▬▬▬ 4인분

곤약 1개(250g), **우엉** ⅔개(150g), **붉은 고추** 1개, **식용유** 약간, **다시 육수** 1컵, **설탕** 2큰술, **간장** 1½~2큰술

1 곤약은 6mm 두께로 잘라 가운데에 칼집을 넣고 한쪽 끝을 칼집 낸 사이로 넣어 뒤집어준 다음 바닥이 넓은 냄비에 겹치지 않도록 나란히 놓는다.
2 ❶에 뚜껑을 덮고 뜨거운 물을 부어 가열하다 끓어오르면 물을 버리고 식용유를 둘러 볶아둔다.
3 우엉은 껍질을 벗긴 후 7~8mm 두께로 어슷썰기하여 물에 담근다. 붉은 고추는 씨를 제거하여 잘게 썬다.
4 ❷의 곤약 위에 물기를 뺀 우엉을 올리고 다시 육수를 더해 뚜껑을 덮은 다음 끓인다. 끓기 시작하면 설탕, 붉은 고추를 더한다. 강한 중불에서 2~3분 정도 조리다가 간장을 더해 조림국물이 없어질 때까지 약한 불에서 조린다.

146kcal
염분 0.7g

평범한 요리에 미소로 숨은 맛을 낸
단호박 미소조림

Ingredient ━━━━━━━━━━ 4인분

단호박(큰 것) ¼개(400g), **팥(삶은 것, 무당)** 90g, **미소** 2작은술
| A | **청주** 2큰술, **맛술** 1큰술, **설탕** 1큰술, **간장** 1큰술, **다시 육수** 1¼컵

1 단호박은 씨와 속을 제거하여 2~3cm 크기로 썰고 군데군데 껍질을 벗겨둔다.
2 냄비에 A, 단호박을 넣어 강한 불에서 끓인다. 뚜껑을 덮고 끓기 시작하면 약한 불
   에서 15분 정도 조린다.
3 팥을 넣어 섞은 후 미소를 살짝 넣는다. 약한 불에서 조림국물이 자작해질 때까지
   10분 정도 조린다.

161kcal
염분 0g

레몬의 기분 좋은 산미가 깔끔한
고구마 레몬찜

Ingredient ━━━━━━━━━━ 4~5인분

고구마 1개(300g), **레몬(통썰기)** ½개 분량
| A | **설탕** 100g, **물** 1½컵

1 고구마는 껍질째 먹기 좋은 크기로 썰어 물에 10분 정도 담갔다가 물기를 뺀다.
2 냄비에 ❶이 잠길 정도의 물을 넣어 삶는다. 꼬치가 쑥 들어갈 정도로 익으면 체에
   밭쳐 물기를 뺀다.
3 냄비에 A를 넣어 중간 불에서 끓인다. 설탕이 녹아서 끓어오르기 직전에 ❷를 더
   해 약한 불에서 10분 동안 조리다가 불을 끄고 레몬을 넣는다. 여열을 뺀 후 냉장
   고에서 식힌다.

● 1620kcal
염분 1.3g(총량)

촉촉하고 달콤하게 찐 콩이 간식으로도 좋은

달콤한 강낭콩찜

Ingredient ━━━━━━━━━━━━━ 만들기 적당한 분량

강낭콩(건조) 300g, **설탕** 160g, **간장** ½큰술

1 강낭콩은 씻어서 물기를 빼고 바닥이 두꺼운 냄비에 넣는다. 5배 분량의 물을 부어 하룻밤 불린다.
2 ❶의 냄비를 중간 불에 올려 끓기 시작하면 거품을 걷으면서 보글보글 끓는 정도로 불세기를 조절하여 1시간 정도 익힌다.
3 콩이 부드러워지면 설탕을 5분 간격으로 5번에 나누어 넣어 10분 더 끓이면서 당도를 맞춘다. 간장을 넣어 조금 더 끓인다.

● 63kcal
염분 1.5g

넉넉히 만들어두고 밑반찬으로 하기에 좋은

껍질강낭콩조림

Ingredient ━━━━━━━━━━━━━ 4인분

껍질강낭콩 300g
| **A** | **다시 육수** ¼컵, **청주** 2큰술, **맛술** 2큰술, **간장** 2큰술, **설탕** 2작은술

1 껍질강낭콩은 꼭지를 떼고 세로로 반을 가른다.
2 냄비에 A를 넣어 끓이다가 껍질강낭콩을 넣고 뚜껑을 덮어 부드러워질 때까지 익힌다.
3 뚜껑을 열고 조림국물이 없어질 때까지 조린다.

175kcal
염분 5.7g(총량)

우메보시의 짭짤한 맛과 풍미를 살린

다시마와 당근 매실찜

Ingredient ▬▬▬▬▬ 만들기 적당한 분량

채썬 다시마 1봉지(35~40g), **당근** ½개(90g), **우메보시** 1개
| A | **맛술** 2큰술, **청주** 2큰술, **간장** 1½큰술, **설탕** 1큰술, **다시 육수** ¾컵

1 다시마는 물에 담가서 불린 다음 물기를 빼서 먹기 좋은 크기로 자른다. 당근은 껍질을 벗겨 채썰고 매실은 씨를 제거하여 칼로 다진다.
2 냄비에 A를 넣어 끓이다가 우메보시, 당근, 다시마를 넣고 뚜껑을 덮는다. 끓기 시작하면 중간 불에서 5분 동안 조린다.

406kcal
염분 12.4g(총량)

밥은 물론 두부나 생야채에도 잘 어울리는

고추를 넣은 간편 미소

Ingredient ▬▬▬▬▬ 만들기 적당한 분량

풋고추 100g, **붉은 고추** 1개, **식용유** 1큰술
| A | **미소** 100g, **설탕** 1½큰술, **청주** 1½큰술

1 풋고추는 꼭지를 떼고 잘게 다진다. 붉은 고추는 송송 썰어둔다.
2 A는 잘 섞어둔다.
3 프라이팬에 식용유를 두르고 달군 다음 ❶을 넣어 볶는다. 숨이 죽으면 ❷를 넣어 섞어준다.

●
36kcal
염분 0.8g

Ingredient
4인분

순무 4~5개
소금 ½작은술
**다시마(직사각형 모양의 5cm 크기로 자른
것)** 1장 분량
붉은 고추(작게 썬 것) 1개 분량
| A | **맛술** 1큰술, **설탕** ½큰술, **소금** 약간,
식초 3큰술

한입 크기로 만들어 먹기 편한

순무 국화

1 순무는 약간 두툼하게 껍질을 벗기고 위쪽과 아래쪽을 잘라내어 양쪽 끝에 나무젓가락을 끼운다. 그런 다음 도마에 올려 칼
   이 젓가락에 닿을 때까지 얇은 격자상태로 칼집을 넣은 다음 4등분한다. 볼에 담아 소금을 뿌린다.

2 A의 맛술을 전자레인지(600W)에서 10초 동안 데우고, 다른 재료와 함께 다른 볼에 담은 다음 다시마와 붉은 고추를 넣어
   잠시 둔다.

3 ❶의 순무가 숨이 죽으면 물기를 짜서 ❷에 넣어 잠시 재워 가볍게 맛이 배도록 한다.

● 49kcal
염분 1.2g

유자 향과 벌꿀의 달콤함으로 포인트를 준

벌꿀 유자양념 배추

Ingredient

4인분

배추 3장(300g)
당근 ⅓개(60g)
생강(작은 것) 1개(10g)
소금 1작은술
| A | **벌꿀** 2큰술, **유자즙** 1½큰술, **식초** ½큰술, **소금** ¼작은술

1 배추는 가로로 5~6cm 크기로 썬다. 흰 부분은 다시 세로로 1cm 두께로 썰고 잎은 큼직하게 썬다.

2 당근은 껍질을 벗겨 5cm 길이로 채썬다. 생강도 껍질을 벗겨 채썬다.

3 볼에 배추의 흰 부분과 당근을 넣은 후 소금을 뿌려 잘 섞어준다. 배추의 잎 부분도 함께 넣어 섞은 후 15~20분 정도 두었다가 물기를 짠다.

4 다른 볼에 A를 함께 넣어 잘 섞고 ❸과 생강을 넣어 버무린다.

아삭아삭한 식감과 기분 좋은 산미를 즐기는

일본풍 피클

326kcal
염분 6.5g(총량)

Ingredient ━━━━━━━━━━ 만들기 적당한 분량

순무(잎을 제거한 작은 것) 2개(80g), **파프리카(빨간색, 노란색)** 각 ⅓개(각 40g), **샐러리(억센 부분을 제거한 것)** ½대(50g), **오이** 1개(100g), **단호박(큰 것)** ⅛개(100g)
| **A** | **식초** 1컵, **맛술, 설탕** 각 2큰술씩, **소금** 1작은술, **간장** ½작은술, **다시마(3cm 크기로 자른 것)** 1장, **붉은 고추(씨를 뺀 것)** 1개

1 A를 한소끔 끓인 후 여열을 빼서 지퍼백에 옮겨 담는다.
2 순무는 밑동을 1cm 남기고 방사형으로 4~6등분으로 자른 다음 씻어서 꼬치 등으로 밑동 사이의 모래를 제거한다. 파프리카, 샐러리는 한입 크기로 썰어 끓는 물에 살짝 데쳐 체에 밭쳐둔다. 오이는 통째로 끓는 물에 살짝 데쳐서 찬물에 담갔다 식힌 후 세로로 4등분해 씨를 제거하고 3cm 길이로 썬다. 단호박은 5mm 두께로 썰어서 살짝 데쳐 체에 밭친다.
3 ❷에서 준비한 야채의 여열이 모두 빠지면 ❶의 지퍼백 안에 넣어 공기를 빼서 바닥이 넓은 그릇 등에 담아 냉장고에서 식힌다. 가끔씩 지퍼백을 뒤집어주면서 맛이 골고루 배게 한다. 몇 시간 뒤부터 먹을 수 있다.

여름이 제철

양하 초절임

349kcal
염분 8.4g(총량)

Ingredient ━━━━━━━━━━ 만들기 적당한 분량

양하 300g, **소금** 적당량
| **A** | **식초** 1컵, **청주** 1컵, **설탕** 4큰술, **소금** 1⅔작은술

1 양하는 뿌리를 제거하고 충분한 양의 물에서 살짝 데쳐 체에 넓게 펴서 식힌 다음 전체적으로 소금을 살짝 뿌린다.
2 A를 한소끔 끓인 다음 식혀서 단촛물을 만든다.
3 양하는 1개씩 깨끗한 행주 등으로 물기를 닦아 잘 씻어둔 병에 넣는다.
4 ❷의 단촛물을 병 입구까지 가득 차게 부어 뚜껑을 닫는다. 냉장고에서 하룻밤 재운 후에 먹으면 된다.

59kcal
염분 1.6g

단맛이 강한 겨울 무와 유자의 궁합이 환상적인

유자와 무 초절임

Ingredient 4인분

무(작은 것) ⅔개(500g), **유자껍질** ½개 분량, **소금** 1½작은술
| A | **식초** 4큰술, **설탕** 넉넉한 3큰술, **소금** 2꼬집

1 무는 껍질을 벗겨 길이 4cm, 두께 3mm의 사각기둥 모양으로 썰어 소금을 뿌린 후 손으로 조물조물 주물러서 15분 정도 둔다.
2 유자껍질은 채썰어 볼에 A와 함께 잘 섞어둔다.
3 무는 수분을 완전히 짜내고, ❷의 볼에 넣어 잘 섞은 후 잠시 재워 맛이 배게 한다.

92kcal
염분 1.5g

잔멸치의 고소함과 당근의 달콤함이 조화를 이룬

당근과 잔멸치 절임

Ingredient 4인분

당근 1개(200g), **잔멸치** 30g, **소금** ½작은술
| A | **설탕** 1작은술, **소금** 넉넉한 ½작은술, **식초** 4큰술, **올리브오일** 2큰술, **굵게 간 검은 후추** 적당량

1 당근은 껍질을 벗기고 얇게 저민 다음 가늘게 채썰어 소금을 뿌려두고, 숨이 죽으면 손으로 물기를 꼭 짠다.
2 A를 볼에 넣어 잘 섞은 후 당근과 잔멸치를 넣어 버무려서 맛이 속까지 배게 한다.

아삭아삭한 식감의 즉석 절임

참마 와사비간장 절임

96kcal
염분 1.4g

Ingredient
4인분

참마 400g, **다시마(5cm 크기로 자른 것)** 1장, **생와사비(있으면, 간 것)** 약간
| A | **간장** 2큰술, **맛술** 2큰술, **식초** 1큰술, **와사비 페이스트** 약간

1 참마는 껍질을 벗겨 길이 7~8cm, 사방 1cm 두께로 사각기둥 썰기를 한다.
2 A를 잘 섞어준다.
3 지퍼백에 ❶, ❷, 다시마를 넣어 공기를 빼고 냉장고에서 반나절 이상 재워둔다.
4 생와사비를 올려서 먹는다.

필러로 깎아낸 야채들의 표정이 재미있는

무와 당근 초절임

31kcal
염분 0.5g

Ingredient
4인분

무 6~7cm(200g), **당근** ½개(80g)
| A | **식초** 3큰술, **설탕** ½큰술, **간장** ½작은술, **참기름** ½작은술

1 무와 당근은 껍질을 벗겨 필러로 얇게 깎아서 볼에 넣어 약간의 소금을 뿌려두고 숨이 죽으면 물기를 꼭 짠다.
2 볼에 A를 잘 섞어 무와 당근을 넣어 버무린다.

샐러드처럼 먹는 화려한 색감의 초절임

오이 다시마차 절임

14kcal
염분 1.0g

Ingredient
4인분

미니오이 1팩(250g), **래디시** 5개(50g), **양하** 3개(50g), **레몬(통썰기)** 4개
| A | **소금** 2작은술, **물** 2컵, **다시마차** ½작은술(2g)

1. 오이는 껍질을 줄무늬 모양으로 벗기고, 래디시는 칼집을 넣는다. 양하는 세로로 이등분한다.
2. 볼에 A를 넣어 잘 섞고, ❶과 레몬을 넣어 담가둔다.
3. 냉장고에서 2시간 이상 재워둔다. 먹을 때는 물기를 뺀다.

야채를 큼직하게 썰어 식감을 살린

양하와 오쿠라 초절임

39kcal
염분 1.4g

Ingredient
4인분

양하 6개, **오쿠라** 8개, **오이** 2개, **생강** 1개(15g), **소금** 적당량
| A | **식초** ½컵, **다시 육수** ¼컵, **설탕** 4큰술, **소금** ½큰술

1. 양하는 세로로 이등분하고 오이는 한입 크기로 썬다. 각 재료에 약간의 소금을 뿌려 4~5분 정도 둔다.
2. 오쿠라는 적당한 양의 소금을 뿌려 주물러서 물로 씻어내고 약간의 소금을 넣은 끓는 물에 살짝 데친다. 생강은 가늘게 채썬다.
3. 볼에 A를 모두 넣어 잘 섞고, ❶, ❷를 넣어 버무린 다음 접시 등으로 눌러 10~15분 정도 재워 맛이 배게 한다.

국물 요리

- 계절에 맞는
  미소장국

- 맑은 국물

- 탁한 국물

계절에 맞는
미소장국

햇감자와 껍질완두콩 미소장국

토마토 냉미소장국

연어와 감자, 양파 미소장국

뿌리야채 미소장국

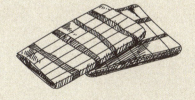

봄
미소장국

82kcal
염분 2.0g

껍질완두콩의 향과 풋풋한 맛을 즐기는

햇감자와 껍질완두콩 미소장국

Ingredient ━━━━━━━━━━━━━━━━ 4인분

햇감자 2개, **껍질완두콩** 12개, **양파** ½개, **다시 육수** 4컵
| **A** | **흰 미소** 40g, **보리 미소** 20g

1 감자는 수세미로 잘 씻어서 껍질을 벗기고 이등분한 후 1cm 두께로 썬다.
2 껍질완두콩은 억센 부분을 제거하고 양파는 얇게 썰어둔다.
3 냄비에 다시 육수와 ❶의 감자를 넣어 중간 불에서 재료가 부드러워질 때까지 익힌다.
4 양파를 넣어 잠시 더 끓인 후에 껍질완두콩을 넣고 A를 잘 풀어서 넣어준다. 끓기 직전에 불을 끈다.

봄철 미소장국에 들어가는 재료의 다양한 조합 ━━━━━━━━

국물의 분량은 '햇감자와 껍질완두콩 미소장국'과 동일하게 다시 육수 4컵에 미소의 총량은 60g이다.

57kcal
염분 2.0g

111kcal
염분 2.2g

43kcal
염분 2.2g

봄 양배추와 두부

봄 양배추 2장을 적당한 크기로 썰고, 찌개용 두부 ⅓모는 8등분한다. 따뜻하게 데운 다시 육수를 넣어 끓기 시작하면 미소를 풀어준다.

부추와 온천달걀

부추 ½단은 삶아서 3~4cm 길이로 자르고, 온천달걀은 반으로 잘라서 그릇에 담는다. 다시 육수를 끓이다가 미소를 풀어서 넣은 다음 그릇에 옮긴다.

죽순과 미역

삶은 죽순 100g을 얇게 저미고, 생미역 60g은 물에 씻어서 2~3cm 크기로 자른다. 따뜻하게 데운 다시 육수에 재료를 넣고, 끓으면 미소를 풀어 넣는다. 그릇에 담아 어린 나뭇잎 2장을 올려 장식한다.

45kcal
염분 1.5g

붉은 미소장국을 식혀서 상큼한 맛을 낸
토마토 냉미소장국

여름
미소장국

Ingredient ━━━━━━━━━━ 4인분

토마토 2개, **다시 육수** 3컵, **붉은 미소** 50g, **차조기(채썬 것)** 8장 분량

1 다시 육수는 냉장고에서 차게 식혀둔다.
2 토마토는 꼭지를 떼고 끓는 물에 살짝 익혀 한입 크기의 빗모양으로 잘라둔다.
3 ❶의 다시 육수에 미소를 넣어 풀어준다.
4 그릇에 토마토를 넣은 후 ❸을 부어 차조기를 올린다.

🌿 재료를 익힐 필요가 없으므로 다시 육수와 미소의 양은 조금 적게 잡는다. 여름철
   에는 붉은 미소로 깔끔하고 시원한 맛을 낸다.

여름철 미소장국에 들어가는 재료의 다양한 조합 ━━━━

국물의 분량은 '토마토 냉미소장국'과 동일하게 다시 육수 3컵에 붉은 미소 50g이다.

37kcal
염분 1.5g

동아와 생강

동아 150g은 껍질을 벗겨 8등분하여 부드럽게
삶는다. 생강 10g은 껍질을 벗기고 채썰어 물에
담가둔다. 각각 적당한 양으로 나누어 그릇에 담
고 차갑게 식힌 다시 육수에 미소를 풀어 그릇에
붓는다.

45kcal
염분 1.5g

옥수수와 오쿠라, 양하

삶아서 알만 발라둔 옥수수 ⅓컵, 삶아서 3등분
해둔 오쿠라 4개 분량, 잘게 썬 양하 2개 분량을
적당히 나눠 그릇에 담는다. 미소를 차갑게 식힌
다시 육수에 풀어서 그릇에 붓는다.

32kcal
염분 1.6g

모즈쿠(큰실말)와 양하

모즈쿠(큰실말) 120g은 물에 씻고, 양하 2개는
얇게 저며서 그릇에 나누어 담는다. 미소를 차갑
게 식힌 다시 육수에 풀어서 부어준다.

생선을 넣은 미소장국에는 청주를 넣어 잡내를 없앤다

127kcal
염분 2.0g

연어와 감자, 양파 미소장국

Ingredient
4인분

생연어 2도막, 감자 1개, 양파 ½개, 다시 육수 4컵, 청주 1큰술, 쪽파(잘게 송송 썬 것) 4뿌리 분량
| A | 흰 미소 20g, 보리 미소 40g

1 연어는 한입 크기로 썰어 끓는 물을 끼얹은 후 찬물에 담갔다가 씻는다.
2 감자는 껍질을 벗겨 8mm 두께의 반달모양으로 썰고, 양파는 얇게 저민다.
3 냄비에 다시 육수, 청주, ❶, ❷를 넣어 중간 불에 올리고 끓어오르면 거품을 제거하며 감자가 부드러워질 때까지 익힌다.
4 A를 풀어 넣고 끓기 직전에 불을 끈 후 쪽파를 올린다.

🌿 가을은 뿌리야채를 수확하는 계절이다. 딱딱한 식재료는 다시 육수에서 익히거나 미리 살짝 익혀둔다. 봄철과는 반대로 보리 미소(시골 미소 등)의 비율을 늘리고, 흰미소(신슈미소 등)를 줄이면 균형이 잘 맞는다.

가을철 미소장국에 들어가는 재료의 다양한 조합

국물의 분량은 '연어와 감자, 양파 미소장국'과 동일하게 다시 육수 4컵에 미소 60g이다.

53kcal
염분 1.9g

버섯과 유부

생표고버섯 4장은 밑동을 떼서 얇게 저미고, 팽이버섯 ½봉지는 밑동을 잘라 3등분한다. 유부 ½장은 굵게 채썰어 둔다. 이 재료들을 따끈한 다시 육수에 넣어 끓기 시작하면 미소를 풀어 넣는다. 그릇에 담아 큼직하게 썬 파드득나물을 나누어 올린다.

101kcal
염분 1.9g

고구마와 쪽파

고구마 200g은 껍질째 1cm 두께로 통썰기하여 다시 육수에서 부드러워질 때까지 익힌다. 미소를 풀어 넣고 그릇에 담아 2cm 길이로 자른 3개 분량의 쪽파를 그릇에 나누어 담은 후 국물을 붓는다.

91kcal
염분 1.9g

돼지고기와 배추

얇게 저민 돼지고기 80g을 3~4cm 길이로 썰고 배추는 굵게 채썰어 다시 육수에 넣어 익힌다. 끓기 시작하면 거품을 걷어내고 고기가 다 익으면 미소를 풀어 넣는다.

86kcal
염분 1.7g

우엉의 맛이 달달한 미소와 잘 어울린다

뿌리야채 미소장국

겨울
미소장국

Ingredient 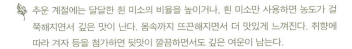 4인분

순무 2개, **우엉** 60g, **토란(큰 것)** 1개, **순무 잎** 2~3장, **다시 육수** 4컵, **흰 미소** 100g

1 순무는 껍질을 벗겨 빗모양으로 썰고, 우엉은 껍질을 긁어내어 깨끗하게 씻은 다음 연필깎이하여 물에 담가둔다. 토란은 껍질을 벗겨 5mm 두께로 통썰기한다.

2 순무의 잎은 2~3cm 길이로 썬다.

3 냄비에 다시 육수를 넣어 중간 불에 올리고 끓기 시작하면 거품을 제거하면서 야채가 80퍼센트 정도 익을 때까지 끓인다.

4 순무의 잎을 넣어 미소를 풀어 넣고 끓기 직전에 불을 끈다.

🌿 추운 계절에는 달달한 흰 미소의 비율을 높이거나, 흰 미소만 사용하면 농도가 걸쭉해지면서 깊은 맛이 난다. 몸속까지 뜨끈해지면서 더 맛있게 느껴진다. 취향에 따라 겨자 등을 첨가하면 뒷맛이 깔끔하면서도 깊은 여운이 남는다.

겨울철 미소장국에 들어가는 재료의 다양한 조합

국물의 분량은 '뿌리야채 미소장국'과 동일하게 다시 육수 4컵에 흰 미소 100g이다.

80kcal
염분 2.0g

소송채와 어묵

소송채 120g을 삶아서 3cm 길이로 썰고, 어묵 1개는 뜨거운 물을 끼얹어 기름기를 빼고 얇게 썬다. 이상의 재료를 다시 육수에 넣고 끓기 직전에 미소를 풀어 넣는다.

100kcal
염분 1.7g

토란과 원통형 어묵

토란 작은 것 4개는 껍질을 벗겨 5mm 두께로 통썰기하여 다시 육수에서 부드러워질 때까지 익힌다. 1cm 두께로 자른 어묵 ⅓개를 넣어 다시 끓이다가 미소를 풀어 넣는다. 그릇에 담아 얇게 저민 유자껍질을 위에 올린다.

110kcal
염분 1.7g

구운 두부와 팽이버섯

구운 두부 ½모는 한입 크기로 썰고, 팽이버섯 ½봉지는 밑동을 잘라내고 이등분한다. 준비한 재료들을 다시 육수에 넣어 끓이다가 미소를 풀어 넣는다. 그릇에 담아 2~3cm 길이로 자른 미나리를 올려준다.

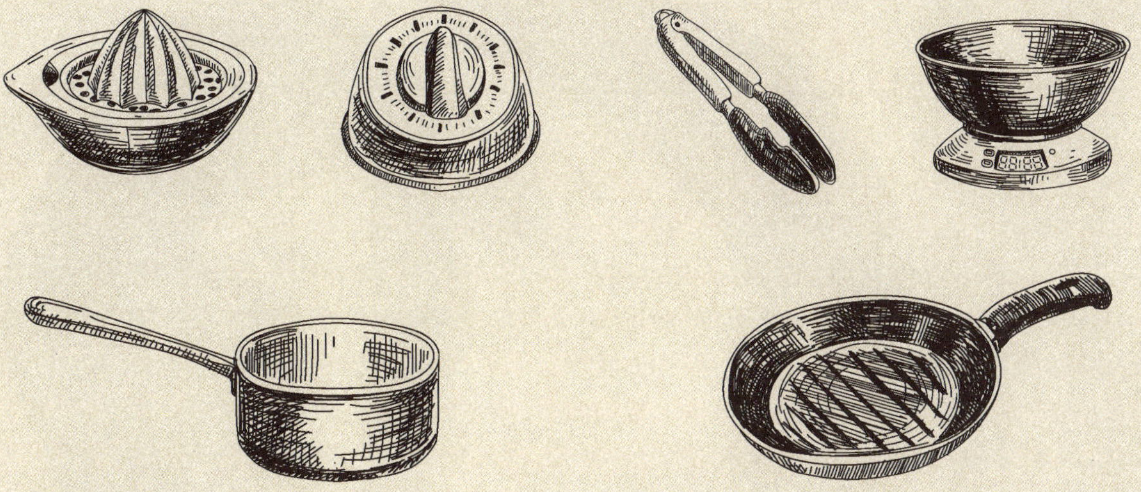

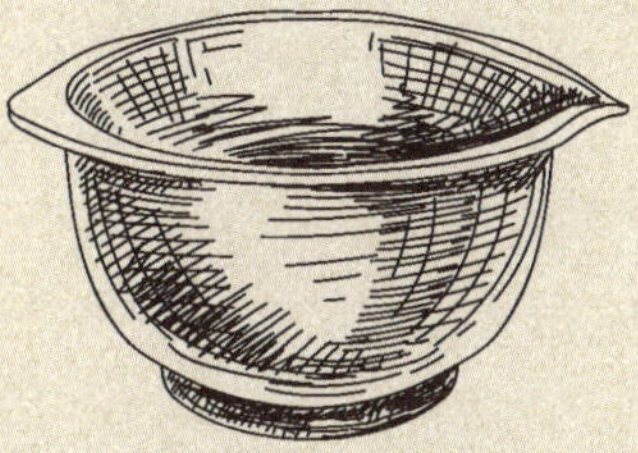

맑은 국물

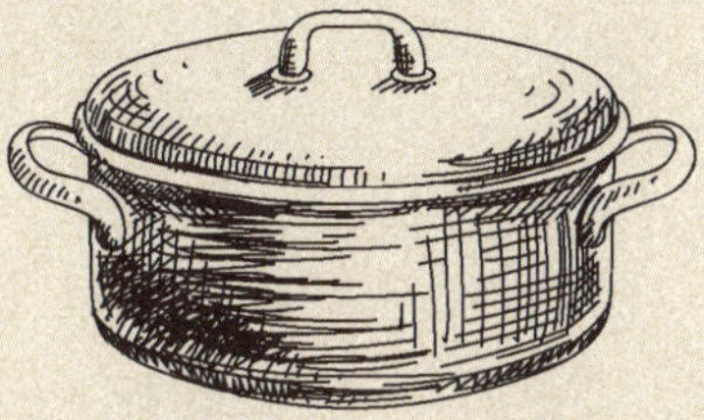

도미 서더리국

대합과 유채 맑은국

달걀국

돼지고기 야채국

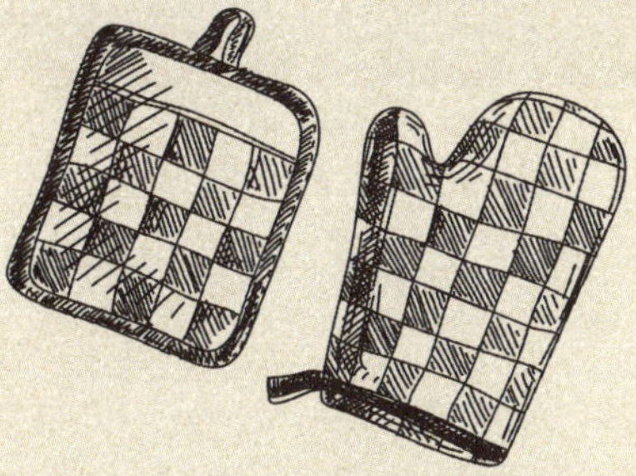

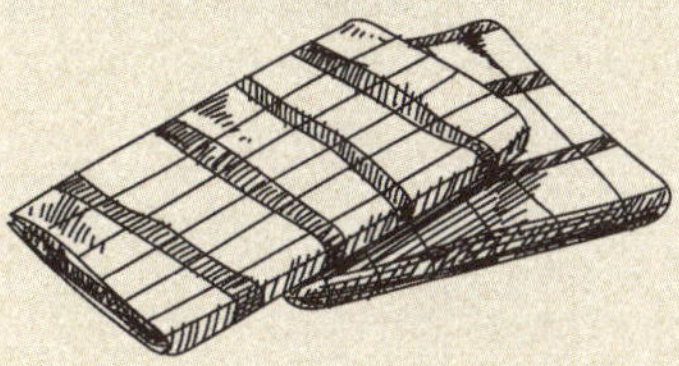

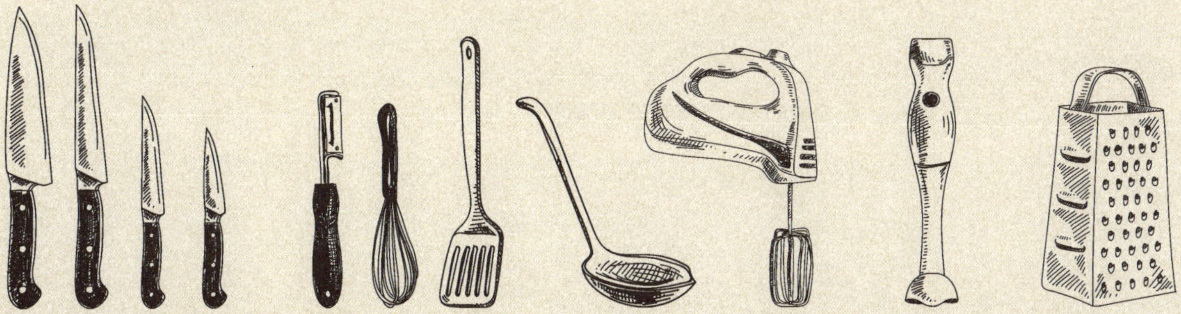

151kcal
염분 1.7g

Ingredient

4인분

도미(서더리 토막낸 것) 1마리 분량
(500~600g)
순무 3개(240g)
생강즙 1개 분량(15g, 취향대로)
| A | **다시마(10cm 크기로 자른 것)** 1장,
물 4컵, **청주** ½컵, **소금** 1작은술

흰살 생선 서더리로 깊은 맛을 낸

도미 서더리국

1 냄비에 넉넉히 물을 붓고 끓어오르면 도미를 넣어 살짝 데쳐낸 후 찬물에 헹궈낸다. 비늘과 내장 등을 제거하고 물기를 닦아
   낸다.
2 순무는 줄기를 2cm 정도 남기고 잘라낸 후 줄기 사이의 모래를 씻어내고 껍질을 벗겨 4등분한다.
3 냄비에 A와 ❶의 도미를 넣어 중간 불로 끓이다가 거품을 걷어내고 뚜껑을 비스듬히 덮어 3분 정도 더 끓인다.
4 순무를 넣고 너무 물렁해지지 않도록만 익혀서 약간의 소금으로 간을 한다.
5 그릇에 담아 취향에 따라 생강즙을 뿌린다.

🌿 핏물이 남아 있으면 국물에 비린내가 나므로 꼼꼼하게 제거한다.

복숭아가 나는 계절에 만들면 좋은 국물 요리

대합과 유채 맑은국

Ingredient 4인분

대합(해감한 것) 8개, **유채** 8줄기, **엷은 맛 간장** 약간, **거칠게 간 검은 후추** 약간
| A | **다시마(5cm 크기로 자른 것)** 1장, **청주** 2큰술, **물** 3½컵

1 대합 껍질을 수세미로 문질러 씻는다. 유채는 줄기의 단단한 부분을 잘라내고 약간
의 소금을 넣어 팔팔 끓는 물에 선명한 색이 나도록 데친다.
2 냄비에 대합, A를 넣어 중간 불에 올려 끓이다가 끓기 직전에 다시마를 건져내고
거품을 제거한다.
3 대합이 입을 벌리면 1~2분 정도 두었다가 건져낸다. 국물은 냄비 바닥에 가라앉은
모래가 들어가지 않도록 조심스럽게 다른 냄비에 옮겨 부은 후 다시 데워서 엷은
맛 간장으로 간을 한다.
4 대합은 입을 벌린 껍질 양쪽에 살을 올려 그릇에 담는다. 그 위에 유채를 올려 ❸의
국물을 붓고 후추를 뿌린다.

여름에는 묽게, 겨울에는 걸쭉하게 먹는

달걀국

Ingredient 4인분

달걀 2개, **파드득나물** 1단, **다시 육수** 3½컵, **소금** ⅔작은술, **엷은 맛 간장** 1작은술
| A | **녹말가루** 1½작은술, **물** 2작은술

1 달걀은 잘 풀어둔다. 파드득나물을 2~3cm 길이로 썬다.
2 냄비에 다시 육수를 부어 중간 불에서 끓이다가 소금과 엷은 맛 간장으로 간을 하
고, A의 물에 갠 녹말가루를 넣어 농도를 맞춘다.
3 끓기 시작하면 ❶의 풀어둔 달걀을 조금씩 흘려 넣고 ❶의 파드득나물을 넣어 한소
끔 끓인 후에 불을 끄고 국그릇에 담는다.

●
103kcal
염분 2.0g

다양한 야채와 돼지고기로 만드는 국물 요리

돼지고기 야채국

Ingredient
4인분

돼지고기(얇게 저민 것) 80g

우엉 60g

땅두릅(혹은 미나리) 40g

당근 40g

삶은 죽순 40g

생표고버섯 3개

파드득나물 ¼단

다시 육수 4컵

소금 1작은술

엷은 맛 간장 1작은술

거칠게 간 검은 후추 적당량

1 돼지고기는 아주 얇게 썬다.

2 우엉은 껍질을 문질러 씻고, 땅두릅은 껍질을 벗겨 각각 3~4cm 길이로 아주 얇게 채썰어 물에 담근다. 당근은 껍질을 벗긴 후 죽순과 함께 3~4cm 길이로 얇게 채썬다.

3 냄비에 다시 육수, 돼지고기를 넣어 중간 불에서 익히다가 끓기 시작하면 약한 불에서 거품을 걷어내고 소금, 엷은 맛 간장으로 간을 맞춘 후 **❷**의 야채를 넣어 한소끔 끓인다.

4 국그릇에 담아 후추를 뿌린다.

탁한 국물

정어리 쓰미레국

돼지고기와 우엉, 양하 붉은 미소장국

염장 연어와 무 지게미 미소장국

냉국

살이 잘 오른 제철 정어리로 만든

정어리 쓰미레국

217kcal
염분 3.2g

Ingredient

4인분

정어리 4마리(400g)
두부(찌개용) ½모
대파 ½대
다시 육수 4컵
미소 4큰술
| **A** | **미소** 1큰술, **청주** 1큰술, **생강즙** 1
작은술, **달걀** 1개, **녹말가루** ½큰술, **밀가루**
½큰술, **빵가루** 3큰술

1 정어리는 비늘과 머리, 내장을 제거하고 가운데를 갈라 뼈를 발라낸다(317쪽 참조). 적당한 크기로 썰어 분쇄기에 넣고 부
   드러운 상태로 간 후 A를 넣어 잘 섞어준다. 한입 크기로 둥글게 만든 다음 중앙에 살짝 홈을 넣는다.

2 냄비에 물을 끓여 ❶을 넣고 물 위로 떠오르면 건져낸다.

3 두부는 큼직하게 깍둑썰기하고, 대파는 1cm 길이로 썬다.

4 냄비에 다시 육수를 넣고 중간 불로 끓이다가 끓기 직전에 ❷의 정어리 완자를 넣어 3분 정도 익힌다. 미소를 풀어 넣고 ❸
   을 첨가해서 살짝 끓인다.

97kcal
염분 2.0g

산뜻한 맛의 붉은 미소 육수와 향이 강한 야채의 조합이 여름철 입맛을 돋우는

돼지고기와 우엉, 양하 붉은 미소장국

Ingredient
4인분

돼지고기(작게 썬 것) 80g
우엉(가는 것) 40~50g
양하 1~2개
식용유 1큰술
다시 육수 4½컵
붉은 미소 3~4큰술

1 돼지고기는 한입 크기로 썬다.

2 우엉은 수세미로 문질러 씻어 연필깎기한 후 물에 살짝 헹궈내어 체에 밭친다.

3 양하는 한입 크기로 작게 썬다.

4 냄비에 식용유를 두르고 중간 불에서 가열한 다음 ❶의 돼지고기를 넣고 볶다가 색이 변하면 ❷의 우엉을 넣는다. 재료가 어느 정도 익으면 다시 육수를 붓고 끓기 시작하면 거품을 걷어내고 뚜껑을 덮어 우엉이 다 익을 때까지 4~5분 정도 끓인다.

5 미소를 풀어 넣고 다시 끓어오르면 불을 끄고 ❸의 양하를 넣는다.

🌿 붉은 미소는 일반적으로 쌀 미소(코메미소)와 대두 미소(핫쵸미소)를 배합한 미소를 말한다.

167kcal
염분 1.7g

염장 연어로 우려낸 국물이 몸속까지 뜨끈하게 하는

염장 연어와 무 지게미 미소장국

Ingredient
4인분

염장 연어 2도막
무 10cm
당근 6cm
대파 10cm
다시 육수 4컵
지게미 80g
미소 2~3큰술

1 연어는 4조각으로 썬다. 무는 껍질을 벗겨 5mm 두께의 은행잎 모양으로 썰고, 당근은 껍질을 벗겨 5mm 두께로 반달썰기 한다. 대파는 얇게 썰어 물에 담갔다가 물기를 뺀다.

2 냄비에 넉넉히 물을 붓고 바글바글 끓으면 무를 넣어 2분 정도 삶아서 체에 건져낸다. 이어서 연어를 살짝 데쳐 체에 밭쳐 물기를 뺀다.

3 냄비에 다시 육수를 넣고 지게미를 풀어 중간 불에 올리고, 끓기 시작하면 연어, 무, 당근을 넣어 뚜껑을 덮고 무가 부드러워 질 때까지 10분 정도 익힌다.

4 ❸에 미소를 풀어 넣어 끓기 시작하면 불을 끈다. 그릇에 담아 ❶의 대파를 올린다.

156kcal
염분 3.0g

밥에 말아 먹어도 맛있는 여름철 별미

냉국

Ingredient

4인분

말린 전갱이 2마리

붉은 미소 70g

통깨 4큰술

가지 1개

차조기 8장

양하 2개

방울토마토 6개

오이 1개

쪽파 4뿌리

식용유 적당량

1. 전갱이는 향이 잘 나도록 구워 머리, 가운데 뼈, 잔뼈를 제거하고 살만 바른다.
2. ❶의 전갱이를 절구에 넣고 붉은 미소, 통깨를 넣어 빻아준다.
3. 알루미늄 호일에 식용유를 얇게 바르고 ❷를 1cm 두께로 올려 오븐토스터에서 노릇하게 색이 날 때까지 굽는다.
4. 가지는 꼭지를 뗀 후 얇은 반달모양으로 썰고 차조기는 가늘게 채썬다. 양하는 세로로 이등분하여 얇게 썰어 각각 물에 담근다. 방울토마토는 꼭지를 따서 빗모양으로 썰고 오이와 쪽파는 잘게 썬다.
5. ❸의 생선살을 절구에 다시 넣고 물 3~3½컵을 조금씩 나누어 부으면서 풀어준다. 약간 진한 듯한 맛이 나면 얼음을 넣어 시원하게 만든다.
6. ❺의 국물을 그릇에 붓고 ❹를 취향대로 양을 조절해 넣어 함께 먹는다.

밥과 면

- 다양한 재료로 지은 밥
- 찐밥
- 비빔밥
- 덮밥(돈부리)
- 면

다양한
재료로
지은 밥

●

완두콩과 잔멸치밥

죽순밥

머위밥

햇생강밥

연어알을 올린 무밥

대합밥

○
305kcal
염분 1.3g

평범한 완두콩밥에 잔멸치의 감칠맛을 더한

완두콩과 잔멸치밥

Ingredient
4인분

쌀 2홉
완두콩 100g
잔멸치 3큰술(15g)
소금 ⅔작은술
맛술 2작은술

1　쌀은 잘 씻어서 체에 밭쳐 물기를 뺀다. 밥솥에 쌀을 넣고 2홉 분량의 물을 부어 30분 정도 불린다.
2　완두콩은 살짝 씻는다.
3　❶에 맛술을 넣어 대충 섞어주고, 잔멸치와 ❷의 완두콩을 올려 일반적인 방법으로 밥을 한다.
4　취사가 완성되면 밥을 전체적으로 섞어준 후 그릇에 담는다.

찹쌀과 진한 맛 간장으로 향을 더한

죽순밥

325kcal
염분 1.5g

Ingredient ━━━━━━━━━━ 4인분

쌀 1홉, **찹쌀** 1홉, **삶은 햇죽순** 200g, **당근(잘게 다진 것)** 5cm 분량, **유부(잘게 다진
것)** 1장 분량, **다시마(10cm 크기로 자른 것)** 1장
| A | **청주** 1큰술, **간장** 1큰술, **소금** ½작은술

1 쌀과 찹쌀을 섞어서 잘 씻어 밥솥에 넣고 물에 30분 정도 불린다.
2 죽순은 연한 중간이나 줄기 부분이라면 2~3mm 두께로 은행잎 모양으로 썰고, 아
　래쪽의 딱딱한 부분이라면 잘게 썰거나 거칠게 다진다. 잘라둔 죽순을 물에 살짝
　씻어서 물기를 뺀다.
3 ❶에서 2큰술만큼 물을 떠낸다. A를 넣어 한 번 잘 섞어주고 물에 살짝 씻은 다시
　마를 올린다. 죽순, 당근, 유부도 함께 올리고 표면을 고르게 하여 일반적인 방법으
　로 취사를 한다.
4 밥이 완성되면 충분히 뜸을 들인 후에 다시마를 꺼내고 아랫부분부터 공기와 접촉
　시키듯 잘 섞어준 후 그릇에 담는다.

봄 산의 행복한 향을 담은

머위밥

341kcal
염분 1.6g

Ingredient ━━━━━━━━━━ 4인분

쌀 2홉, **머위** 1줄기(100g), **잔멸치** 30g, **미역(염장)** 20g, **유부** 1장
| A | **다시 육수** 1½컵, **맛술** 1큰술, **간장** 1큰술, **설탕** ½작은술
| B | **청주** 2큰술, **소금** 약간

1 쌀은 밥을 하기 30분 전에 씻어서 체에 밭쳐 물기를 뺀다.
2 머위는 냄비에 들어갈 수 있는 길이로 잘라, 약간의 소금을 뿌려 잘 뒤적여준다. 끓
　는 물에 넣어 색이 선명해지면 물기를 빼고 껍질을 벗긴 후 물에 담가서 쓴맛을 뺀
　다. 3~4mm 두께로 잘게 썬다.
3 미역은 씻어서 물에 담가 불린 다음 잘게 썰어둔다. 유부는 뜨거운 물을 끼얹어 기
　름을 빼고 세로로 이등분한 후 7~8mm 두께로 썬다.
4 작은 냄비에 A와 ❷, ❸을 넣어 2~3분 동안 조린 후 식힌다. 재료와 조림국물을
　분리하고 국물은 물을 더해 1¾컵 분량으로 만든다.
5 밥솥에 ❶의 쌀, ❹의 조림국물, B를 한데 넣고 대충 섞어준 후 ❹의 재료와 잔멸
　치를 골고루 펼쳐 올리고 일반적인 방법으로 밥을 한다. 완성되면 10분 정도 뜸을
　들인 후 가볍게 섞어 그릇에 담는다.

Ingredient
4인분

쌀 2홉
햇생강 1개(30~40g)
유부 1장
다시마(5cm 크기로 자른 것) 1장
| A | **청주** 2큰술, **소금** ⅔작은술

제철에만 느낄 수 있는 진한 향을 담은

햇생강밥

1 밥을 하기 30분 전에 쌀을 잘 씻은 후 체에 건져 물기를 뺀다. 밥솥에서 일반적인 밥물로 맞춰 A를 넣는다.

2 생강을 깨끗하게 씻어 껍질째 4~5cm 길이로 채썰거나 얇게 저민다. 유부는 세로로 이등분하여 얇게 채썬다.

3 ❶에 ❷를 넣고 다시마를 올려 일반적인 방법으로 밥을 한다.

4 밥이 다 되면 다시마를 걷어내고 전체적으로 잘 섞어 그릇에 담는다.

🌿 작게 주먹밥을 만들어 도시락이나 간식으로 해도 좋다.

323kcal
염분 1.4g

Ingredient
4인분

쌀 2홉
무 200g
무청 50g
연어알(염장) 적당량
다시마(5cm 크기로 자른 것) 1장
| A | **청주** 2큰술, **간장** 1큰술, **소금** ½작은술

연어알 토핑으로 화려함을 더한
연어알을 올린 무밥

1 쌀을 밥 짓기 30분 전에 씻어서 밥솥에 넣고 일반적인 양으로 밥물을 맞춘다.
2 무는 껍질을 벗겨 1.5cm 두께로 썬다. 무청은 잘게 썰어 약간의 소금을 넣은 물에 선명한 색이 날 때까지 삶아 건져 흐르는 물에서 식힌 후 물기를 꽉 짠다.
3 ❶에서 물을 3큰술 덜어내고, A를 넣어 가볍게 저어준 후 다시마와 무를 올려 일반적인 방법으로 밥을 한다.
4 밥이 완성되면 다시마를 걷어내고 ❷의 무청을 넣어 가볍게 섞어준다. 그릇에 담아 연어알을 올린다.

 토핑으로 연어알 대신 명란이나 멸치를 올려도 좋다.

밥을 할 때 대합을 세워서 올리는 것이 비법이다

대합밥

Ingredient

4인분

쌀 3홉

대합 8개

당근 ½개(70g)

우엉 ½개(80g)

생표고버섯 4개

생강 1개(15g)

쪽파 5~6뿌리

| A | **청주** 1큰술, **맛술** 1큰술, **간장** 2큰술, **소금** ⅓작은술

1 쌀은 잘 씻어서 체에 건져 물기를 뺀다.

2 대합은 껍질째로 잘 씻어서 3%의 소금물에 담가 해감한다.

3 당근은 껍질을 벗기고, 우엉은 껍질을 긁어낸다. 표고버섯은 밑동을 잘라 사방 5mm로 깍둑썰기한다. 쪽파는 잘게 썬다.

4 밥솥에 ❶의 쌀과 A를 넣고 3홉의 눈금까지 물을 넣어 잘 저어준다. ❷의 대합에 쌀에 세우듯 넣고, ❸의 당근, 우엉, 표고버섯, 생강을 넣어 일반적인 방법으로 밥을 짓는다.

5 밥이 완성되면 전체적으로 잘 섞어준 다음 그릇에 담고 쪽파를 올린다.

찐밥

지에밥

간편 팥밥

찹쌀과 맵쌀을 반씩 섞으면 전기밥솥도 OK

지에밥*

* 찹쌀이나 맵쌀을 시루에 쪄서 만든 밥-옮긴이

Ingredient
4인분

찹쌀 1홉, **맵쌀** 1홉, **말린 표고버섯** 3개, **표고버섯 불린 물** 1¾컵, **닭고기(작게 썬 것)** 100g, **삶은 죽순(작은 것)** 1개(150g), **우엉** ½개(100g), **당근** ½개, **참기름** 약간, **통깨** 적당량

|**A**| **옅은 맛 간장** 1큰술, **간장** 1큰술, **청주** 1큰술

1 찹쌀과 맵쌀을 한꺼번에 씻어서 체에 건져 물기를 뺀다.
2 말린 표고버섯은 미지근한 물에 담가 불린 후 기둥을 떼서 얇게 썬다. 표고버섯 불린 물은 따로 둔다.
3 닭고기는 A에 재워둔다.
4 죽순은 먹기 좋은 크기로 얇게 저민다. 우엉은 껍질을 벗겨서 작은 크기로 연필깎기하고 물에 잠깐 담갔다가 물기를 뺀다. 당근은 껍질을 벗기고 2cm 길이로 가늘게 채썬다.
5 밥솥에 ❶의 쌀을 넣고 적당한 분량의 표고버섯 불린 물을 붓는다. ❸의 닭고기를 양념과 함께 넣고 표고버섯, ❹의 야채들도 함께 넣어 평평하게 펴준 후 밥을 짓는다.
6 밥이 완성되면 충분히 뜸을 들인 후 참기름을 둘러 전체적으로 잘 섞어준다. 그릇에 푸고 통깨를 뿌린다.

🌿 말린 표고버섯 불린 물이 맛이 없을 때는 그냥 물을 사용해도 상관없다.

전자레인지로 만드는 쫀득쫀득한

간편 팥밥

Ingredient
4인분

찹쌀 2홉, **팥** 40g, **깨소금** 적당량

|**A**| **청주** 1큰술, **맛술** 1큰술, **소금** ¾작은술

1 찹쌀은 1시간 전에 잘 씻어 체에 건져 물기를 뺀다.
2 팥은 씻어서 냄비에 넣고 넉넉히 물을 넣어 강한 불에서 끓인다. 끓기 시작하면 약한 불로 낮춰 5분 정도 익힌다. 팥 삶은 물을 버리고 다시 물 3컵을 부어서 끓기 시작하면 약한 불로 낮추고 물 1컵 정도를 2~3회에 나눠 부으면서 삶는다.
3 삶은 물이 팥색이 나면 볼에 받쳐둔 체에 부어 팥과 삶은 물을 분리한다. 팥 삶은 물이 뜨거울 때 국자로 3~4회 퍼 올리기를 반복하며 공기에 접촉시켜 색을 낸 후 덜어둔다.
4 팥은 냄비에 다시 넣어 약 2컵 분량의 물을 붓고 살짝 단단한 듯한 정도로 삶아서 물기를 뺀다.
5 ❶의 찹쌀과 ❹의 팥, ❸의 팥 삶은 물 1½컵, A를 내열용기에 넣어 잘 섞어준 후 랩을 씌워 전자레인지(600W)에서 약 13~15분 정도 익힌다. 도중에 랩을 벗겨 2~3회 섞어준다. 완성되면 가볍게 섞어준 후 마른 행주를 덮어 약 5분 동안 뜸을 들인다. 그릇에 담아 깨소금을 뿌린다.

비빔밥

미나리와 가리비 비빔밥

풋콩과 새우 비빔밥

토란 튀김과 쪽파 비빔밥

잔멸치를 올린 생강 향 비빔밥

● 386kcal
염분 1.3g

레몬과즙으로 맛을 잡아 깔끔한

미나리와 가리비 비빔밥

Ingredient ━━━━━

4인분

미나리 2단(220g)
가리비 관자 12개
양파 ½개
청주 2큰술
레몬껍질(잘게 썬 것) 약간
따뜻한 밥 600g
| A | **레몬즙** 4큰술, **식초** 2큰술, **설탕** 3큰술, **소금** ⅔작은술, **후추** 약간

1 A를 잘 섞어서 밥과 잘 버무린 다음 식힌다.

2 미나리는 뿌리를 떼고 살짝 데쳐서 3cm 길이로 잘라 물기를 꼭 짠다. 가리비는 절반으로 자르고 양파는 다져서 물에 담갔다가 물기를 완전히 뺀다.

3 프라이팬에 ❷의 가리비와 청주를 넣고 뚜껑을 덮어 약한 중불에 올린다. 3분 정도 찌듯이 조린 후 불을 끄고 그대로 식혀 국물을 가볍게 뺀다.

4 ❶의 밥에 ❷의 미나리, 양파, ❸의 가리비를 넣어 잘 섞어준다. 그릇에 담아 레몬껍질을 뿌린다.

풋콩의 녹색과 새우의 붉은색이 대조를 이룬
풋콩과 새우 비빔밥

Ingredient ━━━━━━━━━━━━━━━━━ 4인분

쌀 2홉, 풋콩 80g, 새우(껍질째) 4마리
| A | 다시 육수 2컵, 소금 ½작은술

1 쌀은 잘 씻어 체에 건져 물기를 뺀다. 풋콩은 적당한 양의 소금을 넣고 끓인 물에 삶아서 꼬투리를 까고 얇은 막을 제거한다.
2 새우는 껍질을 벗기고 등 쪽의 내장을 제거한 후 약간의 소금을 넣고 끓인 물에 삶아 꼬리를 떼고 2cm 두께로 썬다.
3 쌀과 A를 밥솥에 넣어 한 번 저어준 후에 밥을 한다.
4 밥이 완성되면 풋콩와 새우를 넣어 가볍게 섞어준 후 그릇에 담는다.

🌿 A 대신에 풋콩 삶은 물을 거즈 등으로 거른 것 2컵과 청주 2작은술을 넣어도 맛있다.

갓 지어 따끈따끈한 밥에 섞어주는 것이 핵심이다
토란 튀김과
쪽파 비빔밥

Ingredient ━━━━━━━━━━━━━━━━━ 4~6인분

쌀 3홉, 토란 4~5개(300g), 쪽파 150g, 청주 3큰술, 다시마(5cm 크기로 자른 것) 1장, 녹말가루 적당량, 튀김기름 적당량, 소금 2작은술, 통깨 3큰술

1 쌀을 씻어서 물을 보통 때보다 약간 적게 잡아 불리다가 직전에 청주와 다시마를 넣어 밥을 한다.
2 토란을 깨끗하게 씻어 껍질째 증기가 오른 찜기에 넣어 강한 불에서 찐다. 꼬치가 쏙 들어갈 정도로 익으면 껍질을 벗겨 식힌다.
3 쪽파는 잘게 송송 썬다.
4 ❷의 토란을 먹기 좋은 크기로 자르고, 녹말가루를 얇게 묻혀서 중간 온도(170℃)의 튀김기름에서 색이 잘 나도록 튀겨낸 후 소금 1작은술을 뿌린다.
5 갓 지은 밥에 ❸, ❹, 소금 1작은술, 통깨를 잘 섞어 그릇에 담는다.

354kcal
염분 0.7g

쪽파와 생강 향이 가득한

잔멸치를 올린 생강 향 비빔밥

Ingredient
4인분

쪽파 4~5뿌리

생강 1개(15g)

잔멸치 30g

식용유 2큰술

통깨 2큰술

따뜻한 밥(갓 지은 밥) 2홉 분량

| A | **식초** 2큰술, **설탕** ½큰술, **간장** 1작은술, **참기름** ½작은술

1 쪽파는 뿌리를 떼고 잘게 송송 썰고, 생강은 껍질을 벗겨 거칠게 다진다.

2 프라이팬에 식용유를 둘러 달군 다음 중간 불에서 잔멸치를 바삭하게 볶은 후 키친타월 위에 올려 기름을 뺀다.

3 밥에 잘 섞은 A를 둘러 넣고 주걱으로 밥을 자르듯 섞어준다. ❶에 통깨를 넣어 가볍게 섞어준 다음 그릇에 담아 ❷의 잔멸치를 올린다.

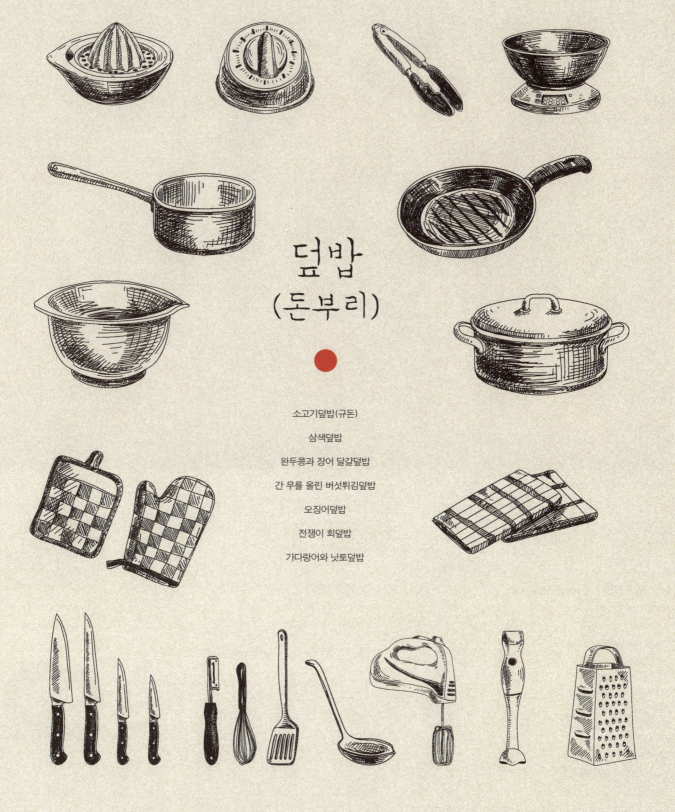

덮밥
(돈부리)

소고기덮밥(규돈)

삼색덮밥

완두콩과 장어 달걀덮밥

간 무를 올린 버섯튀김덮밥

오징어덮밥

전쟁이 회덮밥

가다랑어와 낫토덮밥

590kcal
염분 3.5g

가정에서 만들어 고기가 듬뿍 올라간

소고기덮밥(규돈)

1 만가닥버섯은 밑동을 떼고 송이를 갈라준다. 양파는 세로로 이등분하여 8mm 두께로 썬다.
2 생강은 껍질을 벗겨 거칠게 다진다.
3 프라이팬에 식용유를 둘러 달군 다음 중간 불에 소고기를 풀어주면서 볶아 색이 나면 ①의 만가닥버섯과 양파, ②의 생강을 넣어 볶다가(사진 ①), 숨이 죽으면 청주를 붓는다.
4 A를 첨가하여(사진 ②) 끓기 시작하면 뚜껑을 덮어 약한 불에서 10분 정도 조린다.
5 그릇에 밥을 담고 ④를 국물과 함께 얹은 후 붉은 생강을 올린다.

사진 ❶ 양파, 만가닥버섯을 소고기와 함께 볶아서 고기의 육즙이 재료에 배도록 한다.

사진 ❷ 수분을 날리면서 볶다가 야채의 부피가 줄면 양념을 넣는다.

Ingredient

4인분

소고기(얇게 저민 것) 300g
만가닥버섯 2봉지
양파(작은 것) 2개
생강(작은 것) 1개(10g)
식용유 1큰술
청주 3큰술
붉은 생강 적당량
따뜻한 밥 4인분(700g)
| A | **맛술** 3큰술, **설탕** 2큰술, **간장** 5~6큰술

색깔도 맛도 다른 세 가지 토핑을 올린

삼색덮밥

477kcal
염분 2.1g

Ingredient ━━━━━━━━━━━━ 4인분

| **달걀 고명** | **달걀** 4개, **설탕**, **청주** 각 4작은술, **소금**, **식초** 약간씩
| **닭고기 고명** | **닭고기(간 것)** 200g, **설탕**, **간장** 각 2~3큰술, **청주** 4큰술, **생강즙** 약간
청대완두 80~100g, **소금** 적당량, **구운 김** 1장, **생강 매실 초절임(채썬 것)** 적당량,
따뜻한 밥 4인분

1 달걀 고명을 만든다. 냄비에 달걀을 깨서 넣고 설탕, 청주, 소금을 넣어 잘 섞어준다. 불에 올려 나무젓가락 등으로 잘 섞어주면서 반숙상태로 익힌 후 마지막에 식초를 넣어서 부드럽게 만든다.
2 닭고기 고명을 만든다. 작은 냄비에 재료를 모두 넣고 나무젓가락으로 잘 섞어주면서 중간 불에서 볶는다. 고기가 완전히 익으면 국물이 자작한 정도에서 불을 끈다.
3 청대완두는 억센 부분을 제거하고 어슷하게 썰어 약간의 소금을 뿌린 다음, 끓는 물에서 색이 선명해지도록 삶아 체에 밭친다. 약간의 소금을 뿌리고 부채로 부치며 식힌다.
4 구운 김은 부셔둔다.
5 그릇에 밥을 담고 부셔둔 김을 골고루 뿌린 후 절반 부분에 닭고기 고명을 국물과 함께 올린다. 나머지 반쪽에는 달걀 고명을 올리고 중앙에 청대완두를 올려 장식한 후 생강 매실 초절임을 한쪽에 놓는다.

여름철 기운을 살려주는 스태미나 음식

완두콩과
장어 달걀덮밥

622kcal
염분 2.6g

Ingredient ━━━━━━━━━━━━ 4인분

완두콩(꼬투리째) 1봉지(150g), **장어 꼬치구이** 1꼬치(120g), **달걀** 4개, **우엉** ½개,
다시 육수 ½컵, **따뜻한 밥** 800g
| **A** | **청주** 3큰술, **맛술** 3큰술, **간장** 3큰술, **설탕** 2작은술

1 완두콩은 적당량의 소금을 뿌려 문지르며 씻어낸 후 뜨거운 물에 삶아서 콩만 꺼낸다. 우엉은 껍질을 긁어내고 연필깎기하여 식초물에 5분 정도 담가서 물기를 뺀다.
2 장어는 꼬치를 뺀 후 가로 2cm 폭으로 썰고, 달걀은 풀어둔다.
3 냄비에 다시 육수와 A를 넣어 끓이다가 ❶의 우엉을 넣고 뚜껑을 덮어 중간 불에서 5분 정도 조린다.
4 ❸에 장어를 넣어 한소끔 끓이다가 풀어둔 달걀을 넣고, ❶의 완두콩을 뿌려 젓가락으로 가볍게 섞으면서 1분 정도 익힌다. 뚜껑을 덮고 불을 끈 후 30초~1분 동안 여열로 익히되 달걀은 취향에 맞게 익힌 정도를 조절하여 완성한다.
5 그릇에 밥을 담고 ❹를 올린다.

따뜻한 소스가 밥에 배서 더 맛있는

간 무를 올린
버섯튀김덮밥

609kcal
염분 3.6g

Ingredient ▬▬▬▬▬▬▬▬ 4인분

만가닥버섯 100g, **새우(껍질 깐 것)** 200g, **파드득나물** 1단, **무** 300g, **튀김기름** 적당량, **따뜻한 밥** 4인분

| A | **간장** 5큰술, **맛술** 3큰술, **설탕** 1½큰술
| B | **녹말가루** 2작은술, **물** 1½큰술
| C | **밀가루** 3큰술, **녹말가루** 2큰술

1. 만가닥버섯은 밑동을 잘라 뜯어준다. 파드득나물은 먹기 좋은 크기로 썬다.
2. 무는 껍질을 벗기고 갈아서 볼에 올린 체에 밭친다. 무즙에 물을 더해 2컵 분량을 만들고 A를 넣어 불에 올린 다음 끓어오르면 B의 물에 갠 녹말가루를 넣어 농도를 맞춘다.
3. 볼에 새우와 ❶의 만가닥버섯, 파드득나물을 넣고 C를 첨가해 조리다가 찬물 80ml를 부어 가볍게 섞어준다. 4등분하여 중간 온도(170℃)로 가열한 기름에서 2개씩 2~3분 동안 튀긴다.
4. 그릇에 밥을 담아 ❸을 올리고 ❷의 간 무를 옆에 곁들인 다음 따뜻하게 데운 ❷의 소스를 뿌린다.

살짝 데친 오징어로 만든 즉석메뉴

오징어덮밥

336kcal
염분 2.1g

Ingredient ▬▬▬▬▬▬▬▬ 4인분

오징어(횟감용) 1마리, **오이(깍둑썰기한 것)** 1개 분량, **붉은 생강** 약간, **통깨** 적당량, **따뜻한 밥** 2홉 분량

| A | **식초** 1큰술, **설탕** 1작은술, **소금** 약간
| B | **간장** 2큰술, **맛술** 1큰술, **굴소스** 1작은술

1. 오징어는 몸통에서 다리와 내장을 빼고 연골을 제거하여 깨끗하게 씻는다. 몸통은 얇은 통썰기를 하고, 다리는 내장, 눈, 입, 다리 끝부분 등을 제거하고 빨판 중 딱딱한 부분을 떼어낸 후 먹기 좋은 크기로 자른다.
2. 냄비에 물을 끓이다가 약간의 식초와 간장을 넣어 오징어를 살짝 데친 후 찬물에 담갔다가 A를 버무려 밑간을 한다.
3. B를 내열용기에 담아 전자레인지(600W)에서 1분 동안 가열하여 소스를 만든다.
4. 그릇에 밥을 담고, 오이, 거칠게 다진 붉은 생강, ❷의 오징어를 올리고, ❸의 소스를 부은 후 통깨를 뿌린다.

싱싱한 전갱이로 만드는 회덮밥

전갱이 회덮밥

344kcal
염분 1.4g

Ingredient
4인분

쌀 2홉
전갱이(횟감용) 2마리
양하 3개
쪽파 6~7뿌리
생강(간 것) 적당량
간장 적당량
| A | **식초** 3큰술, **설탕** 2큰술, **소금** 1작은술
| B | **통깨** 약간, **간장** 1큰술, **청주** 1큰술

1 쌀은 잘 씻어 체에 밭쳐 30분 정도 두었다가 물을 약간 적게 잡아 밥을 한다.
2 A를 잘 섞어서 단촛물을 만들어 갓 지은 밥에 넣는다. 주걱으로 밥을 자르듯 섞으면서 사람체온 정도로 식혀 초밥용 밥을 만든다.
3 전갱이는 배를 갈라 굵은 뼈를 발라내고(317쪽 참조), 잔뼈들은 족집게를 이용해 제거한다. 껍질을 벗겨 2~3cm 두께로 어슷하게 썰고, B에 10분 정도 담가둔다.
4 양하는 세로로 이등분한 후 다시 얇게 저며서 물에 담근다. 쪽파는 잘게 송송 썬다.
5 ❷의 초밥용 밥을 그릇에 담고 ❸의 전갱이와 ❹의 양하, 쪽파를 뿌리고, 생강을 올린 후 간장을 살짝 끼얹는다.

밑간을 한 낫토를 섞으면서 먹는

가다랑어와 낫토덮밥

● 389kcal
염분 1.0g

Ingredient
4인분

가다랑어(횟감용) ½도막(250g)
무순 ⅛팩
구운 김 1장
낫토 2팩
따뜻한 밥 4인분
| A | **간장** 1큰술, **두반장** 1작은술, **참기름**
1작은술

1 가다랑어는 1cm 두께로 썬다.

2 무순은 뿌리를 떼어내고 먹기 좋은 크기로 자른다. 김은 손으로 부셔둔다.

3 볼에 낫토와 A를 넣어 잘 섞은 다음 ❶의 가다랑어를 넣어 버무린다.

4 그릇에 밥을 담아 부셔둔 김을 그 위에 얹고, ❸을 올린 후 무순으로 장식한다.

면

돼지고기와 가지 우동

오이와 통깨무침 소바

닭고기와 오이를 올린 레몬참깨소스 면

샐러리와 파볶음 소면

소고기 고명 우동

볶은 파를 올린 우동

장어 소면

생강간장으로 맛을 낸

돼지고기와 가지 우동

Ingredient
4인분

우동(건면) 400g

돼지고기(얇게 저민 것) 100g

가지 3개

양하 2개

식용유 1큰술

다시 육수 2½컵

생강(간 것) 약간

| A | **간장** ¼컵, **청주** ¼컵, **맛술** ¼컵

1 돼지고기는 4cm 길이로 썬다. 가지는 꼭지를 떼고 세로로 이등분하여 반달모양으로 썬다.

2 양하는 얇게 어슷썰기한다.

3 냄비에 식용유를 둘러 달궈지면 돼지고기를 넣어 볶다가 고기색이 변하면 가지를 넣어 살짝 볶는다.

4 ❸의 냄비에 다시 육수를 넣어 끓기 시작하면 거품을 걷어내고 A를 넣는다. 가지가 익으면 양하를 넣어 불을 끄고 그릇에 담는다.

5 우동은 포장지에 표기된 대로 삶아 찬물에 헹궈 물기를 뺀다.

6 우동을 그릇에 담고, ❹의 국물에 생강을 올려 면을 찍어 먹는다.

237kcal
염분 1.3g

Ingredient
4인분

소바(건면) 200g
오이 2개
쪽파 적당량
| A | **면쯔유** ⅔컵, **검은 통깨(거칠게 간 것)** 3큰술, **와사비** 약간

식욕이 떨어지는 여름철에 딱 좋은

오이와 통깨무침 소바

1 오이는 얇게 어슷썰기하여 가늘게 채썬다. 쪽파는 잘게 썬다.
2 소바는 충분한 물을 부어 포장지에 표기된 대로 삶은 후 찬물에 헹궈서 물기를 뺀다.
3 A를 모두 섞은 소스에 ❶의 오이, ❷의 소바를 넣어 버무린다. 그릇에 담고 쪽파를 올린다.

통통한 면에 진한 참깨소스를 더한

닭고기와 오이를 올린 레몬참깨소스 면

533kcal
염분 1.8g

Ingredient
4인분

냉국수 4묶음
닭다리살 ½조각
오이 1개
보라색 양파 ¼개
방울토마토 4개
식초, 참기름 약간씩
| A | **통깨** 50g, **간장** 2큰술, **레몬즙** 1개
분량, **마늘(간 것)** 1작은술, **후추** 약간, **참
기름** 1큰술

1 작은 냄비에 물을 끓여서 닭다리살을 넣는다. 물이 끓어오르면 불을 낮춰 약 5분 정도 가열한 후 불을 끄고 뚜껑을 덮어 여열로 속까지 익힌다.

2 오이는 꼭지를 떼고 5cm 길이로 얇게 어슷썰기하여 채썬다. 양파는 결대로 얇게 썰어 물에 담갔다가 물기를 뺀다. 방울토마토는 꼭지를 떼고 이등분한다.

3 볼에 A와 물 4큰술을 넣고 잘 섞어서 소스를 만든다.

4 ❶의 닭다리살은 물기를 제거하고 1cm 두께로 썬다.

5 냄비에 물을 끓여 면을 넣고 포장지에 표기된 대로 삶아낸 후 찬물에 헹궈 물기를 빼고 식초와 참기름으로 버무린다.

6 그릇에 면을 담아 야채와 닭고기를 올리고 ❸을 끼얹는다.

냉장고에 있는 재료로 손쉽게 만드는

샐러리와 파볶음 소면

150kcal
염분 1.2g

Ingredient
4인분

소면 4묶음(200g), **샐러리** 1줄기(150g), **대파** 1대(120g), **생강(얇게 저민 것)** 2개,
말린 새우 적당량, **식용유** 1½큰술, **참기름** 약간, **후춧가루** 약간
| A | **소금** ⅓작은술, **다시마차** ⅓작은술, **따뜻한 물** 2큰술

1 샐러리는 억센 부분을 제거하고 4cm 길이로 썰어 결대로 얇게 채썰고, 잎은 다진
  다. 대파도 4cm 길이로 썰어 4등분한다. 생강은 거칠게 다진다.
2 A는 잘 섞어둔다.
3 끓는 물에 소면을 반으로 잘라서 넣고 10초 동안 삶은 후 찬물에 건져 헹구고, 최
  대한 물기를 빼서 참기름으로 버무린다.
4 프라이팬에 식용유를 둘러 중간 불로 달군 후 생강, 샐러리, 말린 새우 순으로 넣어
  볶다가 대파와 소면, 샐러리 잎을 넣어 볶는다. ❷를 부어 전체적으로 잘 버무린 후
  후추를 뿌려 그릇에 담는다.

오사카의 명물 우동을 우리 집 식탁에

소고기 고명 우동

464kcal
염분 2.0g

Ingredient
4인분

우동생면 3덩어리, **소고기(얇게 저민 것)** 200g, **양파** 1개, **다시 육수** 4컵, **쪽파(잘게
송송 썬 것)** 적당량
| A | **설탕** 2큰술, **청주** 2큰술, **간장** 4큰술

1 소고기는 먹기 좋은 크기로 썰고, 양파는 1cm 두께의 빗모양으로 썬다.
2 냄비에 A를 넣어 부글부글 끓이다가 ❶을 더해 중간 불로 낮춘 후 고기색이 변할
  때까지 익힌다.
3 다른 냄비에 다시 육수를 팔팔 끓여 우동면을 넣는다. 다시 끓어오르면 ❷를 국물
  과 함께 넣어 가볍게 양념이 배게 한다. 그릇에 담아 쪽파를 올린다.

몸속까지 따뜻해지는 우동

볶은 파를 올린 우동

1 대파는 세로로 이등분하여 얇게 어슷썰기한다.
2 냄비에 참기름을 두르고 약한 중불에서 가열하다가 대파를 넣어 3분 정도 볶아 숨이 죽으면 A를 넣어 조린다.
3 우동면을 데워서 그릇에 담고 따끈따끈한 ❷를 붓는다.

●
307kcal
염분 2.1g

Ingredient
4인분

생우동(가는 면) 4덩어리
대파 1½대
참기름 1큰술
| A | **다시 육수** 6컵, **간장** 1½큰술, **맛술**
2큰술, **소금** 1작은술

239kcal
염분 1.9g

Ingredient

4인분

소면 100g
장어 꼬치구이 2꼬치
파드득나물 2단
산초가루 적당량
| A | **장어 소스(첨부된 것)** 2봉지, **다시**
육수 1½컵, **간장** 1큰술, **맛술** 1큰술

장어와 소면이 의외로 잘 어우러진

장어 소면

1 장어는 내열용기에 담아 랩을 씌우고 전자레인지(600W)에서 약 1분 동안 가열한다. 꼬치를 제거하고 4등분해 나눈다.

2 소면은 끓는 물에 삶아 흐르는 물에 헹군다. 파드득나물은 4cm 길이로 썬다.

3 냄비에 A를 모두 섞어 ❶에 붓고, 약한 불에서 3분 동안 조린 후 ❷를 더해 2분 더 조린다.

4 그릇에 담아 산초가루를 뿌린다.

 소스의 간을 보고 간장과 맛술의 양을 조절한다.

집에 사람이 많이 모이는 날에는 특별하고 화려한 요리를 선보이고 싶은 법이다.

이런 때는 꼬치 튀김이나 회, 전골, 초밥 등 남녀노소 모두에게 인기 있는 일식 메뉴를 추천한다.

평범한 요리도 넉넉히 만들어 큰 접시에 담아두면 식탁이 훨씬 풍성해 보인다.

아울러 설 명절 음식도 함께 소개하겠다.

제 3 장

손님접대 요리와
설날 음식

손님접대 요리

스키야키

어묵탕

닭고기 전골 요리

소고기 다다키

꼬치 튀김

모듬회

단호박 달걀찜

일본식 모듬 냉두부

야채 튀김 절임

치라시즈시

유부초밥

후토마키(김초밥)

스키야키

534kcal
염분 3.2g

스키야키는 대표적인 손님 상차림 음식이다. 여기에서는 전골양념을 보충해가며 끓이는 간사이풍 방식을 소개한다. 소고기는 지방이 살짝 국물에 녹아들고 색이 살짝 변한 정도에서 건져내 풀어놓은 달걀에 찍어 먹는다. 간사이풍은 냄비에 소기름을 녹여 고기를 굽고 설탕과 간장으로 간을 맞춘다.

Ingredient
4~6인분

소고기(스키야키용) 400~600g, **소기름** 적당량, **대파** 2대, **생표고버섯** 12개, **구운 두부** 2모, **쑥갓** 1단(200g), **배추** ¼포기, **실곤약** 1봉지(250g), **설탕** 2큰술, **달걀(취향대로)** 적당량
| A | **다시 육수** ½컵, **간장** ½컵, **청주** 3큰술, **맛술** 2큰술

달걀을 풀어서 찍어 먹으면 맛있다.

1 대파는 2cm 두께로 어슷썰기 한다. 표고버섯은 밑동을 떼고 갓 부분에 칼로 모양을 넣는다. 구운 두부는 이등분하여 2cm 두께로 썬다. 감자, 당근은 껍질을 벗겨 큼직하게 썰고, 양파는 반으로 자른 후 빗모양 썰기를 한다.

2 쑥갓은 줄기 끝 부드러운 부분과 잎을 떼놓는다. 배추는 밑동을 잘라내고 넓은 잎은 세로로 이등분하여 3cm 두께로 썬다.

쑥갓의 굵은 줄기는 익으면 질겨지므로 볶음 등 다른 요리에 사용하도록 한다.

3 실곤약은 먹기 좋은 크기로 잘라서 약간의 소금을 넣고 조물조물 주무른 후 씻어낸다. 냄비에 넣어 실곤약이 잠길 정도의 물을 붓고 강한 불에서 가열하다가 끓어오르면 살짝 불세기를 줄여 5분 정도 데쳐낸 후 체에 건진다.

4 볼에 A를 모두 넣어 섞어준 후 설탕을 녹여 전골양념을 만든다.

5 스키야키 냄비를 충분히 달궈 나무젓가락으로 소기름을 잡고 문지르며 녹이다가 약한 불로 낮춘다.

6 중간 불에서 대파를 넣어 양면을 구우면서 향을 낸다.

7 대파를 한쪽으로 몰아두고 빈 공간에 소고기 2~3장을 넣어 젓가락으로 풀어주면서 굽는다.
구운 소고기의 고소함이 전골에 깊은 맛을 더한다.

8 고기색이 변하고 고소한 향이 나면 **4**의 전골양념을 조금씩 부어 조리다가 배추, 표고버섯, 구운 두부, 실곤약 순으로 적당량을 나누어 넣는다. 불을 낮추고 쑥갓을 넣은 후 불을 끄고 먹는다. 나머지도 같은 방법으로 조리해 먹는다.

어묵탕

310kcal
염분 2.6g

속까지 맛이 밴 뜨거운 어묵은 모두에게 인기 만점인 메뉴다. 어묵완자와 삶은 달걀도 별미지만 야채고기말이와 유부주머니 같은 나만의 창작물도 매력적이다. 겨자 페이스트와 유자 후추를 곁들이면 더욱 좋다.

Ingredient
6~8인분

무(3cm 두께로 통썰기한 것) 8조각, 곤약 1개(350g), 삶은 달걀 8개, 국물용 다시마(30cm 크기로 자른 것) 4장, 유부(길이를 이등분하여 주머니 모양으로 만든 후 끓는 물에 데쳐서 물기를 꼭 짠 것) 4장 분량, 박고지 적당량, 어묵완자 16개, 경수채 150g, 돼지고기(앞다리살, 얇게 저민 것) 8장, 쌀 1큰술, 다시 육수 14컵, 겨자 페이스트 적당량, 유자 후추 적당량

| A | 연근(사방 5mm 크기로 깍둑썰기한 것) 150g, 닭고기(간 것) 200g, 대파(잘게 썬 것) 2대, 생강즙 ½작은술, 청주 1큰술, 소금 ⅓작은술

| B | 청주 3큰술, 맛술 2큰술, 간장 2큰술, 소금 2작은술

1 무는 두껍게 껍질을 벗기고 가장자리를 둥글게 손질하여 한쪽 면에 두께의 ½ 깊이까지 +자를 새겨 넣는다. 냄비에 쌀과 넉넉한 양의 물을 넣어 중간 불에 올리고 부글부글 끓기 시작하면 뚜껑을 덮어 30~40분 동안 뭉근히 익히다가 그대로 식힌다.

2 곤약은 길이를 이등분한 후 두께를 다시 반으로 가른다. 양면에 가볍게 격자모양으로 칼집을 넣어 삼각형으로 자른 후 소금 ½큰술을 뿌려 손으로 주무른 다음 물로 씻어내고 약한 중불에서 5분 동안 데쳐서 건져둔다.

칼집을 넣으면 간이 잘 밴다.

3 삶은 달걀은 껍질을 벗긴다. 다시마는 물에 30분~1시간 동안 담가서 불린다. 세로로 2~3등분한 후 하나에 2개의 매듭모양을 만들고 남는 부분은 잘라낸다.

다시마는 길이가 충분해야 매듭모양을 만들 수 있으므로 먼저 매듭을 만든 후에 남은 부분을 잘라낸다.

4 박고지는 물로 씻어서 약간의 소금을 넣고 주무른 다음 씻어낸다. 미지근한 물에 10분 정도 담가서 불린 후 물기를 꽉 짠다. 볼에 A를 넣어 잘 섞은 후 8등분한다. 박고지와 A를 유부에 채우고 남은 박고지로 입구를 묶어서 유부주머니를 완성한다.

5 어묵완자는 끓는 물에 데쳐 기름기를 빼서 건져두고 두 개씩 꼬치에 꽂는다.

6 경수채는 뿌리를 잘라내고 5cm 길이로 자른다. 도마에 돼지고기를 세로로 길게 펼쳐두고 한쪽 끝에 경수채를 올려서 데굴데굴 말아 꼬치에 꽂는다.

7 토기에 다시 육수를 넣어 중간 불에서 끓이다가 B로 간을 한다.

8 토기에 ❶, ❷, ❸을 넣고 다시 끓어오르면 뚜껑을 덮고 불을 낮춰 20분 동안 익힌다. ❹, ❺를 넣어 다시 15분 동안 끓이고 ❻을 더해 5~6분 정도 더 끓인다. 그릇에 옮겨담아 겨자 페이스트, 유자 후추를 찍어서 먹는다.

닭고기 전골 요리

220kcal
염분 2.6g

닭고기를 뼈째로 사용하여 육수에 깊은 맛이 우러나게 한다. 담백한 야채에 닭고기 육수가 깊이 배면서 맛이 한층 좋아진다. 폰즈간장과 양념을 더하면 더욱 맛있게 즐길 수 있으며, 남은 국물로 만들어 먹는 죽 또한 별미다.

Ingredient

4인분

닭고기(뼈째로 토막낸 것) 1kg, **당근** 2개, **만가닥버섯** 2팩, **양배추** ½~1통, **쌀** 2큰술, **무** 10cm, **붉은 고추** 1개

| **A** | **청주** ½컵, **생강**(얇게 저민 것, 작은 것) 1개 분량(10g), **붉은 고추** 1개, **소금** ½작은술
| **B** | **감귤류**(카보스, 영귤, 유자 등)의 즙 ½컵, **간장** ½컵
| **C** | **생강**(간 것) 적당량, **유자 후추** 적당량, **쪽파**(잘게 썬 것) 적당량

1   닭고기는 실온에 두었다가 끓는 물에 넣어 5분 정도 삶는다.

2   닭고기를 물에 담가서 깨끗이 씻은 후 물기를 뺀다.
잡내가 없는 맑은 국물을 내리면 지저분한 것들을 꼼꼼히 제거한다.

3   거즈나 삼베주머니에 쌀을 넣고 실로 입구를 잘 묶어준 후 토기에 ❷의 닭고기, A, 물 10~12컵을 모두 넣어 중간 불에 올린다.

쌀을 넣으면 닭의 잡내를 없애는 효과가 있으며 국물을 걸쭉하게 만들어 깊은 맛을 낸다.

4   끓기 시작하면 위에 떠오르는 거품을 걷어내고 불을 낮춘 후 뚜껑을 덮어 30~40분 정도 끓인다.

5   무의 껍질을 벗겨 나무젓가락으로 2곳에 구멍을 낸다. 꼭지를 떼고 씨를 제거하여 물에 담가서 부드럽게 불려둔 붉은 고추를 나무젓가락으로 무의 구멍 난 곳에 채워 넣는다. 평행한 상태를 유지하면서 이것을 강판에 갈아준다.

6   B를 모두 넣어 폰즈간장을 만든다. 당근은 껍질을 벗겨 8mm 두께로 통썰기하고 만가닥버섯은 아래쪽의 지저분한 부분을 잘라내고 먹기 좋은 크기로 뜯어둔다. 양배추는 사방 5cm 크기로 깍둑썰기한다.

7   ❹에 당근, 만가닥버섯을 넣고 뚜껑을 덮어 중간 불에서 10분 동안 끓이다가 양배추를 넣고 숨이 죽을 때까지 익힌다. 그릇에 담아 ❻의 폰즈간장을 뿌리고 ❺의 붉은 고추를 넣어 간 무즙과 C의 양념을 올려서 먹는다.

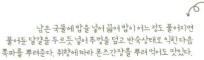

남은 국물에 밥을 넣어 끓여 밥이 어느 정도 풀어지면 풀어둔 달걀을 두르듯 넣어 뚜껑을 덮고 반숙상태로 익힌 다음 쪽파를 뿌려준다. 취향에 따라 폰즈간장을 뿌려 먹어도 맛있다.

234kcal
염분 0.7g

소고기 다다키

겉을 살짝 구워서 육즙을 가둔 소고기 다다키. 다양한 야채를 곁들여 육회처럼 즐길 수 있다. 큰 접시에 담아내면 상차림이 더욱 화려해진다. 전날 미리 준비해두면 잘라서 내면 되므로 간단하면서도 근사한 요리가 완성된다.

Ingredient
4~6인분

소고기(덩어리로 자른 것, 다다키용) 400g, 소금, 후추 약간씩, 식용유 ½큰술, 오이 2개,
양하 4개, 대파 1대, 차조기 12장, 생강(간 것) 적당량, 와사비(간 것) 적당량,
영귤(4등분한 것) 2개 분량, 간장 적당량

좋아하는 야채를 듬뿍 싸서 함께 먹는다.

1　소고기는 30분~1시간 전에 냉장고에서 꺼내 소금과 후추를 뿌리고 손으로 문지른다.

2　프라이팬에 식용유를 두르고 소고기를 강한 불에서 겉면만 바삭하게 구워준다.
표면을 빠른 시간 안에 바삭하게 익히면 향이 좋아지면서 육즙도 빠지지 않는다.

3　뚜껑을 덮고 약한 불에서 3분 정도 찌듯이 굽는다.

4　알루미늄 호일에 싸서 모양을 만져주며 말아준다. 바닥이 넓은 그릇에 담아 여열이 빠지면 2시간~하룻밤 정도 냉장고에 넣어 차갑게 식혀준다.
오랜 시간에 걸쳐 식혀주면 육즙이 더 맛있어진다.

5　오이는 얇게 썰어 볼에 담고 소금 1작은술을 뿌려 잘 섞어서 10분 동안 둔다. 숨이 죽으면 헹궈서 물기를 뺀다.

6　양하는 세로로 이등분하여 자른 면을 아래로 두고 다시 세로로 얇게 저며서 차가운 물에 3분 정도 담근 다음 체에 올려 물기를 뺀다.
양하는 물에 담가두면 더 아삭아삭해진다.

7　대파는 세로로 이등분하여 심을 제거하고 자른 면을 아래로 하여 얇게 어슷썰기한 후 찬물에 3분 정도 담갔다가 물기를 뺀다.
대파는 어슷썰기하는 편이 더 간편하다.

8　④의 소고기를 도마에 올리고 3~4mm 두께로 썬다. 오이, 양하, 대파, 차조기와 함께 보기 좋게 담고, 생강, 와사지, 영귤을 곁들인 간장을 찍어 먹는다.

꼬치 튀김

664kcal
염분 1.6g

손에 들고 먹을 수 있는 꼬치 튀김은 여러 성격의 식탁에 모두 어울리는 메뉴다. 다양한 재료를 준비하면 먹는 즐거움이 더욱 커질 것이다. 큼직하게 뜯어둔 양배추를 곁들여 자신이 좋아하는 소스를 듬뿍 찍어 먹으면 더욱 맛있다.

Ingredient
6인분

새우(껍질째, 큰 것) 6마리, **가리비관자(큰 것)** 6개, **차조기** 12장, **닭가슴살** 6조각, **양하(세로로 이등분 한 것)** 6개 분량, **돼지고기(등심, 돈가스용)** 2장, **아스파라거스** 6개, **닭다리살(큰 것)** 6조각, **참마(굵은 것)** 8cm, **구운 김** 1½장, **소금** 적당량, **후추** 적당량, **빵가루** 적당량, **튀김기름** 적당량, **양배추** ½개, **영귤(4등분한 것)** 2개 분량, **레몬(빗모양으로 자른 것)** 1개 분량, **우스터소스** 적당량

| **A** | 달걀 1개, **찬물** 1¼컵, **밀가루** 1½컵

| **타르타르 소스** | **삶은 달걀(굵게 다진 것)** 2개 분량, **마요네즈** 100g, **양파(굵게 다져서 찬물에 담갔다가 물기를 뺀 것)** 4큰술, **간장** 1작은술, **소금과 후추** 약간씩

1 새우는 꼬리 부분 한 마디만 남기고 껍질을 벗긴다. 등 쪽의 내장을 제거한 후 약간의 소금과 후추를 뿌려 꼬리 쪽에서 머리 쪽으로 꼬치를 끼운다. 가리비는 세로로 이등분한 후 차조기로 싸서 꼬치 하나에 2개씩 끼운다.

2 닭가슴살은 두께를 반으로 갈라서 양면에 약간의 소금을 뿌린다. 양하를 위에 올려서 돌돌 말아주고, 2개씩 꼬치에 끼운다. 돼지고기 등심은 2.5cm 두께로 기둥썰기하여 양면에 약간의 소금과 후추를 뿌려 꼬치에 끼운다.

3 아스파라거스는 뿌리 쪽 딱딱한 부분의 껍질을 필러로 벗겨내고 양면에 약간의 소금과 후추를 뿌려둔 얇게 저민 돼지고기로 말아준다.

4 참마는 껍질을 벗겨 세로로 6등분하여 긴 빗모양으로 썬다. 김은 한 장을 4등분하여 총 6장으로 만들어 참마를 싸서 꼬치에 세로로 끼운다.

5 6종류의 튀김용 꼬치가 모두 준비되면 볼에 타르타르 소스 재료를 모두 넣어 섞는다. 같이 곁들일 양배추는 찬물에 씻어서 아삭하게 한 후 물기를 빼고 손으로 찢어 먹기 좋은 크기로 만든다.

6 볼에 A의 달걀을 풀고, 찬물을 더해 거품기로 잘 저어준 후 밀가루를 넣어 덩어리가 생기지 않도록 풀어준다. 바닥이 넓은 그릇에 담아 ❺의 튀김용 꼬치 재료에 묻힌다.

A는 반죽이 완성된 후 바닥이 넓은 그릇에 옮겨 사용하면 튀김옷을 입히기가 훨씬 수월하다.

7 빵가루를 손으로 가볍게 눌러주면서 꼼꼼하게 묻힌다. 아스파라거스는 뿌리 쪽을 2cm 정도 남기고 빵가루를 입힌다.

아스파라거스는 손으로 집어 먹을 수 있도록 빵가루를 끝까지 입히지 않는다.

8 튀김기름을 중간 온도(170℃)로 가열하여 ❼을 넣고 2~3분 색깔이 잘 나도록 바삭하게 튀긴 후 기름을 빼서 그릇에 담는다. 영귤, 레몬, ❺의 양배추를 곁들여 취향에 맞는 소스를 찍어서 먹는다.

모듬회

168kcal
염분 0.5g

횟감을 써는 방법에 변화를 주거나 색다른 방법으로 세팅하면 맛과 모양 모두 세련된 느낌을 준다. 여기에 정성이 들어간 메뉴 하나를 더하면 손님은 정성스러운 대접을 받는 듯한 기분이 들 것이다.

Ingredient
4~6인분

| **다시마에 싼 도미** | **도미(횟감용, 덩어리)** 200g, **소금** 약간, **다시마(약 15cm 길이)** 2장

| **전쟁이 다다키** | **전쟁이(큰 것)** 2마리, **대파** 5cm, **참치 붉은살(횟감용, 덩어리)** 150g, **오징어(횟감용)** 1마리 분량, **가리비 관자(횟감용)** 8개

| **장식용** | **오이** 2개, **무** 6cm

| **곁들임용** | **차조기** 12장, **무순** 1팩, **붉은 차조기** 8장, **잇꽃줄기** 약간, **해초믹스(불린 것)** 약간

| **양념용** | **와사비(간 것)** 적당량, **생강(간 것)** 적당량, **간장** 적당량

1 도미 양면에 살짝 소금을 뿌린다. 젖은 행주로 양면을 닦은 다시마 사이에 끼워서 랩으로 감싼 후 냉장고에 넣어 3시간~하룻밤 숙성시킨다. 다시마를 벗겨낸 후 얇게 저민다.

2 전쟁이 다다키를 만든다. 전쟁이는 굵은 뼈를 발라 포를 뜨고, 잔뼈도 족집게를 사용해 제거한다. 껍질을 위쪽으로 놓은 후 머리 쪽부터 껍질을 잡아당겨 벗기고 8mm 폭으로 썬다.

3 대파를 4등분하여 끝부분부터 잘게 썰어 ❷의 전쟁이와 섞으면서 칼로 가볍게 다져서 점성이 생기게 한다.

4 참치는 칼날 안쪽부터 시작하여 자신의 몸쪽으로 칼을 끌어당겨 칼끝에서 끝나게 하는 방법으로 1cm 두께로 썬다.

썬 참치조각은 칼을 이용해 오른쪽으로 눕혀둔다.

5 오징어는 6~7cm 길이로 썰고 칼의 끝부분을 사용해 끝에서부터 3~4mm 폭으로 가늘게 채썬다.

칼을 세워 칼끝으로 단숨에 썰면 깨끗하게 썰 수 있다.

6 가리비는 흰색의 힘줄을 제거하고 세로로 4등분한다.

동글동글하게 썰면 식감도 좋고, 그릇에 담았을 때 보기에도 좋다.

7 장식용 오이는 길이를 4등분하고, 무는 껍질을 벗겨 각각 물에 적신 칼로 얇게 돌려깎기하여 가늘게 채썬 다음 차가운 물에 3분 정도 담갔다가 물기를 뺀다. 무순은 뿌리를 잘라낸다.

8 그릇에 무, 오이를 쥐었다 놓듯이 담고 푸른색 차조기를 깔고 회를 올린다. 오징어는 나무젓가락을 사용해 한 번 접어준다. 다른 재료들도 색채감이 살도록 보기 좋게 담아 와사비, 생강, 간장을 곁들인다.

부피가 큰 회를 뒤쪽에 담으면 요리가 풍성해 보인다.

단호박 달걀찜

단호박 하나를 통째로 그릇 삼아 달걀찜을 했다. 예상하지 못한 비주얼에 환성이 터질 것이다. 따뜻하게 해서 단호박과 함께 떠먹어도 맛있고, 여름철에는 차게 해서 먹어도 좋다.

Ingredient
4~6인분

단호박 1개(1.6kg), **달걀** 4개, **새우(껍질 벗긴 것)** 150g, **만가닥버섯** 1팩
| **A** | **다시 육수** 2컵, **소금** ⅔작은술
| **B** | **청주** 1작은술, **소금** 약간

차갑게 식혀서 잘라 먹어도 맛있다.

1 단호박은 껍질째로 깨끗하게 씻는다. 물기를 닦고 윗부분을 잘라낸다. 과육이 두꺼운 부분은 칼로 도려내고 씨는 숟가락으로 긁어서 그릇을 만든다.

단호박의 도려낸 부분은 수프 등에 이용하면 된다.

2 단호박의 바닥을 조금 잘라내어 평평하게 만든 후 물을 부어 전체의 양을 확인한다(필요에 따라 달걀물과 들어갈 재료의 양을 조절한다).

3 김이 오른 찜기에 넣어 뚜껑을 덮고 강한 불에서 10분 정도 찐다.

통째로 손질한 단호박은 잘 익지 않으므로 달걀물을 넣기 전에 먼저 쪄서 살짝 익혀둔다.

4 단호박을 찌는 동안 달걀물을 만든다. 다시 육수에 A를 넣어 잘 섞는다. 볼에 달걀을 풀어주고, 간을 한 다시 육수를 조금씩 부어가며 거품이 생기지 않도록 나무젓가락으로 저어준다.

5 ④의 달걀물을 체 등에 거른다. 달걀물을 체에 한 번 걸러주면 식감이 부드러워진다.

6 새우는 등에 있는 내장을 제거하고 물로 씻는다. 물기를 제거하고 볼에 넣어 B를 뿌린다. 만가닥버섯은 기둥을 자른 후 한 가닥씩 뜯어준다.

7 단호박이 어느 정도 익으면 일단 불을 끄고 안쪽에 생긴 수분을 키친타월로 닦아낸다.

8 ⑥의 새우, 만가닥버섯을 넣고 ⑤의 달걀물을 부은 후 김이 오른 찜기에 넣어 뚜껑을 덮고 강한 중불에서 10분 정도 찐다. 중간 불로 살짝 낮춰 50~60분 정도 더 찌다가 불을 끄고 10분 정도 그대로 둔다.

189kcal
염분 1.6g

일본식 모듬 냉두부

차가운 두부에 식욕을 돋우는 고명을 올리면 평범한 냉두부가 세련된 전채요리로 변신한다.

Ingredient
6인분

두부(구이용) 2모
두부(찌개용) 2모
| **잔멸치 튀김** |
잔멸치 30g, **튀김기름** 적당량, **차조기(세로로 이등분한 것)** 6장 분량
| **참마 명란젓** |
참마 150g, **매운 명란젓** ½개, **쪽파(3~4cm로 자른 것)** 1뿌리 분량
| **다시마 고명** |
다시마(4cm 크기로 자른 것) 1장, **오이** 1개, **양하** 2개, **소금** ½작은술
| **대파 소금절임** |
대파 ½대, **참기름** 1큰술, **소금** ½작은술, **후추** 약간

1 잔멸치 튀김을 만든다. 프라이팬에 약간의 튀김기름을 두르고 저온(160℃)으로 달군 후 잔멸치를 넣고 약한 불에서 천천히 바삭바삭해질 때까지 튀긴 다음 그릇에 덜어내어 식혀준다.

2 참마 명란젓을 만든다. 참마는 껍질을 벗겨 분쇄기를 이용해 굵은 입자 정도로 갈아준다. 명란젓은 얇은 막을 제거한 후 참마와 골고루 섞어준다.

3 다시마 고명을 만든다. 다시마는 물을 자작하게 부어 30분 정도 불린다. 오이와 양하 모두 사방 3mm 크기로 깍둑썰기하고, 소금을 뿌려 잘 섞어준다.

4 대파 소금절임을 만든다. 대파는 잘게 썰어 볼에 담고 나머지 양념을 모두 넣어 잘 섞어준다. 두부를 먹기 좋은 크기로 잘라서 4종류의 고명을 차조기와 쪽파를 적절히 조합해가며 올린다.

야채 튀김 절임

301kcal
염분 2.2g

큰직하게 자른 야채의 식감이 재미있다! 기름의 풍미와 육수의 감칠맛을 함께 즐길 수 있다. 야채를 튀겨내자마자 곧바로 절임장에 담그는 것이 비법이다.

Ingredient

6인분

연근(1.5cm 두께로 통썰기 한 것) 1개 분량
쥬키니 호박(길이를 반을 잘라 세로로 4등분한 것) 2개 분량
가지(줄무늬로 껍질을 벗겨 2cm 두께로 어슷썰기한 것) 3개 분량
파프리카(노랑, 주황. 꼭지와 씨를 제거하고 세로로 이등분하여 2cm 두께로 썬 것)
각 1개씩 분량
양파(2cm 두께로 반달썰기한 것) 2개 분량
새송이버섯(길이를 반으로 잘라 다시 세로로 이등분씩 썬 것) 4개 분량
오쿠라(꽃대를 파낸 것) 10개
호박(2cm 두께로 빗모양으로 썬 것) ¼개 분량
튀김기름 적당량, 다시 육수 4컵
| A | 청주 ⅓컵, 맛술 ½컵, 간장 3큰술, 소금 1⅔작은술, **붉은 고추** 2~3개

1 냄비에 다시 육수를 넣어 부글부글 끓이다가 A를 넣어 한소끔 끓인 후 큰직한 볼에 옮겨 담는다.

2 야채들을 비슷한 크기로 잘라 물기를 닦아낸다. 양파는 이쑤시개 등으로 찔러 둔다. 오쿠라는 칼집을 낸다.
오쿠라에 칼집을 내면 튀길 때 터지지 않는다.

3 튀김기름을 높은 중간 온도(175℃)로 가열하여 연근 등 색이 연한 종류부터 튀긴다. 호박은 마지막에 넣어 저온(150℃)에서 4~5분 정도로 부드러워질 때까지 튀기다가 마지막에 고온(180℃)으로 올려 바삭하게 만든다.

4 튀겨낸 야채들은 곧바로 ❶의 절임장에 넣는다. 여열이 빠지면 냉장고에 넣어 식힌 다음 그릇에 담는다.

치라시즈시

285kcal
염분 3.3g

치라시즈시의 매력은 맛은 물론 눈으로 즐기는 기쁨도 놓칠 수 없다. 다양한 색감의 재료들을 균형감 있게 배치하여 식탁에 화려함을 더해보자.

Ingredient

5~6인분

말린 표고버섯 4개, **새우(껍질 벗긴 것)** 200g, **달걀** 2개, **달걀 노른자** 1개 분량, **껍질완두콩** 10개, **식용유** 적당량, **소금** 약간,
초밥용 밥(324쪽 참조) 600g

| **A** | **맛술** ⅓큰술, **간장** ⅔큰술, **설탕** 1작은술
| **B** | **맛술** 3큰술, **청주** 2큰술, **설탕** 1큰술, **소금** ½작은술
| **C** | **설탕** 1큰술, **소금** ⅓작은술

1 표고버섯은 달작하게 조린다. 말린 표고버섯은 가볍게 씻은 후 1¼컵의 물에서 불린다. 냄비에 A, 표고버섯 불린 물을 모두 넣어 중간 불에 올린다. 끓기 시작하면 거품을 걷어낸다.

2 뚜껑을 덮어 약한 중불에서 조림국물이 없어질 때까지 조리다가 그대로 식힌다. 완전히 식으면 얇게 저민다.

열이 식는 과정에서 간이 속까지 배게 되므로 완전히 식히도록 한다.

3 새우 고명을 만든다. 새우는 등쪽의 내장을 제거하고 끓는 물에서 1분 동안 데친 후 찬물에 가볍게 씻어낸다. 물기를 닦아낸 후 분쇄기에 넣어 굵은 입자 상태가 될 때까지 갈아준다.

4 냄비에 B를 모두 넣어 끓이다가 ❸을 첨가한다. 중간 불에서 나무주걱으로 섞어주면서 수분을 날려 고슬고슬한 상태가 될 때까지 볶는다.

5 황색지단을 만든다. 볼에 달걀, 달걀 노른자, C를 모두 넣어 섞어준 후 체에 거른다. 지단용 프라이팬에 식용유를 얇게 바르고 달걀물을 얇게 부어 익힌 후 나무젓가락으로 뒤집어 양면을 굽는다. 같은 방법을 반복하여 남은 달걀물을 모두 구워준다.

6 구워진 순서대로 키친타월을 사이에 끼우면서 달걀지단을 쌓아서 식힌다.

한 장마다 키친타월을 끼워두면 달걀지단이 잘 찢어지지 않는다.

7 완전히 식으면 적당한 폭으로 썬 다음 여러 개를 겹쳐서 가늘게 채썬다. 껍질완두콩은 억센 부분을 제거하고 색이 선명해지도록 살짝 데쳐 소금을 뿌린 후 적당한 크기로 어슷썰기한다.

8 그릇에 초밥용 밥을 담고 ❼의 황색지단을 넓게 펴서 올린다. 그 위에 ❹의 새우 고명, ❷의 표고버섯 조림, ❼의 껍질완두콩을 뿌려준다.

유부초밥

140kcal
염분 1.1g(1개 분량)

초밥에 적절히 밴 뭉근히 달콤 짭짤하게 조린 유부 조림즙의 조화에 자꾸 먹게 되는 유부초밥. 입자가 굵은 설탕 (자라메 설탕)을 사용하여 감칠맛과 윤기를 낸다.

Ingredient
16~20 인분

유부 8~10장, **쌀뜨물** 적당량, **초밥용 밥**(324쪽 참조) 700~800g
| **A** | **다시 육수** 3컵, **입자가 굵은 설탕(자라메 설탕)*** 6큰술, **간장** 3큰술, **맛술** 2큰술
* 굵은 설탕이 없을 때는 동량의 설탕을 사용한다.

1 유부는 반으로 잘라서 속을 열고 쌀뜨물과 함께 냄비에 넣어 끓인다.

쌀뜨물에 데쳐내면 기름이 쏙 빠져서 양념이 잘 밴다.

2 2분 동안 끓여낸 후 꺼내어 물에 살짝 담갔다가 양 손바닥으로 눌러서 물기를 짜준다.

3 냄비에 ❷를 가지런히 넣은 후 A를 넣고 조림뚜껑을 덮어 조린다.

4 중간 불로 올려 조림국물이 자작해질 때까지 15분 동안 끓인다.

5 완성된 유부는 바닥이 넓은 그릇 등에 한 장씩 가지런히 펴서 식힌다.

한 장씩 잘 펴서 식히면 색이 균일해지고 잘 찢어지지 않는다.

6 유부의 즙을 살짝 짠 후에 주머니 상태로 벌려서 초밥용 밥을 한 입 크기로 가볍게 쥐어 유부 속에 넣는다.

7 밥을 모서리부터 채워 넣고 유부의 상하, 좌우 순서로 접어서 모양을 만든다.

🌿 **유부초밥의 활용**

취향에 따라 통깨나 초절임 생강 등을 초밥용 밥에 섞어 유부에 넣어도 좋다. 유부 또한 속을 뒤집어 사용하거나, 유부의 한 변을 잘라서 삼각형 모양으로 만드는 등 다양한 모양으로 응용할 수 있다.

후토마키(김초밥)

321kcal
염분 3.2g

후토마키(김초밥)는 잘랐을 때 단면이 아름다워야 한다. 따라서 안에 들어갈 속재료의 색채는 물론 맛의 조화와 식감까지 고려해 배합해야 한다. 완성된 단면을 상상하면서 속재료를 올린다.

Ingredient
5~6인분

박고지(건조된 것) 20g, 맛술 1작은술, 달걀 4개, 새우(껍질째) 12마리, 오이 1개(100g), 파드득나물 1단(30g), 구운 김 4장, 초밥용 밥 600g, 소금 적당량, 식용유 적당량

| A | 입자가 굵은 설탕(자라메 설탕) 30g, 간장 1⅓큰술, 물 70ml
| B | 설탕 2큰술, 간장 2작은술, 다시 육수 4큰술

1 박고지는 316쪽을 참조하여 물에 불린 다음 김의 크기에 맞추어 길이를 자른다. 냄비에 A를 모두 넣어 중간 불에 올리고, 끓기 시작하면 박고지를 넣어 국물이 없어질 때까지 조리다가 맛술을 더해 한소끔 끓여 바닥이 넓은 그릇에 옮겨둔다.

2 볼에 달걀을 넣어서 풀고, B를 첨가해서 섞는다. 45쪽의 ❷~❼의 방법에 따라 두툼한 달걀지단을 만든다.

3 완성되면 키친타월을 깐 김밥말이 발에 말아서 모양을 잡아 식힌다. 완전히 식으면 세로로 4등분한다.
두꺼운 달걀지단은 열이 남아 있으면 쉽게 부서지므로 식힌 후에 썰어야 한다.

4 새우는 내장을 제거하고 구부러지지 않도록 배 쪽에 대나무꼬지를 꽂는다. 2%의 소금물에 2분 동안 삶아서 물기를 빼고 껍질을 벗겨 수분을 제거한다.

5 오이는 껍질에 약간의 소금을 뿌려 문지른 다음 끓는 물에 살짝 데쳤다가 찬물에 담근 후 세로로 6등분한다. 파드득나물은 모양이 흐트러지지 않게 줄기 부분을 실로 묶어 끓는 물에 살짝 데쳐 체에 올린다.

녹색이 더욱 선명해진다.

6 김밥말이용 발에 김 1장을 올린다. 초밥용 밥 150g을 그 위에 올려 가장자리부터 ⅔되는 지점까지 고르게 펼친다. 가장자리에서 3cm 지점부터 속을 올린다.

7 살짝 힘을 주어 눌러주고 김밥말이 발을 들어 올리면서 말아준다. 가장 안쪽에 있는 김발말이 발을 잡아당겨 안쪽으로 감싸듯 말아준다. 같은 방법으로 네 줄을 더 만든다.

김밥말이 발과 함께 밥도 잡아 말아주면 모양이 정돈된다.

8 깨끗한 행주를 물에 적신 후 꼭 짜서 칼을 닦아준다. 김초밥을 2cm 두께로 썬다.

설날 음식
(오세치)

누구나 화려한 명절 음식과 함께 새해를 맞이하고 싶은 법이다.

전통적인 가정의 손맛을 담은

우리 집만의 특별한 설날 음식을 만들어보자.

연말 분주하고 어수선한 분위기 속에서도

부담 없이 준비할 수 있는

간단하면서도 근사해보이는 레시피를 소개하겠다.

2단 찬합

3단 찬합

1단 찬합

1단 찬합

검은콩조림, 생선살을 넣은 달걀말이, 홍백 어묵, 밤떡, 마른 멸치조림

2단 찬합

닭고기 양념 튀김, 통깨 새우 튀김, 홍백 생채, 방어 데리야끼, 도미 명주다시마말이

3단 찬합

모듬 조림

1단 찬합

1단 찬합에는 좋은 운을 기원하는 술안주와 간식으로 채워져 있다.

맛이 배는 데까지 시간이 걸리는 검은콩조림부터 먼저 시작하도록 한다.

2005kcal
염분 4.2g(총량)

조림국물까지 맛있는

검은콩조림

Ingredient ━━━━━━━━ 만들기 쉬운 분량

검은 콩(건조된 것) 2컵(300g), 소금 ½작은술
| A | 갈색 설탕 2~2½컵, 간장 1큰술, 베이킹소다 ½작은술

1 검은콩은 물에 씻어 껍질이 벗겨진 것은 빼낸다. 바닥이 두꺼운 냄비에 검은콩을 넣고 물 8컵과 소금을 넣어 하룻밤 동안 불린다.

2 A를 첨가해 강한 불에 끓이면서 거품이 뜨면 꼼꼼히 걷어낸다. 끓어 넘칠 것 같으면 물 1컵을 붓고 가제 등을 위에 얹어둔다. 그런 다음 넘치지 않도록 뚜껑을 비스듬히 올리고 약한 불에서 3~4시간 동안 보글보글 끓이며 조린다.

3 양손가락으로 잡아 눌렀을 때 뭉개질 정도로 콩이 익으면 불을 끄고 식을 때까지 그대로 둔다. 밀폐용기로 옮겨 담고 위에 키친타월을 덮어서 2~3일 재워 양념이 깊이 배게 한다.

🌿 ❷에서 첨가하는 물은 콩의 표면과 내부의 온도차를 줄여서 껍질에 주름이 생기는 것을 방지하는 역할을 한다.

220kcal
염분 2.3g(1줄 분량)

생선살로 만든 어묵을 사용하여 손쉽게 만드는

생선살을 넣은
달걀말이

Ingredient ━━━━━━━━ 2줄 분량

달걀(큰 것) 6개, 생선살 어묵(큰 것) 1장, 식용유 적당량
| A | 설탕 4큰술, 맛술 2큰술, 소금 ¼작은술

1 생선살 어묵은 적당한 크기로 떠서 분쇄기에 넣어 가볍게 간다. 달걀을 하나씩 넣으면서 갈다가 A를 더해 부드러운 액체 상태로 만든다.

2 달군 달걀말이용 팬에 얇게 식용유를 두르고 ❶의 절반 정도의 양을 붓는다. 약한 불에 올리고 알루미늄 호일을 덮어서 80% 정도 익을 때까지 10분 정도 굽는다. 표면이 연한 갈색이 되면 뒤집어서 1~2분 정도 굽는다. 같은 방법으로 한 장을 더 굽는다.

3 김밥말이용 발 위에 ❷를 갈색빛이 도는 면을 아래쪽으로 두고 2cm 간격으로 얇게 2~3군데 칼집을 넣어 뜨거울 때 말아서 고무줄로 고정시킨다. 여열이 모두 빠지면 김밥말이용 발을 벗겨내고 냉장고에 넣어 식힌 후 먹기 좋은 크기로 자른다.

🌿 생선살 대신 생선살로 만든 어묵을 사용하면 간편하다. 참마도 함유되어 있어서 폭신폭신한 달걀말이가 완성된다.

●

285kcal
염분 7.5g

Ingredient ─────
만들기 쉬운 분량

어묵(붉은색, 흰색) 각 1개씩

써는 방법을 다르게 하여 화려함을 더한

홍백 어묵

1 어묵은 1.5cm 두께로 잘라 서로 다른 색끼리 겹쳐서 반으로 자른 후 바둑판 모양으로 배열한다.

〈어묵 썰기 응용법〉 꽈배기 모양 어묵

1 어묵(붉은색) 한 줄은 1.5cm 두께로 썬다. 붉은 부분을 따라 3mm 두께로 ⅔지점까지 도려낸 후 중앙에 3cm 길이로 칼집을 넣는다.

2 칼집 사이로 잘라둔 끝부분을 아래쪽으로 통과시킨 후 살짝 당겨 꽈배기 모양을 만든다. 그런 다음 처음 상태처럼 둘레를 감싸준다.

고구마 껍질 색이 선명한

밤떡

1609kcal
염분 1.0g

Ingredient ━━━━━━━━━ 만들기 적당한 분량

고구마 2개(500g), **치자나무 열매** 1개, **단밤조림(시판제품)** 10~12개
| A | **갈색 설탕** ¾~1컵, **단밤조림의 시럽** ½컵, **맛술** ¼컵, **소금** 약간

1 고구마는 껍질째 2cm 두께로 통썰기하고 물이 탁해지지 않을 때까지 3~4회 갈아
   주며 깨끗이 씻은 후 충분한 물에 15분 이상 담갔다가 물기를 뺀다.
2 치자열매는 반으로 잘라서 국물용 팩에 넣는다. 냄비에 ❶의 고구마와 치자를 넣고
   물을 넉넉히 부어 강한 불에 올린다. 끓기 시작하면 약한 불로 낮추고 부드러워질
   때까지 삶는다.
3 치자를 꺼내고 삶은 물을 ¼컵 정도만 남기고 버린다. 나무주걱으로 성글게 으깨면
   서 A를 첨가하여 부풀어 오를 때까지 섞어주면서 조린다.
4 단밤조림을 넣어 한소끔 더 끓이다가 바닥이 넓은 그릇에 옮겨 식힌다.

달콤 짭짤한 맛이 입맛을 당기게 하는

마른 멸치조림

297kcal
염분 4.8g

Ingredient ━━━━━━━━━ 만들기 적당한 분량

마른 멸치(작은 크기) 50g, **통깨** 적당량
| A | **맛술** 2큰술, **간장** 1½큰술, **설탕** 2작은술

1 마른 멸치는 머리와 꼬리가 없는 것은 골라내고, 온전한 것만 따로 담아둔다. 내열
   용기에 쿠킹시트를 깔고 서로 겹치지 않도록 가지런히 놓는다.
2 ❶의 마른 멸치는 전자레인지(500W)에 넣고 2분 30초~3분 동안 가열한다. 툭 부
   러질 정도로 바삭해지면 그 상태로 식힌다.
3 냄비에 A를 넣고 약한 불로 가열하여 큰 방울이 올라오면 잠시 더 국물을 조린다.
4 ❸에 ❷의 마른 멸치를 넣고 재빨리 골고루 버무려서 윤기가 돌게 완성한다. 시트
   위에 넓게 펴서 식힌 다음 통깨를 뿌린다.

2단 찬합

구이와 무침 등 2단 찬합에는 깔끔하면서도 담백한 맛이 주를 이룬다.
꼼꼼하게 밑손질을 한 재료로 근사한 요리를 완성하도록 한다.

시판용 폰즈간장을 사용하여 간편하게 만드는

289kcal
염분 1.5g

닭고기 양념 튀김

Ingredient 4인분

닭다리살 400g, **대파** ½대, **생강** 1개(15g), **소금**, **후추** 약간씩, **밀가루** 적당량, **튀김기름** 적당량
| A | **붉은 고추(잘게 썬 것)** 1개 분량, **폰즈간장(시판용)** ½컵, **다시 육수** ¼컵, **설탕** 1~2작은술

1 닭고기는 힘줄을 제거하고 한입 크기로 썰어 소금, 후추를 뿌린다.
2 대파는 4cm 길이로 채썰고, 생강은 껍질을 벗겨 굵게 다진다. 바닥이 넓은 그릇에 A를 모두 담고 대파와 생강을 더한다.
3 ❶의 닭고기에 밀가루를 뿌리고 170℃로 가열한 기름에서 바삭하게 튀겨낸다.
4 튀긴 닭고기를 곧바로 ❷에 담가서 여열을 빼는 동시에 30분 정도 담가두어 양념이 배게 한다.

🌿 시판용 폰즈간장은 종류에 따라 맛이 다르므로 설탕의 양은 각자 입맛에 맞게 조절하도록 한다.

등을 가를 필요가 없어 더 간단한

255kcal
염분 1.2g

통깨 새우 튀김

Ingredient 4인분

새우(껍질째) 12마리, **달걀 흰자** ½개 분량, **밀가루** 적당량, **통깨** 60~70g, **튀김기름** 적당량
| A | **청주** 1큰술, **소금** ½작은술

1 새우는 등 쪽의 내장을 제거하고 꼬리와 마지막 마디를 제외한 나머지 껍질을 모두 벗긴다. 꼬리는 비스듬하게 조금 잘라낸다. A를 묻혀 밑간을 한다.
2 달걀 흰자는 약간의 물을 더해 풀어준다.
3 ❶의 새우의 수분을 제거하고 꼬리와 마지막 마디 이외의 부분에는 얇게 밀가루를 묻힌다. ❷의 달걀 흰자에 묻혀 통깨를 듬뿍 입힌 후 4~5분 정도 그대로 둔다.
4 튀김기름을 160℃로 올려 ❸의 새우 꼬리를 잡고 기름에 넣어 바삭하게 튀긴다.

🌿 기름 위에 떠 있는 통깨는 다음 재료를 넣기 전에 깨끗하게 걷어낸다.

섬유질을 따라 가늘게 채썰어 완성한

홍백 생채

Ingredient

4인분

무(작은 것) ½개(500g)
당근(작은 것) ½개 (50g)
소금 1½작은술
유자껍질(잘게 썬 것) 적당량
| A | **식초** 5큰술, **설탕** 3½큰술, **소금** ⅓작은술

1　무와 당근은 껍질째 각각 5cm 길이로 자르고 결에 따라 얇게 저민 다음 다시 곱게 채썬다.
2　❶을 볼에 담아 소금을 뿌리고 손으로 조물조물 주물러서 15~20분 정도 재워 숨이 죽으면 물기를 꼭 짠다.
3　다른 볼에 A를 모두 넣어 잘 섞고 유자껍질과 ❷의 무와 당근을 모두 넣어 버무린다.

🌿 껍질째 사용할 때는 솔 등을 이용하여 껍질을 깨끗하게 씻도록 한다.

258kcal
염분 1.5g

프라이팬을 사용하면 뒷정리도 간편하다

방어 데리야키

Ingredient ━━━━━━━━━━━━━ **4인분**

방어 4도막, **식용유** 1큰술
| A | **간장** 3큰술, **맛술** 2큰술, **청주** 1큰술

1 방어는 1도막을 2~3조각으로 나누어 썬다.
2 바닥이 넓은 그릇에 A를 모두 담아 ❶의 방어를 30분 정도 재워둔다. 도중에 뒤집
   어서 간이 배게 한다.
3 프라이팬에 식용유를 둘러 달구고, ❷의 방어는 표면의 수분을 꼼꼼하게 닦아낸 후
   껍질 쪽부터 굽는다. 색이 잘 나면 뒤집어서 속까지 완전히 익힌다.

150kcal
염분 1.2g

명주다시마를 돌돌 말아주기만 하면 끝나는

도미 명주다시마말이

Ingredient ━━━━━━━━━━━━━ **4인분**

도미(횟감용) 2덩어리(300g), **명주다시마** 약 15g, **소금** 1작은술

1 도미의 양면에 소금을 뿌려 30분 정도 재워둔다. 키친타월로 수분을 가볍게 닦아
   낸 후 한입 크기로 저민다.
2 명주다시마를 ❶의 도미 둘레에 허리띠처럼 말아준다.

3단 찬합

좋은 운을 기원하는 7종류의 재료를 모아 오랜 시간 뭉근하게 조려서 맛을 낸 조림 요리가 담겨 있다.
마른 재료를 불린 물에는 재료의 맛이 그대로 녹아있다.
이 물을 사용하여 조리하면 음식이 더 맛있다.

173kcal
염분 2.1g

결코 질리지 않는 오세치의 대표 음식

모듬 조림

Ingredient
4인분

말린 표고버섯(작은 것) 8개
다시마(6×20cm 크기) 2장
당근 1개
연근 1마디
우엉 ½개
토란 4~6개(300g)
곤약 1개
껍질완두콩 적당량

| A |

말린 표고버섯 불린 물 1컵, **다시마 불린
물** 3컵

| B |

설탕 3큰술, **맛술** 3큰술, **청주** 3큰술, **간장**
2큰술, **엷은 맛 간장** 2큰술

1. 말린 표고버섯은 물 1컵을 부어 불리고 기둥을 뗀다. 다시마는 넉넉한 3컵 분량의 물을 부어 불리고, 가로로 이등분한 다음 세로로 반을 접어 매듭 모양으로 묶는다. 표고버섯과 다시마 불린 물을 따로 덜어 둔다(사진 ①).

2. 당근은 껍질을 벗겨 1.5cm의 두께로 통썰기한다. 연근은 껍질을 벗겨 1cm 두께로 비스듬히 어슷썰기한 후 각각 물에 담갔다가 물기를 뺀다.

3. 토란은 껍질을 벗기고 약간의 소금을 넣어 문질러서 끈적끈적해지면 물로 씻어낸다. 토란이 잠길 정도의 물을 넣어 끓이다가 부글부글 끓어오르면 약한 불에서 3분 정도 익힌 후 체에 건져 물에 씻는다.

4. 곤약은 7~8mm 두께로 썰고 중앙에 3cm 길이로 칼집을 넣어 한쪽 끝을 그 사이로 통과시키는 꽈배기 모양을 만든다. 끓는 물에 2~3분 정도 데쳐서 물기를 뺀다.

5. 껍질완두콩은 억센 부분을 제거하고 끓는 물에 살짝 데쳤다 찬물에 담가 식힌 후 물기를 뺀다.

6. 냄비에 A와 ①~④의 재료를 모두 넣어 끓어오르면 조림뚜껑을 덮어 약한 불에서 5분 정도 조린다. B를 첨가해 끓기 시작하면 약한 중불로 낮추어 거품을 걷어내고 조림뚜껑 위에 냄비뚜껑을 덮어 재료들이 부드러워지고 조림국물이 ⅓ 정도로 줄 때까지 조린다. 불을 끄고 그대로 식혀서 양념이 배게 한다(사진 ②).

7. ⑥을 그릇에 보기 좋게 담고 ⑤의 껍질완두콩으로 모양을 내어 담아낸다.

사진 ① 표고버섯과 다시마 불린 물을 사용하면 육수를 따로 낼 필요가 없다.

사진 ② 재료를 한꺼번에 넣어 조리면 각 재료에서 나오는 감칠맛이 골고루 배게 된다.

간토
지방
떡국

간사이
지방
떡국

오세치 요리와 함께 먹는
떡국

어머니가 끓여주시던 떡국은 언제나 그리운 법이다.

각 가정이나 지역에 따라 떡 모양이나 재료, 육수 등이 조금씩 다르다는 점도 재미있다.

간토 지방과 간사이 지방의 대표적인 떡국을 소개하겠다.

191kcal
염분 2.1g

깔끔한 가다랑어 육수를 살린
간토 지방 떡국

Ingredient ━━━━━━━━━━━━━━━ 4인분

사각모양 떡 4개, **닭가슴살** 100g, **소송채** 50g, **생선살 어묵(붉은 것, 흰 것)** 4조각씩,
다시 육수 4컵, **유자껍질** 적당량
| A | 간장 1작은술, **소금** ¾작은술

1 닭고기는 큼직하게 한입 크기로 썬다. 소송채는 끓는 물에 데쳐서 물기를 꼭 짜고
   뿌리를 떼어낸 후 4cm 길이로 썬다. 유자껍질은 연필깎기한다.
2 떡은 노릇하게 굽는다.
3 냄비에 다시 육수를 부어 강한 불에 올리고, ❶의 닭고기를 넣어 거품을 걷어내면
   서 약한 불에서 3분 정도 익힌다. A를 더해 어묵과 ❶의 소송채, ❷의 떡을 첨가해
   한소끔 끓인 후 불을 끈다.
4 그릇에 담아 유자껍질을 올린다.

246kcal
염분 2.5g

걸쭉하게 풀어 넣은 미소가 입맛을 돋우는
간사이 지방 떡국

Ingredient ━━━━━━━━━━━━━━━ 4인분

둥근모양 떡 4개, **토란[또는 길쭉한 모양의 토란(에비이모)]** 4개, **무** 3cm(300g), **구
운 두부** ½모, **다시 육수** 4컵, **파드득나물** 적당량, **사이쿄 미소(간사이 지방 쌀로 만든
흰 미소)** 150~170g

1 토란은 껍질을 벗겨 2cm 두께로 통썰기하여 약간의 소금을 뿌려두었다가 점액이
   나오면 씻어낸다. 무는 껍질을 벗기고 1cm 두께로 은행잎 모양으로 썬다.
2 구운 두부는 1cm 두께로 썬다. 떡은 물에 바로 넣어 부드러워지도록 끓인다.
3 냄비에 다시 육수와 ❶의 야채를 넣어 끓기 시작하면 약한 불로 낮추고 야채 속까
   지 익도록 조린다. ❷를 넣어 끓기 시작하면 흰 미소를 풀어 넣는다.
4 그릇에 담고 2cm 길이로 썬 파드득나물을 올린다.

일본 요리의 기본

계량 방법, 다시 육수를 내는 방법, 재료의 밑손질, 재료를 써는 법 등 일본 요리를 위한 조리의 기본을 소개한다. 요리에 자신이 없던 사람도 이 기본만 제대로 익히면 늘 하던 대로 음식을 해도 맛이 훨씬 좋아질 것이다.

계량법

번거롭다는 이유로 대충 눈대중으로 양을 가늠하면 본래의 맛과는 전혀 다른 음식이 나오게 된다. 먼저 올바른 계량법부터 익히도록 한다.

계량컵

계량컵 1컵은 200㎖가 기본이다. 많은 양의 가루나 액체를 계량하기 위해 대용량 계량컵도 있다. 내용물이 잘 보이는 투명한 용기를 사용하면 액체를 계량할 때도 편리하다. 소재는 스테인리스 제품과 플라스틱 제품 등이 있다(전기밥솥에 딸려 나오는 컵은 180㎖이다).

계량스푼

계량스푼은 큰술(15㎖)과 작은술(5㎖)짜리 2개가 기본이지만 ½작은술(2.5㎖)을 계량할 수 있는 제품도 있다. 소재는 스테인리스 제품과 플라스틱 제품이 일반적이다.

분말을 계량할 때

설탕이나 소금 등은 덩어리가 있으면 부순 다음 약간 수북하게 퍼서 주걱이나 젓가락 등으로 숟가락 위쪽을 수평으로 깎아낸다.

1큰술을 계량한 양에서 주걱이나 칼, 숟가락의 끝부분 등으로 절반을 덜어낸다.

½큰술에서 다시 ⅓의 양을 덜어내면 ⅓큰술이 된다(⅓큰술은 1작은술과 동량이므로 작은술 크기가 있다면 그것을 사용한다).

컵을 바닥이 고른 곳에 두고 소복하게 내용물을 넣은 다음 컵을 가볍게 두드려 표면을 평평하게 만든다. 눈금은 수평으로 읽는다.

액체를 계량할 때

1 큰 술	간장이나 청주 등의 액체는 조심스럽게 부어 숟가락이 가득 찰 정도까지 채운다.

½ 큰 술	바닥이 둥글어서 숟가락의 ⅔깊이를 어림하여 붓는다.

⅓ 큰 술	바닥이 둥글어서 숟가락의 ½깊이를 어림하여 붓는다(⅓큰술은 1작은술과 동량이다).

1 컵	컵을 바닥이 고른 곳에 두고 액체를 눈금까지 부은 후 눈높이를 눈금에 맞추어서 확인한다.

물조절

조림 류의 조리법에는 불조절이 큰 영향을 준다. 목적에 따라 정확한 양의 물을 사용하여 실패를 막도록 한다.

자박자박한 물
냄비에 담긴 재료가 수면 위로 조금 드러나는 상태다. 쉽게 부서지는 재료나 수분이 많은 것을 익힐 때 적당하다.

잠길 정도의 물
냄비에 담긴 재료가 물이나 조림국물에 겨우 가릴 정도의 상태다. 재료에서 수분이 나오지 않거나 건조된 재료를 뭉근히 익힐 때, 뿌리야채나 달걀을 삶을 때 적당하다.

넉넉한 양의 물
냄비에 담긴 재료가 물이나 조림국물에 완전히 잠겨서 냄비를 흔들어도 재료가 밖으로 드러나지 않을 정도의 양이다. 오랜 시간 푹 끓이거나, 쓴맛이 강한 녹황색 채소를 데칠 때 적당하다.

물에 담근다
재료를 물에 담가서 떫은맛이나 아린 맛을 제거하고, 갈변을 막는 역할도 한다.

불조절

불조절을 신경 쓰지 않으면 타거나, 재료가 고루 익지 않는 등 실패의 원인이 된다. 불의 강약을 능숙하게 조절하여 맛있는 요리를 완성한다.

강한 불
냄비 바닥 전체에 불꽃이 닿으며 불꽃이 살짝 퍼진 상태다. 냄비 바깥으로 불꽃이 새어나가기 직전 정도의 강한 불이다. 물을 끓이거나 부글부글 끓게 할 때 또는 볶음 요리에 적당하다.

중간 불
불꽃의 끝부분이 냄비 바닥에 닿지 않는 정도의 상태다. 가장 자주 사용하는 화력으로 레시피에서 '불에 올린다'는 표현은 이 상태를 가리킨다.

약한 불
불꽃의 끝부분이 냄비바닥과 가스레인지 사이의 중간 정도에 위치하는 상태다. 수분이 많은 재료나 쉽게 부서지는 식재료를 익힐 때, 간이 푹 배게 해야 하는 조림 등에 적당하다.

은근한 불
약한 불보다 더 약한, 꺼지지 않을 정도의 아주 약한 불꽃이다. 찜이나 장시간 조려야 하는 조림 등에 사용한다.

튀김기름의 온도

기름의 온도를 잘 조절하면 튀김 솜씨가 몰라보게 좋아진다. 재료에 맞는 온도로 노릇하게 튀긴 후에 기름에서 건져내는 타이밍도 중요하다.

저온(160~165℃)
기름을 가볍게 저어준 후에 가운데 부분에 빵가루나 튀김옷을 아주 소량 떨어뜨렸을 때 일단 냄비 바닥까지 가라앉았다가 천천히 떠오르는 상태.
● **이런 요리에 사용한다**
야채와 뿌리야채를 사용한 튀김, 춘권, 도넛, 찹쌀 튀김 등

중온(165~180℃)
빵가루나 튀김옷을 아주 소량 떨어뜨렸을 때 기름의 중간 정도까지 가라앉았다가 곧바로 떠오르는 상태. 대부분의 튀김요리에 적당하다.
● **이런 요리에 사용한다**
닭튀김, 돈가스, 새우 튀김, 튀김 만두 등

고온(180~190℃)
빵가루와 튀김옷을 아주 소량 떨어뜨렸을 때 거의 가라앉지 않고 표면에서 바로 튀어 오르는 상태다. 이 이상으로 온도가 높아지면 연기가 나는 위험한 상태가 된다.
● **이런 요리에 사용한다**
튀김 두부, 냉동 고로케 등

튀김할 때 주의할 점
냄비의 반대편 방향으로 튀김재료를 밀어 넣으면 기름이 튀지 않는다. 기름이 뜨겁다고 높은 위치에서 튀김재료를 넣으면 역효과를 가져온다. 냄비 가장자리에서 미끄러지듯 조심해서 넣도록 한다.

양념 사용법

일본 음식의 기본양념은 '설소초간미'다. '설'은 설탕, '소'는 소금, '초'는 식초, '간'은 간장, '미'는 미소를 말한다. 각각의 특징을 잘 이해하고, 적절한 사용법을 익히면 맛에 차이를 낼 수 있다.

설탕
설탕은 소금과 간장 등 염분이 있는 양념에 비해 재료에 스며드는 속도가 느리므로 가장 먼저 간을 하는 것이 기본이다. 염분을 먼저 넣으면 조직이 수축되어 설탕이 흡수되기가 힘들다.

설탕을 많이 넣을 때는 2~3회에 나누어 첨가해야 속까지 간이 밴다. 재료를 부드럽게 하거나, 윤기를 내는 효과도 있다.

소금
소금은 간의 기본이 되는 조미료다. 소금 간의 정도에 따라 요리의 맛이 결정된다. 또한 생선 비린내를 없애거나, 야채의 색을 선명하게 하고, 갈변을 방지하는 등의 밑손질에도 중요한 역할을 한다.

생선은 소금을 뿌려 밑간을 하면 비린내가 제거되고, 맛이 좋아지며, 생선살에 탄력이 생긴다.

식초
산미를 내는 식초는 식욕을 증진시키는 것 외에 짠맛과 느끼함을 완화시키고, 풋내를 제거하는 효과가 있다. 먼저 넣으면 산미가 날아가므로 주의한다.

간장
감칠맛, 향, 색, 풍미를 내는 간장은 조림에서 빠져서는 안 될 만능 조미료다. 염분을 포함하고 있어 설탕 다음에 넣어야 한다. 요리에 따라 엷은 맛과 진한 맛을 나누어 사용하면 좋다.

간장을 조림에 사용할 때는 2회에 나누어 첨가하면 향이 더욱 살아난다.

미소
미소는 강하게 끓이면 향이 날아가므로 적절한 타이밍에 넣어야 한다. 다른 조미료와 함께 사용할 때는 가장 먼저 설탕 등의 가루로 된 것을 넣은 후에 다시 육수와 간장 등의 액체 종류를 첨가하면 좋다.

육수 내는 법

멸치 육수

독특한 풍미가 있어서 야채가 든 미소국이나 면의 소스에 사용한다.

재료(만들기 쉬운 분량)
마른 멸치 10~20g, **물** 5컵

마른 멸치

광택이 있으며 C자로 살짝 굽고 배가 터지지 않은 상품이 좋다. 산화되면 비린내가 나서 맛이 좋지 않으므로 개봉 후에는 냉장실 혹은 냉동실에 보관한다.

내장을 제거하고 냉장 보관하면 편리하다.

마른 멸치의 내장을 시간이 있을 때 한꺼번에 제거하여 용기에 넣어 냉장 보관하면 미소국을 만들 때 편리하다.

1 쓴맛이나 비린내가 나지 않도록 마른 멸치의 내장을 제거한다.

2 냄비에 적절한 분량의 물을 함께 넣어 하룻밤 재운다.

3 ❷에 불을 켜서 부글부글 끓이다가 거품이 나면 불을 약하게 낮추고 거품을 걷어낸다.

4 볼에 키친타월을 깐 체를 올려서 걸러낸다.

완성
보관 ▶ 냉장고에서 2~3일

가다랑어 육수

일본 요리의 대표적인 육수로 레시피에서 '다시 육수'라고 표기된 것이다.

재료(만들기 쉬운 분량)
다시마(10cm 크기로 자른 것) 1장, **가다랑어포** 10~20g, **물** 5컵

가다랑어 얇게 깎는 법

다시마(콘부)

팩에 담긴 가다랑어포는 향이 날아가지 않도록 개봉 후 공기를 뺀 상태에서 냉장고에 보관한다. 가다랑어 외에도 고등어나 정어리를 쪄서 말린 후 얇게 깎아낸 것도 있는데, 특유의 풍미가 된장국과 국수장국 등에 잘 어울린다.

'육수용 다시마'는 국물을 내는 다시마를 총칭하는 것으로 히다카콘부, 리시리콘부가 일반적이다. 최상급으로 취급되는 마콘부는 진하고 감칠맛이 나는 국물을 낼 수 있으며, 히다카콘부는 조림과도 잘 어울려서 가장 보편적으로 사용된다.

1 냄비에 적당한 분량의 물과 표면을 가볍게 닦아낸 다시마를 넣어 10분간 둔다.

2 냄비를 중간 불에 올려 끓기 직전에 다시마를 건져낸다.

3 곧바로 가다랑어포를 넣고 약한 불로 낮추어 그대로 1분 정도 끓이다가 불을 끈다.

4 가다랑어가 저절로 가라앉을 때까지 3~4분 그대로 둔다.

5 볼에 키친타월을 깔고 체에 올려서 거른다.

완성
보관 ▶ 냉장고에서 2~3일

재료를 밑손질하는 법

야채

씻기

〔시금치〕

1. 포기가 큰 것은 밑동에 +자로 칼집을 넣으면 뿌리 주변의 모래 등이 쉽게 떨어지고 빨리 익는다.

2. 물에 잠깐 담가서 뿌리 쪽의 모래를 제거한다.

〔유채〕

시판되는 유채는 묶음을 풀어 물에 담가두어 잎이 펴져 싱싱하게 한 후에 씻는다.

잎을 딴다

〔쑥갓〕

줄기가 딱딱한 쑥갓은 잎을 따서 사용하면 먹기 편하다.

〔몰로헤이야〕

몰로헤이야는 줄기가 딱딱해서 잎만 따서 데친다.

껍질을 벗긴다

〔무〕

1. 무는 조림을 할 때는 통썰기하여 껍질을 벗기면 부드럽게 익는다. 필러로 껍질을 벗겨 통썰기하면 질겨진다.

2. 껍질을 벗긴 후에 모서리 부분을 둥글게 잘라내면 익으면서 모양이 뭉개지는 것을 방지할 수 있다.

〔순무〕

1. 순무의 줄기를 남길 때는 뿌리를 자르고 줄기 주변의 껍질을 칼로 깎아준다. 순무 껍질은 부드러워서 벗기지 않고 사용해도 좋다.

2. 세로로 4~6등분으로 잘라 물에 담가두면 줄기 사이에 있는 모래가 빠진다.

〔토란〕

토란은 껍질을 두껍게 깎는다. 위쪽과 아래쪽을 조금씩 잘라낸 후 측면을 토란의 둥근 모양에 따라 깎아주면 익혔을 때 모양이 부서지지 않는다(이때 손가락에 식초를 발라두면 가렵지 않다).

〔단호박〕

1. 단호박은 껍질의 딱딱한 부분을 칼로 도려내는 정도로 충분하다.

2. 군데군데 껍질을 벗겨두면 간이 잘 배고 보기에도 좋다.

〔아스파라거스〕

아스파라거스의 줄기에 붙어 있는 작은 싹을 제거한다. 밑동 부분의 껍질을 필러 등으로 벗겨내면 먹기 편하다.

〔우엉〕

우엉은 껍질 부위에 향과 맛이 강하므로 껍질을 벗겨내지 말고 칼등을 눕혀서 긁어내는 정도로 손질한다. 햇우엉은 솔로 씻어주기만 해도 충분하다.

〔메이퀸감자 등〕

감자나 당근 등의 껍질을 벗길 때는 필러가 편리하다. 야채를 고정하고 필러를 옆으로 움직이는 것이 비법이다.

싹을 도려낸다

〔감자〕

감자의 싹에는 솔라닌이라는 독소가 함유되어 있으므로 칼의 아래쪽 날을 이용해 파내듯 도려낸다.

얇은 막을 벗긴다

〔마늘〕

마늘은 1개씩 분리한 후 얇은 막을 벗겨서 사용한다. 마늘 싹은 쓴맛이 나므로 칼 아래쪽 날을 이용해 제거한다.

꼬리를 뗀다

〔숙주〕

숙주의 수염뿌리는 하나씩 손가락으로 잡아 부러뜨려서 떼어내면 보기에도 깔끔하고 맛도 훨씬 좋아진다.

억센 부분을 제거한다

〔껍질완두콩〕

껍질완두콩은 끝부분을 꺾어 반대편으로 당기면서 억센 줄기를 제거하고, 꼭지 부분도 꺾어서 당기면 반대쪽 억센 줄기까지 제거할 수 있다.

〔샐러리〕

샐러리는 억센 줄기를 뿌리 쪽부터 잎쪽 방향으로 제거한다. 살짝 칼집을 넣은 후 위쪽으로 당기면 쉽게 제거할 수 있다.

속을 파낸다

〔단호박〕

단호박은 이등분하여 숟가락으로 씨를 파낸다. 보관할 때도 씨와 속을 제거한 후에 랩으로 싸서 냉장 보관하면 쉽게 상하지 않는다.

끓는 물에 데쳐서 벗기기

〔토마토〕

1. 토마토는 칼의 끝부분으로 꼭지를 파내고 구멍 뚫린 국자에 올리거나 포크에 찔러서 끓는 물에 약 30초간 담근다.

2. 껍질이 일어나면 곧바로 찬물에 담가서 손으로 껍질을 벗겨낸다. 이렇게 한 후에 조리하면 식감이 좋다.

두드리기

〔우엉〕

삶은 우엉은 방망이 등으로 두드리면 맛이 잘 밴다. 두드린 우엉은 먹기 쉬운 크기로 잘라서 무침 등에 사용한다.

갈기

〔무〕

무는 큰 타원을 그리듯 갈면 섬유질이 부드러운 식감을 낸다. 체에 밭쳐 5분 정도 두면 저절로 수분이 빠진다.

도마에 놓고 비비기

〔오이〕

오이는 껍질이 단단해서 맛이 잘 배지 않으므로 소금을 뿌린 도마 위에 놓고 양손으로 데굴데굴 굴려서 소금에 살짝 절인다.

끝부분 자르기

〔풋콩〕

풋콩은 간이 잘 배도록 양끝을 부엌용 가위로 살짝 자른 후 소금을 뿌려 조

물조물 주무른 후에 데친다.

점성 제거하기

〔참마〕

참마는 껍질을 벗겨 물에 담근 후에 키친타월 등으로 끈적끈적한 것을 닦아내면 자를 때 잘 미끄러지지 않는다.

〔토란〕

토란은 약간의 소금을 뿌려 양손으로 비벼서 충분히 점성을 뺀 후에 끓는 물에 넣어 살짝 데쳐둔다.

〔당파〕

당파로 무침 요리를 할 때 끈적끈적한 느낌이 신경 쓰인다면 데쳐서 차갑게 식혀 뿌리 부분을 가지런히 정리하여 도마 위에 올린 다음, 칼등을 눕혀서 뿌리 쪽부터 잎 쪽으로 쓸어주며 점성을 제거한다.

물에 담근다

〔감자〕

자른 감자는 곧바로 물에 넣어 5분 정도 둔다. 표면의 전분과 떫은 맛을 제거하는 동시에 변색도 막을 수 있다.

〔양하〕

양하는 채썰어 물에 담가두면 쓴맛 등이 빠져서 식감이 부드러워진다. 생으로 먹는 양파나 양념용 대파도 물에 담갔다가 사용한다.

데치기

〔시금치〕

1. 시금치는 충분한 양의 끓는 물에 데친다. 소금을 첨가하여 단단한 뿌리 쪽부터 소량씩 나누어 넣는다.

2. 건진 후에 곧바로 찬물에 담그면 색이 선명해지고 떫은맛도 제거된다. 식으면 손으로 꼭 짠다. 쑥갓, 미나리, 소송채 등도 같은 방법으로 데친다.

〔브로콜리〕

1. 브로콜리는 작은 송이대로 자르고, 줄기도 껍질을 벗겨 먹기 좋은 크기로 잘라 줄기부터 먼저 데친다.

2. 데친 후에 찬물에 담그지 않고 체에 넓게 펼쳐서 여열이 전달되지 않도록 재빨리 식힌다. 콜리플라워, 숙주, 양배추, 배추도 같은 방법으로 넓게 펼쳐서 식힌다.

〔청경채〕

청경채 같은 중국 야채는 소금 외에 약간의 기름을 넣어 삶으면 녹색이 더욱 선명해지고 맛도 좋아진다.

산채

〔죽순대〕

갓 수확한 것은 생식이 가능하지만 시판하는 죽순대는 살짝 데친 후에 밥이나 조림 등에 활용한다. 구입하면 신선할 때 되도록 빨리 밑손질하여 데쳐서 사용할 때까지 물에 담가둔다.

1. 흙을 깨끗하게 씻어낸 후 윗부분을 비스듬히 잘라내고 세로로 칼집을 넣는다.

2. 냄비에 충분한 양의 쌀뜨물을 붓고, 붉은 고추 2~3개와 죽순을 넣은 다음 뚜껑을 덮어 강한 불에 올린다.

3. 끓기 시작하면 뿌리 부분을 꼬치로 찔러 쑥 들어갈 때까지 약한 불로 50분간 삶아서 불을 끈다. 그대로 식혀서 껍질을 벗기고 물에 씻어낸다.

〔가는 죽순〕

섬조릿대나 포대죽 등 가는 죽순 종류는 지역에 따라 다양하다. 먼저 살짝 데쳐서 쓴맛을 제거한 후에 조림이나 무침, 밥에 넣어 조리한다.

1. 죽순의 끝부분을 1cm 정도 비스듬

히 잘라내고 세로로 칼집을 넣어 뿌리 쪽으로 껍질을 벗겨낸다.

2. 끝의 부드러운 껍질은 죽순이 부러지지 않도록 조심하면서 살짝 비틀어 빼낸다.

3. 끓는 물에서 4~5분 데친 후 물에 담근다. 매일 물을 갈아주면 냉장고에서 3~4일은 보관할 수 있다.

〔땅두릅〕

청량한 향이 강한 산채다. 끝부분까지 빳빳하고 잔털이 많은 것이 신선하다. 향과 식감이 모두 좋아서 생으로 먹어도 맛있지만 그전에 반드시 떫은맛을 빼야 한다. 땅두릅의 껍질은 생채로 먹어도 좋다.

1. 솔로 문지르며 씻어서 잔털을 제거한 후 적당한 길이로 잘라 껍질을 두껍게 벗긴다.

2. 껍질을 깐 땅두릅은 곧바로 식초물에 담가야 변색되지 않는다(물 1컵에 식초 1작은술 비율로 배합한다).

〔머위〕

특유의 식감과 향을 즐길 수 있는 산채다. 떫은맛이 강해서 살짝 데쳐 껍질을 벗겨낸 후 물에 충분히 담갔다가 조리한다. 조림이나 무침, 볶음을 해도 맛있다.

1. 머위는 냄비에 들어갈 만한 길이로 가지런히 잘라 적당한 양의 소금을 뿌린 도마 위에 올려 양손으로 데굴데굴 굴려 소금에 절인다.

2. 소금을 뿌리고 충분한 양의 끓는 물에서 데친다.

3. 손톱으로 눌러 들어갈 정도로 부드럽게 삶아지면 물기를 빼서 색이 변하는 것을 방지한다. 뿌리 쪽부터 껍질을 벗겨 물에 담가둔다.

〔고사리〕

떫은맛이 강하므로 재나 베이킹소다 등으로 떫은맛을 제거한 후에 조리한다. 단, 너무 많이 빼면 고유의 풍미가 사라지므로 주의한다. 약간의 점성이 있으며 나물이나 조림에 활용하면 좋다.

1. 수확한 후에 씻지 말고 곧바로 바닥이 넓은 그릇이나 쇠로 된 대야에 펼쳐놓고 1kg당 재 ⅓컵의 비율로 골고루 뿌려준다.

2. 재가 안 보일 때까지 끓는 물을 위에서 충분히 부어준다.

3. 조림뚜껑을 덮어 하룻밤 둔다. 다음날 탁해진 물을 갈아주고 반나절 더 물에 담갔다가 냉장 보관한다.

버섯류

버섯은 물에 닿으면 맛이 떨어지므로 불순물을 젖은 행주 등으로 닦아내는 정도로 손질한다.

〔만가닥버섯〕

만가닥버섯은 밑동을 잘라내어 먹기 좋은 크기로 송이를 나눈다.

〔팽이버섯〕

팽이버섯은 뿌리 쪽 갈색 부분을 잘라낸다. 봉지채 자르면 손질하기가 쉽다.

씨앗, 열매

깨

〔볶은 깨〕

바닥이 두꺼운 냄비에 깨를 넣고 약한 불에서 고소한 향이 날 때까지 볶는다. 타면 쓴맛이 나므로 주의한다.

〔간 깨〕

볶은 깨를 도마에 올려놓고 칼로 잘게 다지면 향이 더 강해진다.

〔밤〕

1. 끓는 물에 넣어 물이 식을 때까지 그대로 둔다.

2. 칼로 겉껍질과 속껍질을 벗겨낸 다음 곧바로 찬물에 담근다. 그런 다음 요리용도에 맞게 다시 익힌다.

〔은행〕

칼등으로 은행 껍질을 톡톡 쳐서 깬 후에 알맹이를 뺀다. 펜치로도 간단하게 은행을 깔 수 있다. 알맹이가 부서지지 않도록 주의한다.

칼을 사용할 때

펜치를 사용할 때

315

건조된 것

〔무말랭이〕

1. 물속에서 손으로 주물러 지저분한 것들을 제거한 후 깨끗한 물에 30분간 담가 불린다.

2. 충분히 불린 후에 나무젓가락으로 풀어주고 물기를 꼭 짜서 사용한다. 빨리 불려야 할 때는 끓는 물을 부으면 된다.

〔박고지〕

1. 적당한 길이로 잘라 물에 깨끗하게 씻은 후 적당량의 소금을 뿌려 손으로 주무르면 섬유질이 부드러워진다.

2. 흐르는 물에 소금기를 씻어낸 후 20분 정도 물에 담가 불린다. 그런 다음 끓는 물에서 4~5분간 데쳐 찬물에 담갔다가 물기를 꼭 짠다.

〔말린 표고버섯〕

물을 충분히 부어 1~2시간 정도 담가서 딱딱한 심이 말랑말랑해질 때까지 불린다. 시간이 없을 때는 랩을 씌워 전자레인지에서 4~5분 정도 가열한다. 불린 국물은 육수로 사용할 수 있으므로 필요 이상으로 많은 양이 물을 잡지 않도록 한다.

〔말린 두부〕

1. 미지근한 물에 담가서 딱딱한 심이 없이 부드러운 상태가 될 때까지 불린다. 이때 물 위로 뜨지 않도록 접시 등으로 눌러둔다.

2. 탁한 물이 나오지 않을 때까지 흐르는 물에서 손으로 눌러가며 씻어낸 후 모양이 흐트러지지 않도록 양손으로 눌러서 물기를 짠다.

〔톳〕

1. 충분한 양의 물에 담가서 불순물 등이 떠오르면 걷어내면서 20분 정도 둔다.

2. 톳이 불면 물기를 제거하고 조리한다.

고기

〔두껍게 썬 고기〕

두드리기
두껍게 썬 고기는 방망이 등으로 골고루 두드려서 두께를 균일하게 만든다. 스테이크 등에 활용한다.

〔돼지고기〕

힘줄 제거
지방과 붉은 살코기 사이에 있는 힘줄을 칼의 끝부분으로 군데군데 잘라 둔다. 이렇게 하면 고기가 수축되지 않아 균일하게 익는다. 돈가스나 찜 등에 활용한다.

〔닭고기〕

두께를 일정하게 맞춘다
닭다리살이나 닭가슴살 등의 두께를 일정하게 하려면 고기의 두툼한 부분에 칼집을 넣어 벌린다. 데리야끼나 치킨가스에 활용한다.

껍질에 구멍을 낸다
닭고기를 껍질째 구울 때는 껍질에 포크 등으로 구멍을 내면 양념이 잘 배고 구울 때 수축되지 않는다. 데리야끼나 찜에 활용한다.

〔닭다리살〕

지방을 제거한다
닭다리살은 지방이 많으므로 껍질 아래에 있는 여분의 지방을 떼어낸다. 찜이나 튀김에 활용한다.

〔닭가슴살〕

힘줄을 제거한다
닭가슴살은 근육 양쪽으로 살짝 칼집을 넣고 고기를 칼등으로 눌러 힘줄을 잡아당긴다. 튀김이나 찜에 활용한다.

해산물

손으로 생선뼈 손질하기

정어리 등 살이 연해서 뼈를 빼기 쉬운 생선은 칼을 사용하지 않고 손으로 뼈를 제거한다. 생선살은 그대로 두고 뼈만 깨끗하게 발라내어 손쉽게 밑손질을 할 수 있다.

〔정어리〕

눈알이 청명하고, 비늘이 빠지지 않았으며, 윤기가 나는 것이 신선하다.

두 장 포뜨기, 세 장 포뜨기

생선 배를 갈라서 2장으로 나누는 2장 포뜨기와 뼈도 분리하여 3장으로 나눈 3장 포뜨기 모두 생선의 기본 손질법이다.

〔고등어〕

눈알이 맑고, 등에 푸른빛이 도는 것이 신선하다. 상처가 잘 나므로 구입 후 곧바로 포를 떠서 냉장 보관하고 빠른 시간 안에 조리한다.

1. 비늘을 칼끝으로 긁어낸 후에 아가미 아래쪽에 칼을 넣어 머리를 잘라낸다.

2. 자른 단면 속에 칼끝을 넣어 배를 갈라 내장을 긁어낸다.

1. 아가미 아래쪽에 칼을 넣어 머리를 잘라낸다.

2. 배를 열어 내장을 빼낸다. 내장을 감싸고 있던 막을 가운데 뼈를 따라 갈라두면 내장을 쉽게 제거할 수 있다.

3. 남은 내장과 피를 깨끗하게 씻는다.

4. 중앙의 굵은 뼈와 생선살 사이에 엄지를 넣어 뼈를 눌러서 살과 분리시킨다.

3. 물에 깨끗이 씻어서 배를 몸 쪽으로 두고 머리부터 꼬리 방향으로 중간 뼈를 따라 칼로 잘라낸다.

4. 방향을 바꾸어 등지느러미 위로 칼을 넣어 꼬리에서 머리 쪽으로 자른다.

5. 반대쪽도 같은 방법으로 뼈를 바른다.

6. 꼬리 쪽에서 가운데 뼈를 꺾어서 빼낸다. 튀김이나 데리야끼 등을 할 때 활용한다.

5. 꼬리를 잡고 머리까지 자른 후 꼬리 끝부분도 잘라서 분리한다.

6. 두 장 포 뜨기 완성이다. 한쪽에는 뼈가 붙은 상태로 구이나 조림 등에 사용한다.

7. 깨끗하게 뼈를 발라낸 모습니다. 싱싱한 생선은 이대로 회나 초무침 등을 해도 좋다.

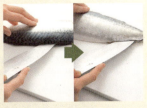

7. 뼈가 붙은 생선살을 등 쪽은 머리부터 꼬리 방향으로 배 쪽은 꼬리부터 머리 방향으로 칼을 넣어 뼈를 분리한다.

8. 세 장 포뜨기 완성이다. 회나 회를 활용한 모든 요리에 활용한다.

오징어 밑손질

회나 튀김 등에는 껍질을 벗겨서 사용한다. 오징어 지느러미를 떼 낸 부분부터 단숨에 잡아당기면 쉽게 껍질이 벗겨진다.

〔오징어〕

몸통이 투명하고 광택이 나는 것이 신선하다. 회나 튀김은 껍질을 벗기지만 조림 등은 껍질 채로 통썰기하여 사용한다.

1. 몸통 속에 손가락을 넣어 연골에 붙어있는 내장을 떼어낸다.

2. 왼손으로 몸통을 잡고, 오른손으로 머리를 잡아 천천히 잡아당기면 다리에 붙어있는 내장이 빠진다.

3. 지느러미와 몸통 사이에 손가락을 넣어 분리하고 지느러미 쪽의 껍질을 잡아 벗긴다. 나머지 껍질도 벗겨낸다.

4. 지느러미는 가운데 부분에 얇게 칼집을 넣어 좌우로 벌려서 껍질을 벗긴다.

5. 눈과 머리의 중간 정도에 칼을 넣어 분리하다.

6. 다리 시작 부분 안쪽에 딱딱한 오징어 입이 있으므로 손가락으로 눌러 제거한다.

7. 다리에 붙은 돌기모양의 빨판을 칼끝으로 긁어낸다. 칼을 세워 다리 끝 쪽으로 움직인다.

8. 내장이 터지지 않도록 주의하며 내장에 붙어 있는 먹물주머니를 당겨서 제거한다(젓갈 등으로 내장을 사용하는 경우).

새우 밑손질

새우의 등에 있는 내장을 반드시 제거한다. 그대로 두면 보기에도 좋지 않고 비린내와 쓴맛 등이 나서 맛에도 영향을 준다.

〔새우〕

탱탱하고 색이 선명한 것이 신선하다. 머리 부분이 검은색을 띤 것은 신선도가 떨어지는 것이므로 피하도록 한다.

1. 새우는 등을 둥글게 하여 손에 들고 이쑤시개를 등 쪽에 찔러 조심스럽게 내장을 제거한다. 요리에 따라서는 껍질을 벗긴 후 새우 등에 칼집을 넣어 내장을 제거해도 좋다.

2. 배 쪽부터 껍질을 벗긴다. 튀김을 할 때는 꼬리 부분을 한 마디 남겨둔다. 칼로 꼬리 끝부분을 조금 잘라낸 후 훑어주면 수분이 제거되어 기름이 튀지 않는다.

살짝 데치기

생선을 살짝 데치면 표면의 불순물이나 비린내가 제거되어 양념이 잘 배고 깔끔한 맛을 낼 수 있다. 조림용 생선을 밑손질할 때는 반드시 거쳐야 하는 작업이다.

1. 끓는 물에 생선토막을 넣어 표면이 하얗게 되면 건져낸다.

2. 얼음물이나 찬물에 넣어 불순물이나 핏물, 지방 등을 제거한다.

3. 키친타월로 물기를 닦는다.

생선 굽는 법

생선구이용 망이나 그릴을 미리 달군 후 기름이나 식초를 얇게 발라두면 껍질이 달라붙지 않는다. 살이 두꺼운 경우에는 잘 익도록 칼집을 내어 굽는다.

〔통생선 소금구이〕(전갱이)

1. 비늘과 지느러미를 제거한다. 지느러미는 칼을 옆으로 뉘어서 머리쪽으로 베어내면 된다(안쪽도 같은 방법으로 제거한다).

2. 아가미 부분에 칼을 넣어 아가미와 내장을 꺼낸다. 배속을 흐르는 물에 깨끗하게 씻는다.

3. 물기를 닦아 체 등에 올려 전체적으로 소금을 뿌린다. 살짝 높은 곳에서 뿌리면 골고루 간이 밴다. 10~20분 동안 재운다.

4. 그릴팬 바닥에 물을 조금 붓고(물을 부을 필요가 없는 그릴팬도 있다.) 충분히 달궈진 그릴에 전갱이를 올려 굽는다.

5. 노르스름하게 구워지면 뒤집어서 속까지 익힌다. 이상은 위쪽에서 불이 나오는 그릴을 이용해 굽는 방법이다. 각 가정에 있는 그릴 종류에 맞게 조리한다.

완성
머리가 왼쪽으로 가도록 그릇에 담고, 간장을 올린 간 무와 초생강 등을 옆에 곁들인다.

〔토막낸 생선 소금구이〕(고등어)

1. 고등어는 먹기 좋은 크기로 자르고 속까지 잘 익도록 칼집을 낸다.

2. 소금을 뿌리고 달궈둔 그릴에 넣어 생선살부터 굽고(위에서 불이 나오는 경우) 뒤집어서 반대쪽도 굽는다.

완성
그릇에 껍질이 위로 가게 담아 간장을 올린 간 무 등을 곁들인다.

달걀

삶은 달걀 만들기

1. 달걀은 삶기 15분 전에 냉장고에서 꺼내어 실온 상태로 만들어두면 삶을 때 금이 가지 않는다.

2. 작은 냄비에 달걀이 잠길 정도의 물을 넣고 끓인다. 뜨거운 물에 넣으면 금이 가기 쉬우므로 주의한다.

3. 소금을 한 꼬집 넣으면 금이 가더라도 흰자가 흘러나오지 않는다.

4. 보글보글 거품이 올라오면 끓어오를 때까지 나무젓가락으로 데굴데굴 굴려주면서 익히면 노른자가 한쪽으로 치우치지 않고 중앙에 위치한다.

5. 물이 끓으면 불을 약하게 줄이고 이 시점부터 취향에 맞는 상태로 삶는 시간을 재기 시작한다.

6. 다 삶아지면 곧바로 찬물에 담가서 급격하게 열을 식힌다. 이렇게 하면 흰자가 수축되어 껍질과 알맹이 사이에 틈이 생겨서 껍질을 까기 쉬워진다.

7. 삶은 달걀을 양손에 들고 서로 쳐서 전체적으로 금이 가게 하여 물에 담근다. 나머지 달걀도 이런 방법으로 금을 내둔다.

8. 물속에서 껍질을 깐다. 껍질과 알맹이 사이에 물이 들어가서 쉽게 까진다.

야채 써는 법

야채를 써는 방법에 따라 요리의 맛이 크게 좌우된다. 크기나 모양을 어떤 방법으로 하는지에 따라 맛과 모양에 큰 차이가 생긴다.

〔통썰기〕

고구마나 당근, 무 등 단면에 둥근 재료를 원모양으로 자르는 방법이다.

고구마는 끝부분부터 용도에 맞는 두께로 원모양으로 자른다. 조리 용도에 따라 껍질을 벗길지 말지를 결정한다. 오랜 시간 조림을 하는 경우 두껍게 썬다.

〔반달썰기〕

단면이 둥근 재료를 반달모양으로 자르는 방법이다. 원모양으로 자른 단면의 크기가 너무 클 때 이용한다.

당근은 세로로 이등분한다. 자른 단면을 아래로 가게 하여 끝부분부터 원하는 두께로 썬다(굵은 것은 원모양으로 자른 후에 반을 잘라도 된다).

〔은행잎 썰기〕

반달모양을 또다시 이등분한 형태다. 은행잎 모양과 닮았다고 해서 이런 이름이 붙었다. 뿌리야채 이외에 레몬 등에도 사용한다.

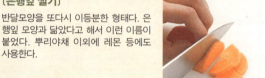

당근을 세로로 4등분한다. 그중 2개를 겹쳐서 단면이 아래로 가게 두고 끝부분부터 원하는 두께로 썬다.

〔송송썰기〕

송송썰기는 오이나 대파 등 가늘고 긴 재료를 얇게 써는 방법이다.

오이는 두께를 일정하게 썬다. 두께는 요리의 용도에 따라 다르게 한다. 칼을 살짝 오른쪽으로 기울여서 썰면 오이가 움직이지 않는다.

〔막대썰기〕

막대모양처럼 써는 방법이다. 4~5cm 길이, 사방 5~10mm 굵기가 일반적이다. 무를 비롯해 당근, 오이 등에도 자주 사용한다.

1. 무는 4~5cm 길이로 통썰기하여 껍질을 벗긴다.

2. 둥근 부분을 잘라내어 직육면체 모양으로 만든다(가정에서는 이 과정을 생략해도 된다).

3. 섬유질을 따라 7mm 두께의 막대모양으로 자른다.

4. ❸을 겹쳐서 섬유질에 따라 동일하게 7mm 두께로 썬다.

〔나박썰기〕

얇은 직사각형 모양으로 써는 방법이다. 국물 건더기나 볶음 등에 주로 사용된다. 이 모양은 장식용 계란지단에도 응용할 수 있다.

막대썰기의 ❸까지 동일한 방법으로 썬다. 직육면체 형태의 무를 쌓아올려 섬유질을 따라 1~2mm 두께로 얇팍하게 썬다.

〔깍둑썰기〕

한 변의 길이를 1cm 전후로 하여 주사위 모양으로 써는 방법이다. 감자, 무, 당근이나 미소국에 들어가는 두부 등에도 사용한다.

감자는 껍질을 벗기고 막대썰기한 것을 5~6개 겹쳐서 동일한 두께로 썬다.

〔마구썰기〕

가늘고 긴 재료를 이리저리 굴리면서 단면이 일정하지 않도록 어슷하게 써는 방법이다. 모양은 불규칙적이지만 크기는 비슷하게 맞추는 것이 특징이다. '돌려썰기'라고도 한다. 재료가 굵을 때는 4등분하여 사용해도 좋다.

1. 오이는 꼭지를 떼고 어슷하게 썬다.

2. 이리저리 돌려주면서 비슷한 크기의 한입 크기로 어슷하게 썰어준다.

〔빗모양 썰기〕

토마토나 양파처럼 둥근 야채를 중심부터 방사형으로 써는 방법이다. 머리를 빗는 빗모양과 닮았다고 해서 이런 이름이 붙었다.

1. 토마토는 꼭지를 떼고 세로로 이등분한다.

2. 자른 단면이 위로 향하게 놓고 중심부터 방사형으로 3~4등분한다.

〔숭덩썰기〕

숭덩숭덩 큼직하게 써는 방법으로 배추나 양배추, 녹황색 채소 등 연한 잎 야채에 주로 사용한다.

1. 배추는 잎과 딱딱한 줄기 부분을 V자 모양으로 썬다.

2. 잎 부분을 겹쳐서 큼직하게 썬다.

〔저며썰기〕

표고버섯이나 배추 줄기 등을 저미듯 써는 방법이다. 이렇게 하면 표면적이 넓어져서 빨리 익는다. 닭고기 등에서도 사용한다.

표고버섯은 기둥을 가르고 칼을 비스듬히 눕혀서 저미듯 썬다.

〔깎아썰기〕

우엉이나 당근 등 가늘고 긴 야채를 돌려가면서 깎듯이 얇게 써는 방법이다. 두껍고 짧은 깎아썰기는 연필을 깎듯이 썰고, 가늘고 긴 깎아썰기를 할 때는 도마 위에 올려 칼을 눕혀서 썰어준다.

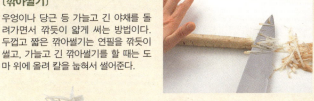

우엉은 껍질을 긁어내고 도마 위에 올려 왼손으로 돌려주면서 칼을 뉘어서 왼쪽에서 오른쪽으로 깎아 나간다. 우엉이 굵다면 미리 세로로 여러 곳에 칼집을 넣어둔다.

〔원통썰기〕

대파, 우엉 등 길고 자른 단면이 둥근 재료를 3~5cm 길이의 원통모양으로 써는 방법이다.

대파는 끝부분부터 3~5cm 길이로 썬다.

〔어슷썰기〕

둥근 단면의 야채를 비스듬히 썰어 타원형으로 얇게 써는 방법이다. 칼의 각도에 따라 단면의 표면적이 달라진다. 대파, 오이 등에 많이 사용된다.

대파는 한쪽 끝에서 비스듬히 칼을 넣어 원하는 두께와 길이로 썰어나간다.

〔가는 채썰기〕

가늘게 써는 것을 채썰기라 하고 그중에서도 더 실처럼 가늘게 써는 것을 가는 채썰기라고 한다. 섬유질과 평행하게 자르면 사각사각한 느낌을 주고, 수직으로 자르면 섬유질이 끊어져서 부드러운 식감을 느낄 수 있다.

무는 4~5cm 길이로 통썰기를 한 후에 껍질을 벗기고 세로로 얇게 썬 다음 여러 장을 겹쳐서 끝부분부터 가늘게 채썬다.

〔어슷한 채썰기〕

어슷하게 얇게 썬 후에 채를 써는 방법이다. 오이 등은 양쪽 끝에 녹색껍질을 남겨두는 편이 보기가 좋다.

오이는 1~2mm 두께로 얇게 썬다. 가늘고 길게 채썰고 싶다면 자른 단면을 크게 썰면 된다. 여러 장 겹쳐서 끝부분부터 썬다.

〔양배추 채썰기〕

잎을 떼어내고 여러 장을 겹쳐서 채써는 방법이 일반적이지만 많은 양을 썰어야 할 때는 4등분하여 심을 제거한 후에 잎 부분부터 깎아내듯이 채를 썰면 된다.

1. 심 주위에 칼집을 넣어 필요한 잎사귀 수만큼 1장씩 떼어낸다.

2. 딱딱한 줄기 부분은 저며썰기한다.

3. 2~3장을 겹쳐서 썰기 쉽도록 원통모양으로 말아준다.

4. 왼손으로 눌러주면서 끝부분부터 아주 가늘게 채썬다. 다 썬 후에는 손으로 풀어준다.

〔대파 흰 부분 채썰기〕

대파의 흰 부분을 머리카락처럼 가늘게 채써는 방법이다. 물에 담갔다가 국물 요리의 건더기나 조림, 무침의 장식으로 사용한다.

1. 대파를 4~7cm 길이로 원통썰기한다. 세로로 길게 칼집을 넣어 중앙의 노란 심을 제거한다.

2. 흰 부분을 넓게 펼쳐서 바깥쪽이 위로 오게 겹쳐두고(둥글게 말리지 않아 썰기 편하다.) 섬유질과 평행하게 끝부분부터 되도록 가늘게 썬다.

3. 차가운 물에 잠시 담가두면 매운맛이 없어지고 아삭해진다. 체에 걸러 물기를 뺀다.

〔작은 송이로 나누기〕

브로콜리와 콜리플라워처럼 송이가 큰 것은 작은 송이로 나누어준다. 송이 부분과 굵은 줄기 부분을 잘라서 분리하고, 줄기는 다시 먹기 좋은 크기로 나눈다. 줄기의 껍질도 벗겨서 한입 크기로 썬다.

〔다지기〕

향을 내기 위해 사용하는 생강과 마늘 등을 곱게 다지는 방법이다.

1. 생강은 껍질을 벗겨내고 아주 가늘게 채썬다.

2. 처음부터 곱게 다진다.

〔양파 다지기〕

끝부분을 조금 남겨둔 상태에서 칼집을 넣어 다지는 방법이 가장 효율적이다. 잘 드는 칼을 사용하는 것이 원칙이다.

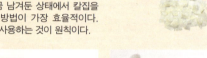

1. 세로로 반을 잘라 자른 단면이 아래로 가게 놓고 끝까지 자르지 않도록 주의하면서 한쪽 끝부터 가늘게 칼집을 넣는다.

2. 그런 다음 방향을 바꾸어 붙어 있는 쪽을 왼쪽에 두고 칼을 눕혀서 수평으로 몇 군데 칼집을 넣는다.

3. 끝부분을 꼭 눌러주면서 곱게 썬다.

4. 끝부분까지 곱게 썰었다면 칼끝을 고정시키고 칼 아래쪽을 상하좌우로 움직이면서 전체적으로 다져준다. 이렇게 하면 모양과 입자도 고르게 된다.

〔대파 다지기〕

빗자루처럼 칼집을 넣으면 쉽게 다질 수 있다. 더 고운 입자를 원한다면 좁게 칼집을 내면 된다.

1. 필요한 분량의 길이만큼 잘라서 세로로 여러 곳에 칼집을 넣는다.

2. 한쪽 끝을 잘 고정시키면서 끝부분부터 곱게 썰어준다.

[빗살무늬오이]

길이를 늘였다 줄였다 할 수 있는 뱀과 모양이 비슷하다고 해서 '뱀모양 썰기'라고도 한다. 가늘게 칼집을 넣어 식감이 좋고 양념도 잘 배기 때문에 절임이나 초무침에 주로 사용한다.

1. 양쪽 끝을 잘라낸 후 아래쪽까지 자르지 않도록 나무젓가락을 사이에 끼워서 가늘게 칼집을 넣어준다. 뒤집어서 같은 방법으로 칼집을 넣는다.

2. 한입 크기로 썬다.

3. 소금물에 담가서 숨이 죽으면 물기를 꼭 짜고 원하는 방법으로 조리한다.

[꽃모양 연근]

구멍에 따라 꽃잎모양으로 자른 연근은 두께를 조절하여 찜이나 초무침에 사용한다. 스테인리스 칼을 식초물에 묻혀서 사용하면 색이 변하지 않는다.

1. 껍질째 원하는 두께만큼 통썰기를 한다(얇은 것을 원한다면 먼저 3cm 두께로 모양을 만든 다음 얇게 썬다).

2. 구멍과 구멍 사이에 좌우로 칼집을 넣은 후 꽃잎에 해당하는 부분을 둥글게 깎아준다.

3. 식초물에 담가두었다가 조리한다.

[꽃모양 당근]

전골요리나 찜요리 위에 꽃모양 당근을 올려 장식한다. 틀을 이용해 손쉽게 모양을 만드는 방법도 있지만 칼로 꽃모양을 만드는 방법도 기억해두면 도움이 될 것이다.

1. 3~5mm 두께로 통썰기를 한 후 오각형 모양으로 자른다.

2. 한 변의 중간 부분마다 칼집을 넣어 조금씩 도려낸다.

3. 도려낸 부분부터 다음 도려낸 부분까지 둥글게 깎아주면 꽃모양이 완성된다.

[국화모양 썰기]

가로 세로로 가늘게 칼집을 내어 순무를 국화꽃처럼 만들어 장식한다. 단촛물에 담그면 생선구이에 곁들이거나 안주로도 좋다.

1. 껍질을 벗기고 아래쪽을 조금 잘라낸 후 나무젓가락을 끼운다. 칼로 나무젓가락이 닿을 때까지 세로로 가늘게 칼집을 넣는다.

2. 방향을 돌려서 격자 형태로 다시 가늘게 칼집을 넣는다.

3. 소금물에 잠시 담가두어 숨을 죽이고, 크기가 크면 원하는 크기로 자른 후에 단촛물 등에 담근다(국화모양 순무로 장식할 때는 붉은 고추를 송송 썰거나 유자껍질 등을 뿌려주면 더욱 화려하다).

[꽃모양을 새긴 표고버섯]

표고버섯을 통째로 전골이나 찜에 사용할 때는 모양을 새겨 넣으면 훨씬 화려해지면서 맛도 잘 밴다.

밑동을 떼어내고 갓의 지저분한 것을 키친타월 등으로 닦아낸 후에 방사형으로 V자를 새겨 넣는다.

[유자껍질]

껍질 안쪽에 붙어있는 흰 부분에서는 쓴맛이 나므로 껍질만 얇게 벗겨 다양한 모양으로 썰어 조림이나 국물 요리의 장식으로 사용한다.

유자채

소나무썰기한 유자   가늘고 긴 유자

칼로 유자껍질만 얇게 벗긴다. 가늘고 긴 모양을 원할 때는 돌려깎기하고, 그 외에는 위에서 아래로 길게 껍질을 깎아준다.

토기에 밥 짓는 법

토기의 밑바닥이 넓은 것을 선택하면 쌀의 표면적이 넓어져서 공기와 많이 접촉하게 되어 밥에 윤기가 난다.

1. 쌀 불리기

깨끗하게 씻은 쌀에 물을 부어 불린다. 햅쌀은 10분 정도, 그 외에는 15분이 기준이다. 불린 후에는 체에 받쳐 물기를 뺀다. 15분 정도 두면 표면에 있는 수분이 적당하게 쌀에 스며든다.

2. 밥 짓기

토기에 쌀과 동량(햅쌀은 동량보다 조금 작게)의 물을 붓고 뚜껑을 덮어 끓을 때까지 강한 불에서 7분 동안 가열한다. 뚜껑에 알루미늄 호일을 끼워두면 밥물이 넘치는 것을 막을 수 있다. 끓기 시작하면 불을 낮추어 7분 동안 익힌다. 표면의 수분이 없어지면 다시 불을 더 낮추어 7분을 익히다가 마지막에는 밥이 눌어붙지 않도록 아주 약한 불에서 5분 정도 가열한다.

3. 뜸들이기

불을 끈 후에 아직 남아 있는 수분과 증기가 밥에 모두 흡수되도록 5분 정도 그대로 두어 뜸을 들인다.

4. 가볍게 섞어주기

주걱을 사용하여 전체적으로 균일하게 아래위로 밥을 뒤집어주면서 여분의 증기를 날려 보내면 밥에 윤기가 생긴다.

5. 젖은 행주를 덮는다.

뚜껑에 생긴 수분이 밥 위에 떨어지지 않도록 물기를 꽉 짠 젖은 행주를 씌운 후에 뚜껑을 덮는다.

초밥용 밥 만드는 법

재료(만들기 적당한 분량)
쌀 3홉, **물** 450ml,
배합초(100ml) : 식초 90ml, **설탕** 70g, **소금** 20g, **다시마** 50g

1. 밥을 짓는다

쌀은 조심스럽게 씻어 물에 40분 정도 담가서 불린다. 체에 건져서 10분 동안 그대로 둔다. 전기밥솥에 넣고 적당한 분량의 물을 부어 일반적인 밥과 같은 방법으로 밥을 한다. 빠른 취사 기능이 있다면 그것을 이용해도 좋다.

2. 배합초 만들기

냄비에 배합초의 재료를 넣고 중간 불에 올려 설탕이 다 녹으면 볼에 옮긴다.

3. 배합초 넣기

볼에 갓 지은 밥을 담고 배합초 100ml를 두르듯 부어준다.

4. 섞기

아래쪽에서 퍼 올리듯 섞어서 밥에 간을 한다.

5. 식히기

바닥이 넓은 그릇에 옮겨서 밥이 마르지 않도록 물기를 꽉 짠 행주로 덮어둔다.

쓰유(간장)와 조미식초 만들기

면을 찍어 먹는 간장은 조림 등에도 사용할 수 있는 만능양념이다. 조미식초는 취향에 따라 다양한 양념에 넣어 활용해도 좋다.

〔면쓰유〕

재료(3컵 분량)

맛술 ½컵, **다시 육수** 2컵, **간장** ½컵

만드는 법

냄비에 맛술을 넣어 중간 불로 끓이면서 알코올 성분을 날리고, 간장과 다시 육수를 첨가해 끓기 직전에 불을 끈다.

사용법

면에 찍어 먹을 때는 동량의 다시 육수를 부어 희석해서 사용한다.

〔튀김쓰유〕

재료(4인분)

맛술 ¼컵, **다시 육수(가다랑어 육수)** 1컵, **간장** ¼컵

만드는 법

작은 냄비에 맛술을 넣고 중간 불에서 팔팔 끓여 알코올 성분을 날리고 간장, 다시 육수를 넣어 한소끔 더 끓인다.

〔어묵탕 쓰유〕

재료(4인분)

다시 육수 5컵, **맛술** 3~4큰술, **간장** 3~4큰술, **소금** ½작은술

만드는 법

다시 육수를 중간 불에서 끓이다가 다른 재료를 넣어 섞어준 후 불을 끈다. 튀김어묵의 양이 많을 때는 소금의 양을 줄인다.

〔전골 쓰유〕

재료(4인분)

물 5컵, **청주** ½컵, **다시마(5cm 크기로 자른 것)** 2장, **맛술** 2큰술, **엷은 맛 간장** ⅓컵

만드는 법

토기에 물과 다시마를 넣고 중간 불에서 올려 끓이다가 끓기 직전에 다시마를 꺼내고 청주, 맛술, 엷은 맛 간장을 넣어 한소끔 더 끓인다.

〔스키야키 육수〕

재료(7~8인분)

맛술 1컵, **간장** 1컵, **청주** 1컵, **설탕** 6큰술, **다시 육수** 2컵

만드는 법

토기에 맛술을 넣고 중간 불에 올려 팔팔 끓으면 청주를 넣고, 다시 육수, 간장, 설탕을 넣어 한소끔 끓인다.

〔이배초〕

재료(¾컵 분량)

식초 4큰술, **다시 육수** 2큰술, **간장** 4큰술

만드는 법

모든 재료를 잘 섞어준다.

사용법

단맛이 없는 깔끔한 맛이다. 생선 초절임이나 미역, 톳 등 해조류를 사용한 무침과 잘 어울린다.

〔삼배초〕

재료(1컵 분량)

식초 9큰술, **간장** 3큰술, **설탕** 2큰술

만드는 법

설탕이 녹을 때까지 모든 재료를 잘 섞어준다.

사용법

부드러운 맛이 나므로 야채, 생선, 해조류 등 식초가 들어가는 모든 요리에 어울린다.

〔미조레초〕

재료(약 2컵 분량)

설탕 2큰술, **식초** 3큰술, **맛술** 1큰술, **다시 육수** 3~4큰술, **소금** 약간, **간 무** 1컵

만드는 법

작은 냄비에 간 무를 제외한 나머지 재료를 넣은 후 보글보글 끓이다 식혀서 살짝 물기를 뺀 간 무와 잘 섞어준다.

사용법

굴과 해파리, 해삼 등의 어패류나 닭고기 찜요리에 잘 어울린다.

〔단초〕

재료(약 ½컵 분량)

식초 4큰술, **설탕** 2~3큰술, **소금** ⅔작은술

만드는 법

모든 재료를 잘 섞어준다.

사용법

단맛이 강하므로 야채와 잘 어울린다. 무, 순무, 생강, 연근 등과 특히 궁합이 좋다.

〔과실초〕

재료(4인분)

감귤류의 즙 2큰술, **간장** 3큰술, **다시 육수** 2큰술

만드는 법

모든 재료를 잘 섞어준다.

사용법

닭고기 전골 같은 전골 요리의 육수나 생선탕 등에 어울린다. 감귤류는 영귤과 유자, 등자나무 녹색감귤 등 계절과 취향에 맞게 사용하면 된다.

〔도사초〕

재료(4인분)

맛술 3큰술, **식초** 3큰술, **간장** ½컵, **가다랑어포** 20g

만드는 법

작은 냄비에 맛술을 넣고 중간 불에 올려 알코올을 날리고 간장, 식초, 가다랑어포를 첨가해 한소끔 끓인다. 완전히 식으면 체에 거른다.

사용법

해산물 초절임이나 참마 초무침 등에 어울린다.

요리 초보자도 맛있게 만드는
일본 가정식 260

발행일 2016년 11월 7일 초판 1쇄 발행
　　　　2018년 3월 15일 초판 9쇄 발행
엮은이 맛있는 일본 요리 연구 모임
옮긴이 김하경
발행인 강학경
발행처 시그마북스
마케팅 정제용, 한이슬
에디터 권경자, 김경림, 장민정, 신미순, 최윤정, 강지은
디자인 霖design

등록번호 제10-965호
주소 서울특별시 영등포구 양평로 22길 21 선유도코오롱디지털타워 A404호
전자우편 sigma@spress.co.kr
홈페이지 http://www.sigmabooks.co.kr
전화 (02) 2062-5288~9
팩시밀리 (02) 323-4197
ISBN 978-89-8445-817-8 (13590)

HAJIMETE DEMO OISHIKU TSUKURERU WASHOKU EIKYU HOZON RESHIPI
edited by OISHII WASHOKU NO KAI
Copyright ⓒ 2015 IE-NO-HIKARI ASSOCIATION
All rights reserved.
Originally published in Japan by IE-NO-HIKARI ASSOCIATION, Tokyo.
Korean translation rights arranged with IE-NO-HIKARI ASSOCIATION, Japan
through THE SAKAI AGENCY and EntersKorea Co., Ltd.

이 책의 한국어판 저작권은 (주)엔터스코리아를 통해 저작권자와 독점 계약한 시그마북스에 있습니다.
신 저작권법에 의해 한국 내에서 보호를 받는 저작물이므로 무단전재와 무단복제를 금합니다.

이 도서의 국립중앙도서관 출판예정도서목록(CIP)은 서지정보유통지원시스템 홈페이지(http://seoji.nl.go.kr)와
국가자료공동목록시스템(http://www.nl.go.kr/kolisnet)에서 이용하실 수 있습니다.
(CIP제어번호: CIP2016024635)

* 시그마북스는 (주)시그마프레스의 자매회사로 일반 단행본 전문 출판사입니다.